KB056488

부마항쟁의 진실을 찾아서

부마항쟁의 진실을 찾아서

초판 1쇄 발행 2016년 12월 30일

저   자 ┃ 홍순권 · 전재호 · 김선미 · 박영주 · 이은진 · 지주형
편   자 ┃ 사단법인 부산민주항쟁기념사업회 부설 민주주의사회연구소
발행인 ┃ 윤관백
발행처 ┃ 도서출판 선인

등록 ┃ 제5-77호(1998.11.4)
주소 ┃ 서울시 마포구 마포대로 4다길 4(마포동 324-1) 곳마루 B/D 1층
전화 ┃ 02)718-6252 / 6257   팩스 ┃ 02)718-6253
E-mail ┃ sunin72@chol.com
Homepage ┃ www.suninbook.com

정가 33,000원
ISBN 979-11-6068-041-6 93900

· 잘못된 책은 바꿔 드립니다.

민주주의사회연구소 연구총서 10

부마항쟁의 진실을 찾아서

홍순권 · 전재호 · 김선미 · 박영주 · 이은진 · 지주형

도서출판 선인

우리는 여전히 부마민주항쟁의 진실에 목마르다

부마민주항쟁이 올해로 37년이 지났다.

돌이켜보면 한 세대가 넘는 긴 세월이었다.

하지만 여러 요인이 얽히고설켜 부마항쟁의 진실을 규명하는 일은 여전히 현재의 과제로 남아있다.

2013년은 부마민주항쟁의 진상규명에서 중요하게 기록되어야 할 해다. 그 해 6월에 「부마민주항쟁 관련자의 명예회복 및 보상 등에 관한 법률」이 제정되었기 때문이다. 이 법도 매우 미흡하기는 하지만 그동안 관련 단체나 당사자들이 꾸준히 노력해 온 결과물이었다. 그렇기 때문에 이 법의 시행에 대한 기대는 컸다. 하지만 박근혜 정부가 부마항쟁의 진상규명에 얼마나 의지가 있을지에 대해서는 많은 사람들이 의구심을 표했다. 박근혜 정부의 태도는 예상했던 대로였다.

법이 시행된 2013년 12월 5일에서 11개월이 지난 후 2014년 10월 6일에야 박근혜 정부는 법에 정한 '부마민주항쟁 진상규명 및 관련자명예회복심의위원회'의 위원을 위촉하고 활동을 시작했다. 위원회 구성도 너무 편파적이었다. 부마민주항쟁의 정신과는 거의 정반대편에 서 있던 이른바 뉴라이트계열의 인사나 대통령 선거 기간 중 박근혜 후보를 지지했던 단체의 인사들이 대다수를 점했고 근 25년 동안 부마항쟁의 진상규명과 기념사업에 노력해 온 단체들은 배제되었다. 겨우 본 위원회 산하에 설치된 실무위원회에만 한 명씩 넣어 주었다. 예산과 인력의 배정은 더욱 한심했다. 진상조사및보고서작성실무위원회에서 진상조사를 담당하는 인력은 임기제 공무원 1명이 전부였고 예산은 턱없이 부족했다. 30일 이상 구금자들에게만 생활지원금이 갈 수 있게 만든 법의 한계와 위원회의 소극적 홍보 등의 요인이 겹쳐 관련자 신청자도 예상보다 너무 적었다. 이런 상황에서 부산과 마산(창원)의 단체들에서 추천된 실무위원들은 나름대로 목소리를 내었지만 거의 받아들여지지 않았다. 위원회 내부의 정보 공유조차 거부되었다. 할 수 있는 일이 거의 없었다. 이런 식으로 2년의 아까운 세월이 지나간 후 2016년 10월에 제1기 위원들의 임기가 끝나고 제2기 위원들이 위촉되었는데 역사교과서 국정화에 앞장 선 뉴라이트 계열의 교수 두 사람이 들어 있었다. 부산과 마산(창원)의 단체들은 1기의 경험과 2기 위원의 구성을 보고 더 이상 위원회에 기대할 것은 아무 것도 없다고 판단하고 2016년 10월 19일 공동기자회견을 열고 위원회 불참을 선언했다.

이런 위원회가 2017년부터 보고서 작성 작업에 들어간다고 한다. 부마민주항쟁의 진상규명에 필요한 자료의 발굴이나 조사가 너무나 부족한 가운데 전문성이 없거나 뉴라이트 역사관을 가진 인사들로 채워진 위원회에서 제대로 된 '부마항쟁 진상조사 보고서'가 나오기를 기대하는 것은 연목구어(緣木求魚)일 것이다. 부마항쟁의 올바른 기록은 올바른 역사관을 바탕으로 해서만 가능한 것이며 지난 2년간의 경험으로 볼 때 현재의 위원회가 보고서를 작성한다면 부실하고 왜곡된 '부마항쟁 진상조사 보고서'를 생산할 가능성이 거의 확실해 보인다.

국가가 설치하고 법의 뒷받침을 받는 위원회가 이렇게 부실하고, 제대로 된 부마민주항쟁의 진상규명이 또다시 민간단체의 몫이 될 수밖에 없다면 참으로 한심하고 통탄스런 일이 아닐 수 없다.

이런 상황에서 사단법인 부산민주항쟁기념사업회(부산)와 부마민주항쟁기념사업회(창원)는 지난 2016년 10월 15일 민주공원에서 '부마민주항쟁 진상규명의 쟁점과 과제'라는 주제로 학술심포지엄을 열었다. 부산과 창원에서 오랫동안 부마항쟁에 대해 연구해 온 연구자들과 새롭게 참여한 연구자들이 함께 발표하고 토론했다. 이 책은 이들의 논문을 모아 엮은 것이다. 이 귀중한 연구성과들은 향후 부마항쟁의 진상규명과 더 진전된 연구에 중요한 이정표가 될 것이다. 좋은 원고를 내어주신 연구자들에게 깊은 감사를 표한다.

민주주의사회연구소는 앞으로도 부마항쟁의 진상규명을 위한 조사와 연구작업을 더욱 적극적으로 추진할 것이다. 우리는 아직도 부마민주항쟁의 진실에 목마르기 때문이다.

이 자리를 빌어 민주주의사회연구소의 발전을 위해 격려해 주시는 문정수 이사장님, 김종세 상임이사님을 비롯한 부산민주항쟁기념사업회의 여러분들과 항상 동지적 연대로 함께 해 온 허진수 이사장님을 비롯한 창원의 부마민주항쟁기념사업회의 여러분들께 감사드린다. 또한 민주연구단체협의회의 관심과 지원에도 심심한 사의를 표한다. 아울러 민주주의사회연구소의 회원님들, 운영위원님들과 실무에 수고해 주신 정윤식, 박향란 선생 그리고 부마특위의 남송우 위원장님을 비롯한 위원님들과 류광태 처장, 지선희 차장에게도 감사드린다.

2016년 12월

민주주의사회연구소장 차성환

목 차

2장 부산의 항쟁 - 저항, 진압, 피해 _김선미

3장 마산의 항쟁 - 쟁점을 중심으로 _박영주

총론:
부마항쟁 진상규명의 현황과 평가

홍순권

1. 머리말

지난 2013년 6월 4일 「부마민주항쟁 관련자의 명예회복 및 보상 등에 관한 법률」(이하 '부마보상법'으로 약칭함)이 국회에서 의결되어 공포되었다. 이어서 이 법에 의거하여 2014년 11월 13일 「부마민주항쟁 진상규명 및 관련자명예회복심의위원회」(부마심의위원회)가 구성되었다. 부마보상법에 의하면, 부마심의위원회는 부마항쟁의 진상을 규명하고, 이와 더불어 부마항쟁 과정에서 국가폭력으로 인하여 피해를 입은 자들에 대하여 정부가 적절한 보상과 구제조치를 하도록 되어 있다. 따라서 비록 법률명은 부마보상법으로 되어 있지만, 부마항쟁의 진상을 규명하는 것 또한 부마심의위원회의 핵심적 임무로 명시되어 있다. 이는 부마보상법이 제정되기 이전 부마항쟁 관련 시민단체 및 부산과 마산의 시민들이 줄기차게 제기했던 핵심 요구사항이기도 하다.

그러면 부마항쟁의 진상규명은 왜 필요한 것인가? 그것은 부마항쟁과 관련하여 사실관계가 은폐되었거나 왜곡되어 있는 것들이 있어서 부마항쟁의 진실이 온전히 밝혀지지 않고 있기 때문이다. 또 1979년 10월 16일 발생한 부마항쟁의 역사적 의미가 제대로 평가되고 있지 못한 것도 그 이유의 하나이다. 더 나아가서는 다른 과거사 청산의 경우와 마찬가지로, 부마항쟁의 진상규명 작업을 통해서 진실을 드러냄으로써 이를 민주주의와 인권의 회복과 발전을 위한 반면교사로 삼기 위함일 것이다.[1]

---

1) 이와 관련하여 Farida Shaheed 유엔 문화권 특별보고관의 2013년 8월 제68차 유엔 총회 제출 보고서의 요약 인용문을 상기하고자 한다.
   "역사교육은 과거를 단지 기념하기만 해서는 안 되며 과거가 기념되는 방식을 사유해야 하고, 선택적이며 자의적인 기억의 속성을 들춰내는 데 기여해야 한다. 인간은 누구나 자신의 입장에서 사건을 해석할 가능성이 높으므로, 해당 사건에서 얼마간의 시간적 공간적 거리를 둘 수 있는 시점에서는 사건에 얽혀있는 집단과 개인들의 기억을 사료로서 받아들이는 동시에 이러한 기억

그러나 왜곡된 과거사를 진상규명하는 것은 그리 쉬운 일이 아니다. 더구나 국가권력을 장악했던 독재세력에 의해 왜곡된 과거사를 청산하는 경우는 더욱 그러하다. 모든 과거사 청산이 그러했듯이 부마항쟁의 진상규명을 위해서는 폭력적인 국가권력의 해체와 민주주의 세력에 의한 권력교체가 전제되어야 한다. 그러나 지금까지 역사적 경험을 돌이켜보건대, 민주화 이후에도 과거 독재 권력 잔존세력의 과거사 청산에 대한 저항은 만만치 않다. 따라서 이들의 저항을 철저히 극복하지 않고는 민주화 이후 민주화의 과제라고 할 수 있는 '제대로 된 과거사 청산'은 기대하기는 어렵다.

국가폭력에 의해 왜곡된 과거사의 진상규명을 위해서는 무엇보다 국가권력의 실체인 정부 스스로 이를 해결하려는 확실한 의지가 있어야 하고 이를 뒷받침할 법적 제도적 장치가 마련되어야 한다. 겉으로 드러난 진행 절차, 즉 입법 절차만 놓고 본다면, 부마심의위원회는 바로 그러한 과거사의 진상규명을 실천적으로 해결하기 위해 정부 스스로가 세운 법적 의지의 표현이라고 할 수 있다. 따라서 부마심의위원회는 국가로부터 위임 받은 법적 권한을 행사하여 기존 자료의 수집 및 정리, 새로운 자료의 발굴, 관련자들에 대한 증언 청취 등을 통한 광범한 조사를 실시하여, 이를 바탕으로 부마항쟁과 관련된 왜곡된 사실관계를 바로잡고 진상을 규명해야 할 의무가 있다. 또 부마심의위원회는 부마보상법에 명시되어 있듯이 동 위원회의 활동 종료 후 6개월 이내 부마항쟁 진상조사의 결과에 대한 보고서를 작성 완료해야 한다. 그러나 유감스럽게도 부마심의위

방식을 비판적으로 사유하는 것이 역사교육의 방향이어야 한다. 역사교육은 관용, 상호 이해, 인권, 민주주의 같은 근본적 가치들의 증진을 위한 역할을 해야 한다. 이러한 가치들은 근대 국가 형성 과정에서 많은 갈등을 통해 탄생하고 받아들여진 개념이기 때문에 그러한 갈등에 대한 사실 인정을 하지 않고서는 역사교육이 인권과 민주주의를 함양하는 장이 되기는 힘들 것이다."

원회의 출범 이후 지금까지 동 위원회가 행한 활동을 살펴보면, 동 위원회가 법에 명시된 권한과 임무를 제대로 행사하고 있는지 의심스러운 점이 많다. 이 글의 작성 동기도 일부 여기에 있다고 할 것이다.

이 글은 부마심의위원회의 최종적인 진상조사보고서 작성에 앞서, 그 동안 학계의 연구 성과와 관련 보고서(진실화해위원회 진실규명 결정문) 등에 실린 부마항쟁의 핵심 쟁점을 파악해 보고, 현재 진행 중인 부마심의위원회의 조사활동 상황을 검토해 봄으로써, 장차 「부마항쟁 진상조사보고서」 작성 과정에서 고려되어야 할 것들이 무엇인지를 진단해 보려는 데 목적을 두고 있다. 다만, 총론적인 문제제기의 성격을 띤 글이기 때문에 각론적인 문제를 깊이 있게 다루지는 못했다. 이러한 한계는 각론적 토의와 검토를 거친 다른 발표자들의 글을 통해서 보완될 수 있을 것으로 기대한다.

2. 부마항쟁 관련 논의의 쟁점

1) 원인과 배경

부마항쟁은 유신독재체제에 반대해서 일어난 민주화운동이다. 따라서 이 운동의 발생 원인을 규명하기 위해서는 유신체제하 한국사회의 구조와 당시 일어났던 정치 및 사회경제의 변화 과정에 대한 이해가 있어야 한다. 대체로 지금까지의 연구 경향을 살펴볼 때,[2] 부마항쟁의 원

---

2) 부마항쟁에 관한 연구사적 정리는, 홍순권, 「부마민주항쟁 연구의 현황과 과제」, 『항도부산』 제27호, 2011에서 이미 한 차례에 이루어진 바 있다. 따라서 본고도 이 논문을 참조하였기 때문에 내용상 다소 중복되는 부분이 있음을

인과 배경에 대해서는 정치적 요인과 경제적 요인으로 크게 나누어 볼 수 있는데, 전자는 다시 국내정치의 요인과 국제정치의 요인으로 세분해 볼 수 있다.

먼저 국내정치의 요인으로서, 유신체제하의 독재정치와 그에 대한 저항으로 부마항쟁이 발생하였다는 것은 모든 연구자들의 공통된 해석으로 거의 이론의 여지가 없다. 1979년 10월 16일 부마항쟁에 앞서 일어난 정치적 사건을 순차적으로 살펴보면, 우선 1979년 10월 유신체제 선포 이후 재야 정치세력과 대학생들을 중심으로 유신체제 반대 운동이 끊임없이 지속되어 왔다는 점을 지적하지 않을 수 없다. 이에 대해 유신정부는 1973년 1월 긴급조치 1~2호를 발동하여 탄압하였고, 이듬해 4월에는 '민청학련 사건'과 '인혁당 사건'을 구실로 긴급조치 4호를 선포하였다. 반유신운동의 억압 수단이었던 긴급조치는 마침내 75년 5월 유신헌법의 부정·반대·왜곡·비방·개정 및 폐기의 주장이나 청원·선동 또는 이를 보도하는 행위를 일절 금지하고 위반자는 영장 없이 체포한다는 내용의 긴급조치 9호가 선포되었다. 특히 긴급조치 9호는 10·26사태 직후 폐기될 때까지 무려 4년 이상이나 지속되면서 국민의 기본권을 여지없이 짓밟고 8백여 명에 달하는 지식인·청년학생 구속자를 낳았다.

1979년 들어서 국내 경기가 하강하고 민주화세력에 대한 '인권 탄압'으로 유신정권이 국제정치적으로 고립되면서 그들은 더욱 강력히 철권통치를 휘둘렀다. 1979년 8월 9일 YH여성노동자들이 체불임금을 요구하면서 신민당사에서 농성하는 사건이 벌어졌다.

이른바 'YH여성노동자 신민당사 농성사건'을 구실로 야당 탄압에 박차를 가해 오던 유신정권은 10월 6일 마침내 당시 야당 신민당의 '김영삼

밝혀 둔다. 다만, 본고는 이후의 연구 성과를 보완하는 데 더욱 중점을 두었다.

총재 제명 사건'이라는 전대미문의 정치적 탄압을 일으켰다. 이후 얼마 되지 않아 10월 15일 부산대학교 학생 시위가 시도되었으나 무산되었다. 그러나 이튿날인 10월 16일 다시 시도된 부산대학교 학생 시위가 발단이 되어 부마항쟁이 일어났다. 또 실제로 부산대 학생 시위의 격문, 항쟁에 과정에서 제기된 구호나 참여자들의 요구 사항 등으로 볼 때도 이들의 목표가 긴급조치 철폐를 비롯한 유신독재체제의 타도와 민주주의의 회복이었음은 의심의 여지가 없다. 다만, 이 점과 관련하여 최근의 새로운 연구 성과로 부마항쟁과 유신정권의 언론 통제와의 연관성을 지적한 논문도 있어서 주목해 볼 필요가 있다.[3] 아무튼 부마항쟁은 유신체제하 국내 정치 상황의 변화가 결정적으로 중요하게 작용하였음은 분명하다. 다만, 부산과 마산에서 일어난 항쟁의 진행 과정에서 제기된 여러 가지 정치적 요구의 구체적 내용에 대해서는 장차 부마심의위원회의 면밀한 조사를 통해서 확인해 볼 필요가 있다.[4] 특히 김영삼 총재 제명 사건이 부마항쟁에 어느 정도의 어떠한 영향을 미쳤는지가 지금까지 쟁점의 하나가 되어 왔으므로, 이 부분을 면밀히 검토해 볼 필요가 있다.

국제정치의 요인으로는 1970년대 제기된 주한미군 철수 문제, 한국 인권 문제, 박정희 정권의 핵무기 개발, 한국의 경제 경쟁국화라는 문제 등을 둘러싼 한국과 미국 간의 갈등, 그리고 이에 대한 박정희 정권의 강경노선이 부마항쟁의 간접적인 영향을 미쳤다고 보는 견해가 있다. 손호철의 견해가 대표적이다.[5] 그 외에 이윤섭 또한 유사한 견해를 밝

---

3) 차성환은 부마항쟁 기간 중 부산에서 16일 2차례, 17일 3차례 언론기관이 공격 받은 사실과 언론인은 시위 군중과 경찰 양측으로부터 공격의 대상이었다는 점에 주목하여 그 원인을 추적 분석하였다.(차성환, 「부마항쟁과 한국언론」, 『항도부산』 제27호, 2011 참조)

4) 특히 조사 과정에서 근래 발간된 자료집, 『민주주의사회연구소 엮음, 치열했던 기억의 말들을 엮다(부마민주항쟁 증언집 부산편 1·2)』(부산민주항쟁기념사업회(사), 2013)을 참고할 필요가 있다.

히고 있다. 이윤섭은 '박정희 살해의 배경'에 한미갈등이 존재함을 밝히고 있으나, 간접적으로는 한미갈등이 부마항쟁에 영향을 끼쳤다고 해석한다.[6] 다만, 한미갈등이 항쟁 과정에서 구체적으로 표현된 사례는 밝혀진 바 없기 때문에, 이는 부마항쟁의 상황적 배경, 부마항쟁 발생 이후 사태 해결에 대한 미국의 대응이라는 측면에 살펴는 보는 것이 더 적절하다고 생각한다.

부마항쟁의 경제적 요인에 대한 해석은 부마항쟁의 주도층 또는 참여층의 문제와 연관되어 있다. 이 점에 대해서는 경제위기론, 지역불균등발전론, 부가세 정책 실시로 인한 조세저항론 등의 몇 가지 견해가 제시되고 있다. 흔히 부마항쟁이 광범한 시민층의 참여로 민중항쟁의 성격을 띠게 된 배경으로는 1970년대 말 경제 불황과 부산 마산지역의 수출주도형 산업구조가 지적되고 있다. 또 이러한 지적은 부마항쟁에서 노동자층의 적극적인 참여 사실로써 뒷받침되고 있다. 다만, 동일한 경제위기론적 배경 설명이라 하더라도 논자에 따라 강조점에 있어서 약간의 차이가 보인다. 그 중 하나가 김원의 지역불균등발전론이다.

김원은 부산과 마산에서 도시하층민이 왜 항쟁에 대규모로 참여했는지를 밝히는 것을 부마항쟁 연구의 중요한 과제로 제시하면서 부산과 마산에서의 도시봉기의 원인으로 '지역불균등발전'을 지적하고 있다.[7] 김원은 부마항쟁에서 도시하층민의 봉기를 특별히 주목하였다. 그리고 그 주요 원인을 도시하층민에 대한 차별과 배제, 경공업 중심의 노동집약적 제조업 도시인 부산과 마산에서의 폐업·부도와 실업난 등으로 인

---

5) 손호철,『현대 한국정치－이론, 역사, 현실 1945~2011』, 이매진, 2011. 특히,「제5장 1979년 부마항쟁의 재조명」참조.

6) 이윤섭,『박정희 정권의 역사』, 필맥 2011.

7) 김원,『박정희시대의 유령들－기억, 사건 그리고 정치』, 현실문화연구, 2011, 421~422쪽.

한 사회적 양극화, 경제위기의 부담을 도시하층민에게 전가하는 과정에서의 조세 저항 등 세 가지 요인이 결합된 것으로 파악하고 있다.[8] 그는 또 부산과 마산의 투쟁 양상의 차이에도 주목하여 "오히려 마산은 처음부터 시위 차원을 벗어나는 봉기의 길로 나아갔으며, 투쟁에서 학생들의 비중이 부산보다 작았고, 중심 주체는 대부분 요식업소 직원과 군소업체 종업원 등이었다."[9]고 지적하고 있다. 이러한 지적대로라면, 부산과 마산의 항쟁에서 전개 양상의 차이가 나게 된 원인을 경제적 측면에서 밝히는 것도 의미 있는 일이라 할 것이다. 다만, 부산과 마산의 투쟁 양상이 달리 전개된 데는 경제적 요인 외에도 도시의 사회구조적 특성 등 다른 정치·사회적 요인도 고려해야 할 것이다.

김도균은 김원과 마찬가지로 조세 저항을 부마항쟁의 경제적 요인 중 하나로 파악하면서도 양자의 상관성에 대해서 좀 더 깊이 있게 다루고 있다.[10] 그의 설명에 따르면, 1970년대 유신체제하에서 소득공제 규모의 대폭적인 확대로 인하여 세수증대라는 조세행정상의 부담이 저축장려와 함께 부가가치세의 시행으로 집중되었다. 그 결과 조세저항을 회피할 목적으로 도입되었던 부가가치세가 역설적으로 조세저항과 사회갈등을 더욱 격화시켰다. 그의 이러한 주장은 김종인의 증언에 의해서도 뒷받침되고 있다.[11] 요컨대, 부마항쟁의 경우는 참여 계층의 폭이 매우 광범위했을

---

8) 위의 책, 444쪽.
9) 위의 책, 432쪽.
10) 김도균, 「한국의 재분배 정치의 역사적 기원-박정희 시대의 조세정책과 저축장려정책-」, 『사회와역사』 98, 2013, 107~108쪽.
11) "그러다가 80년 신군부가 들어섰고, 이들이 79년 부마사태를 조사하니까 부가가치세가 근본 원인이었어요. 학생들의 데모에 상인들이 대거 가세하면서 사태가 커진 거였죠. 그랬더니 부가세를 폐지하자는 얘기가 나오고…" 김종인, 「정권은 유한하나 관료는 영원하다」(프레시안 인터뷰), 2009(김도균, 2013, 108쪽에서 재인용).

뿐만 아니라 회사원 등 중간층 시민들도 참여한 가운데 세무서가 시위대에 의해 습격당하는 일이 발생했다. 이는 당시 시위대가 세무서에 불을 놓은 것은 단순히 정부시설이었기 때문이 아니라, 1977년 시행된 부가가치세에 대한 저항, 즉 조세저항의 표출이었다는 해석을 가능케 한다.[12]

한 가지 특기할 만 한 점은 지금까지 부마항쟁의 원인과도 관련하여 부마항쟁의 발단이 된 10월 16일 부산대학교 학생 시위의 배경에 대해서도 학생 시위의 주체와 그 형성 과정 등에 대해서는 약간의 이견이 존재하고 있다. 또 10월 15일 부산대학교 학생 시위 시도 무산 사건을 부마항쟁에 포함시킬 것이냐의 문제도 논란이 되고 있는 부분이다. 이러한 문제를 포함하여 부마항쟁의 원인을 사회구조적 맥락에서 뿐만 아니라, 유신체제하 부산 마산지역의 학생운동사적 측면에서도 해명하는 작업이 좀 더 진척될 필요가 있다.

2) 주도층과 참가층

부마항쟁은 직접적으로는 10월 15일 부산대학교 교내 시위 불발에 이어 10월 16일 오전 10시경 부산대학교 교내에서 시작된 학생 시위가 발단이 되었다. 이날 학생들은 교외 진출 시도하여 오후 1시 30분경 광복동 일대 도심으로 진출하였고, 이후 시위는 시민들의 참여와 호응과 함께 민중항쟁의 성격을 띠면서 도심 전역으로 크게 확산되었다. 또 10월 18일 마산으로 옮겨 붙은 항쟁의 불꽃도 경남대학교 학생 시위에서 비롯되었다. 따라서 부마항쟁도 4·19와 마찬가지로 학생들이 항쟁을 선도하였다는 공통점이 있고, 바로 이 때문에 부마항쟁에서 학생들의 주동적 역할이 중요시되어 왔다.[13]

---

12) 김도균(2013), 108쪽.

그럼에도 불구하고, 부마항쟁이 종전의 민주화운동과 다른 양상을 보
이는 것은 학생들이 항쟁의 불씨를 당기기는 하였으나, 실제 항쟁의 큰
흐름을 형성하고 이끌어 간 주도세력은 다양한 사회계층에 속하는 '다
층적' 민중이었다는 점이다. 즉, 큰 틀에서 부마항쟁의 주체가 민중이었
다는 이러한 인식은 지금까지의 많은 연구자들에게서 찾아 볼 수 있다.
또 그러한 시위 민중의 구성은 대체로 노동자, 도시빈민 위주의 기층 민
중에 중간층 시민이 가세한 것으로 파악되고 있다. 그럼에도 불구하고
강조점이나 부마항쟁의 이념적 지향 등 세부적인 문제에 대한 인식에
있어서는 상당한 정도의 이견이 존재하고 있음도 부인하기 어렵다.

지금까지 주도층과 참가층을 중심으로 부마항쟁의 성격을 규정하는 견
해는 대체로 민주항쟁론, 민중항쟁론, 도시봉기론 등 3가지로 유별된
다.[14] 이 가운데, 민주항쟁론은 '미조직 대중'이 이끈 '민중적 항쟁'이기는
하나 [항쟁의 목표 면에서 보아] '민중항쟁'이 아닌 '반독재 민주항쟁'이라
고 규정된다. 이러한 해석은 『부산민주운동사』에서 엿볼 수 할 수 있
다.[15] 『부산민주운동사』가 기존의 연구 성과를 종합한 것이라고 본다면,
이 견해가 부마항쟁의 성격을 드러내는 주류적 견해라고도 볼 수 있다.

민중항쟁론은 항쟁의 주체는 민중이며 항쟁이 계급적 성격을 띠고 있
음을 강조하는 견해이다. 민주항쟁론이 대체로 항쟁의 정치적 원인을

---

13) 학생운동의 시각에서 부마항쟁을 다룬 논문으로 박철규의 「부마민주항쟁과
   학생운동」(『부마민주항쟁 연구논총』, 민주공원, 2003)이 있지만, 그 밖에 『부
   산민주운동사』(부산민주운동사편찬위원회 편, 1998)을 비롯한 많은 연구서들
   이 학생 시위의 배경과 준비 과정에 대해서 논의해 왔다. 또 실제로 부마항쟁
   이 전개되었던 나흘 동안 최소 1,562명이 체포된 것으로 파악되어 있는데, 그
   중 거의 3분의 1이 학생이었다.(조지 카치아피카스, 원영수 옮김, 『한국의 민
   중봉기』, 오월의봄, 2015)
14) 이러한 구분법은 차성환, 『부마항쟁과 민중』, 한국학술정보, 2014에 잘 정리
   되어 있다.
15) 『부산민주운동사』, 1998, 429~430쪽 참조.

중시하는 입장에서 항쟁의 정치적 목표로서 반독재 민주화를 강조하는 반면에, 민중항쟁론은 정치적 원인과 함께 경제적 원인을 중시하는 입장을 보여준다는 점에서 전자와 구별된다. 차성환은 이를 연속론(=반독재 민중항쟁)과 단절론(=지도자도 없고 사전계획도 없었고 자연발생적인 민중의 봉기=주대환)으로 나누어 정리하고 있지만 항쟁의 주도층을 민중으로 본다는 점에서 양자는 동질적이다.[16]

그런데 엄밀히 따진다면, 민중항쟁론은 민주항쟁론에서 소홀히 다룬 경제적 요인에 대한 분석을 보완한 것이지, 민중이 주도층이라는 관점에 있어서 양자 사이에 근본적인 견해 차이가 존재하는 것은 아니다. 오히려 두 견해를 종합하면 부마항쟁은 민중이 주체가 된 민주화운동으로 '민중민주항쟁'으로 성격지울 수 있을 것이다.[17] 여기서 특별히 주도층으로서 '민중'이 강조되는 것은 '시민적 항쟁'의 성격을 띤 6월항쟁과 구별하는 의미가 있다.[18]

---

16) 차성환, 앞의 책, 52~55쪽.

17) 이러한 절충적 견해를 좀 더 이론적으로 설명한 것이 정근식의 견해이다. 정근식은 "이러한 지역경제적 변수가 중요했다면 이는 시위의 발생보다는 시민들의 시위 참여와 시위의 대규모화에 작용한 것으로 보아야 한다. 경제적 요인은 정치적인 요인을 매개로 해서 집합적 행위에 작용한다." 즉 '김영삼 변수'가 시민들의 정서와 행동의 동원에 중요하게 작용하였음을 강조하였다. (정근식, 「한국 민주화와 부마항쟁」, 『부마항쟁의 역사적 의의와 과제 : 20주년기념 학술심포지움 자료집』, 부마민주항쟁20주년기념사업회 편, 1999 ; 차성환, 2014, 169쪽 참조)

18) 예컨대, 유영국은 사건의 발생 배경과 전개과정에서 부마항쟁과 6월항쟁 간에는 많은 유사점이 있음을 지적하면서도 그 차이점에 더욱 주목하였다. 그에 의하면, 6월항쟁이 대체로 중간층 시민에 도시빈민 중심의 기층민중이 가세한 '시민적 항쟁'의 성격을 띤 반면에, 부마항쟁은 도시빈민 중심의 기층민중이 위주가 되고 거기에 학생 및 중간층 시민들이 가세한 '민중적 항쟁'이었다는 것이다. 유영국, 「6월항쟁과 부마항쟁의 비교연구—부산지역을 중심으로—」, 『한국의 민주주의와 부산의 6월항쟁』, 사단법인 부산민주항쟁기념사업회 편, 1997, 195~196쪽 참조)

마지막으로 도시봉기론은 비균질적 도시하층민이 항쟁의 주체이며, 노동자운동이 발전하기 이전 단계에서 발생한 것으로 그 역사적 위상은 '4·19-광주대단지-부마항쟁'이란 계보로 이어지는 박정희 시대 최후의 도시봉기라는 주장이다. 그런데 여기서 도시봉기란 "일시적이고 우발적인 현상 혹은 민중·민주화운동으로 수렴될 수 없는 도시하층민의 이질성과 복합성을 드러내는 도시봉기"로 규정된다는 점에 이 견해의 독특한 점이 있다.[19] 다만, 도시봉기론을 주창한 김원의 주장은 지금까지 이루어진 부마항쟁의 전체적 연구 경향에서 보면 다소 예외적이라고 할 수 있다. 더구나 이런 도시봉기가 이후 민주화운동과 어떠한 계기적 관련성을 지니는지에 대한 해명은 충분하지 않다.

일단 민중을 부마항쟁의 주도층으로 보더라도, 그 구성원은 매우 다양한 계층을 포함하고 있기 때문에, 그들 중 어느 계층이 더 주도적으로 항쟁 과정에서 의미 있는 역할을 했는지는 장차 연구 대상이자 진상 규명의 대상이 될 수 있다. 이에 관해서 주목되는 최근 연구가 앞서 지적한 차성환의 『부마항쟁과 민중』[20]이다. 부마항쟁에 참여한 여러 계층의 민중들 가운데 노동자들의 참여를 주목한 이 저작에서 차성환은 그들은 "일정한 정치의식을 바탕으로 자발적이고 주도적으로 항쟁에 참여하여 다양한 유형의 민중들과 함께 집합사고를 통해 정치적 판단을 내리고 행동하는 합리적 민중상"이라는 결론을 내리고 있다.[21] 그는 또 노동자들이 1960년의 4월 혁명에서 학생들의 민주화 투쟁의 보조자에 머물렀지만, 1979년의 부마항쟁에서는 주도세력의 일부로 나타난 점을 주목하고 있다.[22] 비록 일부라는 표현을 썼지만, 노동자를 시위 대중인 민중의

---

19) 김원(2011), 417쪽.
20) 차성환(2014).
21) 위의 책, 25쪽.

핵심 구성원으로 파악하고 있는 것이다. 이러한 문제의식은 1980년대 이후 노동자세력이 사회민주화운동의 중심 세력으로 등장하는 것을 염두에 둔 해석이라고도 할 수 있다.

지금까지 주도층과 참여층에 대한 연구는 학생 시위를 비롯하여 노동자, 도시빈민 등 민중들의 시위 양상 등에 대한 분석을 통해 다양한 방식으로 이루어져 왔다. 그럼에도 불구하고 학생 시위대의 진출 경로와 부산대 외 타교 학생들의 시위 참여 양상 등에 대하여 사실관계를 구체적으로 밝히는 작업은 여전히 중요한 과제로 남아 있다. 또 민중의 항쟁 참여와 관련해서도 노동자, 도시빈민 등 각 계층의 참여 동기와 항쟁 양상, 이들에 대한 진압과정에 대한 충분한 해명은 아직 이루어지고 있지 않다. 앞으로도 그 진상 규명 작업이 계속되어야 할 것이다.

3) 부마항쟁의 영향과 의의

부마항쟁의 역사적 의의와 관련하여 부마항쟁이 1970년대 유신체제의 붕괴에 결정적이 영향을 끼친 반유신 반독재민주화투쟁이었다는 점[23]에 대해서는 어느 연구자도 크게 이의를 달지 않는다. 이러한 평가를 잘 반영하여 부마항쟁의 의의를 설명하고 있는 것이 김경호의 논문이다.[24] 2000년 발표된 「부마민주항쟁의 배경과 정치사적 의의」라는 논문에서 김경호는 부마항쟁의 정치사적 의미를 유신정권 붕괴의 결정적 계

---

22) 위의 책, 281쪽.
23) 이를테면, 『부산민주운동사』에서는 부마항쟁의 역사적 의의에 대해서 부마항쟁은 "1970년대 반유신운동의 귀결점이자 총결산이었다" 하여 반유신투쟁으로서의 성격을 강조하고 있다.(『부산민주운동사』, 429쪽)
24) 김경호, 「부마민주항쟁의 배경과 정치사적 의의」, 『21세기 정치학보』 제10집 1호, 2000 참조.

기, 한국민주화운동의 분수령, 민중생존권의 확보투쟁 등으로 요약하고 있다. 그는 특히 부마항쟁이 4월 혁명 이후 처음으로 민중항쟁의 지평을 열었고, 학생운동이나 소수 명망가들에게 국한되어 있던 1970년대의 그 어떤 반독재민주화운동보다도 정권에게 치명적인 타격을 가했다고 평가했다.

이밖에 반유신투쟁으로서 부마항쟁이 발생하기 이전 유신체제 하 지역사회에서 민주운동역량의 변화 발전과정, 4대 민주화운동으로서의 자리매김 과정, 그리고 부산과 마산의 지역적 특수성과 보편성 등에 대해서도 적지 않은 연구가 진행되어 왔다.

특히 최근에는 부마항쟁의 자리매김과 역사적 평가와 관련하여 부마항쟁과 5 · 18광주민주화운동을 상호 비교분석하여 그 상호관련성을 지적하는 연구경향이 하나의 흐름을 형성하고 있다.25) 대표적인 예로 나간채의 경우 "5월운동에 대한 좀 더 충실한 이해를 위해서는 이 운동을 탄생시킨 직접적인 계기와 아울러 이 운동에 영향을 미친 역사적 배경을 먼저 살펴볼 필요가 있다. 따라서 여기에서는 5월운동의 직접적인 계기가 된 5 · 18광주민중항쟁은 물론이고, 이 항쟁 발발의 사회적 태반이 된 부마항쟁과 '서울의 봄'에 대한 개략적 서술로부터 시작한다."26)라고 하여 부마항쟁을 5 · 18광주민중항쟁의 태반으로 이해하고 있다. 즉,

---

25) 주요 연구성과로는 박철규, 「5 · 18 민주항쟁과 부마항쟁」, 『5 · 18은 끝났는가』 (한국학술단체협의회 편), 푸른숲, 1999 ; 정근식, 「부마항쟁과 79~80레짐」, 『지역사회학』 제2호, 2000 ; 정주신, 「부마민주항쟁과 5 · 18민주항쟁」, 『부마민주항쟁연구논총』, 2003 ; 조정관, 「유신체제, 부마항쟁 그리고 80년대의 민주화운동」, 『3 · 15의거 48주년 및 부마민주항쟁29주년 학술토론회 자료집』, 2008 ; 한홍구, 「놀라운 붕괴, 거룩한 좌절~부마항쟁과 5 · 18민주항쟁의 비교」, 『부마민주항쟁 30주년 기념 부마민주항쟁의 역사적 재조명』, 2009 ; 나간채, 『광주항쟁 부활의 역사 만들기 : 끝나지 않은 5월운동』, 도서출판 한울, 2013 등이 있다.

26) 나간채(2013), 14쪽.

1970년대 일어났던 허다한 저항운동이 청년·학생, 노동자, 농민, 종교인, 지식인 등의 선도 집단에 의해 개별·분산적으로 일어났다면, 부마항쟁은 지역사회 일반 시민대중이 함께 참여한 가운데 저항했다는 점에서 '특별한 의미'를 갖는다.[27] 여기서 부마항쟁이 '특별한 의미'를 갖게된 것은 무엇보다 이 운동의 참여 양상이 종전의 양태와 다를 뿐만 아니라 광주항쟁과도 유사하기 때문이다.[28]

또 부마항쟁의 의의를 지역운동사적인 관점에서 평가한 연구도 여럿이 있다. 그 대표적인 예로 이은진은 한국의 민주화 과정에서 지역의 민주화운동, 특히 부마항쟁이 미친 영향을 평가하면서, '대한민국의 역사가 중앙이라는 큰 무대에서 이루어진 것이 아니라, 균질적이지 않은 다양한 무대의 연속적이고 다른 형태 속에서 이루어졌음을 확인하였다.[29]

부마항쟁은 접근 방법과 관점에 따라 매우 다양한 평가가 가능하다. 따라서 진상조사보고서에는 그동안 이루어진 학계 안팎의 이러한 평가들을 적극적으로 반영해야 할 것이다. 그럼에도 불구하고 부마항쟁이 단기간에 폭력적으로 진압되고, 이어서 10·26사태가 발생함으로써 항쟁의 전국적 확산에 직접적인 영향을 미치지는 못했다는 사실 인식에 갇혀 이 사건을 소극적으로 평가하는 것은 옳지 않다. 또 근래의 연구결과 10월 25일 대구 계명대 시위 발생한 사실이 있고, 청주, 통영 등에서도 시위의 조짐이 발생하는 등 부마항쟁의 여파가 지속되고 있었다는 사실이 확인되고 있다.[30] 이제 이러한 일련의 상황을 새롭게 조망하면

---

27) 위의 책, 17쪽.
28) 이에 관한 보다 더 자세한 논의는 박철규(1999), 정주신(2003) 등 참조.
29) 이은진, 「구조냐 행위주체냐: 10·18 마산민주항쟁의 해석」, 『사회연구』 제11집, 2009 참조.
30) 이윤섭(2011), 324쪽 및 뉴욕타임스 1979년 10월 20일자 보도 내용 등 참조.

서 부마항쟁이 10·26사태의 발생 등 유신체제의 붕괴에 어떠한 영향을
미쳤는지 좀 더 다차원적인 분석과 평가가 이루어질 필요가 있다.

3. 진실화해위원회의 진상규명

1) 진실화해위원회 조사 방법과 진상규명의 성과

신청인 이규정(당시 부산민주항쟁기념사업회 이사장)과 신청인 차성
환(부산민주항쟁기념사업회 상임이사) 등 2명은 '부마민주항쟁'의 시위
과정 및 수사과정에서 학생·시민들이 경찰, 군인 등 국가 공권력의 불
법구금, 가혹 행위, 고문, 형사처벌 등으로 인하여 인권침해를 받았다며
이를 조사해달라고 2006년 11월 30일에 진실·화해를위한과거사정리위
원회(이하 '진실화해위원회'로 약칭함)에 진실규명을 신청하였다.[31] 이
에 따라 진실화해위원회는 2009년 12월 29일 이 사건[사건 명 '부마항쟁
과정에서 발생한 인권침해 사건'(라-8645, 8688)]에 대해서 조사개시를 의
결하고 조사를 진행하였다.

진실화해위원회는 사건 조사를 위해서 문헌 및 영상 자료를 수집 분석
하였는데, 여기에는 「육군고등군법회의 수사·공판기록」 12,000여 쪽과 민주
화운동 관련자 명예회복 및 보상심의위원회 심의기록, 『국제신문』·『경
남매일』·『한국일보』·『월간조선』 등 신문 및 잡지 자료, 『부마민중항쟁
10주년 기념자료집』(부마민주항쟁기념사업회, 1989), 「KBS영상실록」(2005.
9.25. 방송), 시사교양 프로그램 「이제는 말할 수 있다」(MBC), 제103회 제

---

31) 「부마항쟁 과정에서 발생한 인권침해 사건 결정문」(진실화해위원회, 2010년
5월 23일), 42쪽 〈http://www.jinsil.go.kr 「사건별 조사보고서」 참조.

5차 국회법제사법위원회 회의록(1979.11.12), 『유고』(조갑제, 한길사, 1987) 등의 자료가 포함되어 있다. 또 이러한 자료에 실린 내용의 적실성 여부를 확인하고, 위수령 발동 이전 군부대 투입 여부 및 수사과정에서의 가혹행위, 허위진술 강요 등을 조사하기 위해 피해자 및 수사관 등 참고인 총 40명에 대해 서면조사 및 진술청취를 하였다.32)

진실화해위원회는 이처럼 사건 조사개시 의결 후 약 5개월간의 조사기간을 거쳐 2010년 5월 25일 진실규명을 결정하였다. 「부마항쟁 과정에서 발생한 인권침해 사건 결정문」에 실린 결론 부분의 주요 내용은 다음과 같다.

> "여당(공화당)의 '김영삼 의원 제명 변칙처리' 등이 원인이 되어 1979.10.16부터 10.20까지 부산광역시 및 마산지역을 중심으로 유신체제에 저항한 시위가 발생하였다. 진실화해위원회 조사결과 위 시위(부마항쟁)의 진압과정에서 계엄군·경찰에 의해 학생·시민들이 폭행을 당하여 상해를 입거나 인권침해를 받은 점이 인정되고, 수사과정에서 연행된 시민·학생들이 불법구금, 구타, 성희롱 등 가혹행위로 인권침해를 받은 사실이 인정된다. 또한 1979.10.12시 마산지역에 발동된 위수령은 법정 요건을 구비하지 않은 위법한 공권력 행사이다. 위수령이 발동되기 이전 군부대가 투입되어 진압작전에 참여하였으며 시위대를 연행하여 부당한 공권력을 사용하였음이 확인되었다."33)

---

32) 진실화해위원회의 결정문에 따르면, 당시 진실화해위원회에서 조사한 참고인 명단은 다음과 같다. 부산 YMCA 간사, 학생 9명(고교생 1명 외 대학생 8명), 가내수공업 1명, 서점 운영 1명 금은방 직원 및 그의 처, 금형업 1명, 의상실 운영 1명, 부산지역 연행자 1명 등 20명, 그리고 경남도지사, 부산시장, 부산 보안부대 대공과 근무자 3명, 마산 보안부대장, 합동수사단장(부산 보안대장) 외 합동수사단 파견 1명, 마산경찰서 수사과장 포함 4명, 고성경찰서 수사과 1명, 부산시청 소속 3명, 부산지역 계엄사령관, 마산지역 위수사령관, 해병대 소대장 외 해병대원 1명 등 20명 총 40명이다.

이처럼 국가기관으로서는 최초로 진실화해위원회는 부마항쟁 기간 중 공권력에 의한 인권침해와 부당한 공권력의 행사가 있었음을 '진실'로 규명하였다. 이외에도 진실화해위원회는 위 결정문을 통해서 사제총 사건이 날조된 것임을 밝혀냈다. 또 진실위원회는 당시 계엄사령관 박○○으로부터 '공수특전단 1, 3, 5 여단과 해병대 1개 연대가 투입되었다.'라는 진술을 얻어냈다. 이 진술은 부산 일원에 선포된 계엄령에는 총 6,615명의 군 병력 중 특전사 2개 여단(1, 5 여단) 2,604명의 병력이 시위진압에 동원되었다는 국방부 과거사진상규명위원회의 조사결과와도 대체로 부합된다.[34]

또 진실화해위원회는 위 결정문에서 "국가는 1979.10. 부마항쟁 과정에서 발생한 위법한 공권력 행사로 인한 인권침해에 대하여 관련자 피해를 확인하고, 피해자의 명예회복 및 피해 구제조치를 취할 필요가 있다."고 정부에 권고하였다.

2) 진실화해위원회 진상규명의 한계

국가기관으로서 진실화해위원회가 부마항쟁 기간 중 공권력에 의한 인권침해 행위가 있었음을 인정하고 이로 인한 피해자의 명예회복과 피해 구제조치를 정부에 권고한 것은 의미 있는 성과라고 할 수 있다. 그러나 부마항쟁 전체의 진상규명이라는 과제를 놓고 볼 때는 미흡한 부분도 적지 않다. 그 대강을 거론하면 다음과 같다.

---

33) 주 29)와 같음.
34) 국방부 과거사진상규명위원회, 『종합보고서 제2권』(2007.12) 448쪽. 육군본부 역사자료실, 『계엄사 자료철(1948.10.21~1980.5.18)』, 19쪽 재인용(진실화해위원회 보고서, 6~7쪽)

첫째, 학생과 시민들에 대한 군경의 가혹 행위가 사실로 인정되었지만, 그 규모와 구체적인 사실은 제대로 다 밝혀지지 않았다.

둘째, 자료 조사도 충분히 이루어지 않았고, 당시 수사관, 목격자, 피해자 등 참고인들의 진술청취와 현장조사가 이루어졌으나, 그 조사 범위가 매우 제한적이었다. 수사과정에서 일어난 시민과 학생에 대한 가혹행위에 대한 조사는 1500여 명 연행자 중 20명에 대해서만 조사가 이루어졌다. 시위 진압 관련자들에 대한 조사 역시 충분한 조사가 이루였다고 보기 어렵다. 시위자 조사에서 당시 참여 비중이 컸던 노동자, 도시빈민 등 부마항쟁의 핵심 참여 계층에 대한 조사가 매우 소홀하였다. 진압 관련자와 관해서는 부산지역 경찰 관계자에 대한 조사가 전무했고, 진압 활동에 참여했던 군부대에 대한 조사도 부분적으로 밖에 이루어지지 않았다.

셋째, 마산지역에서 위수령 발동 이전 계엄군 투입 사실을 확인하고, 이들의 민간인 연행과 체포 과정에서 위법부당한 공권력 행사가 있었음을 확인하였으나, 그 책임자가 누구인지 명령계통은 어떻게 이루어졌는지 등에 대한 진실규명은 이루어지지 못했다.

넷째, 사제소총 사용이 사실과 다르다는 사실을 확인했으나, 누구의 지시로 누가 조작했는지 등 부마항쟁의 의도적 왜곡과 관련된 핵심적 문제에 대한 진실규명은 하지 못하였다.

다섯째, 오랫동안 논란이 되어 왔던 '마산 시위 관련자 사망설'과 관련된 '유치준 씨 사망사건'에 대해서는 전혀 조사가 이루어지 않았다.

이러한 한계로 인하여 부마항쟁 관련 시민단체 등은 기자회견 또는 단체 성명서 등을 통해서 진실화해위원회의 진실규명 결과를 일부 환영하면서도[35] 부마항쟁에 대한 전면적인 재조사와 피해자 구제, 명예회

---

35) 관련 시민단체 등은 "동 위원회가 부당한 인권유린을 확인한 사람에 대한 후속조치로 명예회복과 피해 구제조치를 권고한 것 또한 마땅한 것으로 환영한

복, 정부의 사과 등을 요구하였다. 즉, 2010년 7월 14일 부산민주항쟁기념사업회(부산)과 부마민주항쟁기념사업회(창원)는 공동기자회견을 갖고 ① 부마항쟁 진압, 수사 과정의 인권유린은 물론 부마항쟁 전개과정과 그 전후의 복합적 배경, 결과 등을 포함하여 그 총체적 전모를 조사할 것. ② 각 정당과 국회도 부마항쟁의 진상조사와 명예회복, 피해자 구제 등의 후속 조치에 특별한 관심을 기울일 것. ③ 부산시와 의회, 그리고 창원시를 포함한 경남도 자치단체의 집행부와 의회는 진실화해위원회의 권고 이행을 위해 적극 나설 것 등을 요구하였다.[36]

특히 위 기자회견에서 관련 시민단체 등은 진실화해위원회 결정문의 한계로 다음과 같은 점을 지적하였다. ① 진실화해위원회의 조사는 기간이 4개월 남짓으로 단 2명의 조사관에 의해 수행되었다. ② 조사 대상 규모에 있어서 1,500여 명의 공식적 연행자, 100명에 육박하는 기소자가 있는 사건의 피해자 조사 인원은 20명에 불과하다. ③ 조사내용에 있어서 부마항쟁 진압과정의 폭행, 고문으로 인한 정신적 후유증을 앓고 블랙리스트로 인해 구직난에 따른 고통을 겪은 이들에 대해서는 전혀 밝혀지지 않았다. ④ 불법적 병력동원의 지휘체계를 밝히지 못했고 당시 중앙정부의 행정부 입법부 사법부의 동향에 대해서도 접근하지 못했다. ⑤ 공권력에 의한 명백하고도 심각한 불법적 인권유린이 있었음에도 다른 많은 사건과 달리 국가에 대한 권고사항에 '사과'를 포함시키지 않았다.[37] 이러한 지적은 모두 부마심의위원회가 해결해야 할 과제와도 연

다"고 논평하였다.(『부마자료집』, 2010, 82쪽)

36) 「국가는 부마항쟁에 대해 전면조사하고, 민주헌정의 기본질서를 공고히 하라」 (2010년 7월 14일자 부산민주항쟁기념사업회(부산) 및 부마민주항쟁기념사업회(창원) 합동기자회견문)

37) 위와 같음. 이상의 기자회견에 관한 자세한 내용은 『경남신문』, 『경남도민일보』, 『오마이뉴스』, 『아시아뉴스통신』, 그리고 국내 각 방송사 등의 2010.7.14.

관되어 있는 문제이다.

진실화해위원회의 조사는 부마항쟁에 관한 국가기관의 최초의 진상규명이었다는 의의를 지닌다. 그럼에도 불구하고 부마항쟁 진압 과정 및 연행자 수사 과정에서의 인권 피해에 초점이 맞춰진 제한적 목적을 지닌 것으로 부마항쟁 전반에 관한 진상규명을 위한 조사가 아니었다는 점에서 애초부터 한계를 지닌 것이었다.

4. 부마심의위원회의 진상규명 진행 상황과 과제

1) 관련 법령의 검토

(1) 「부마민주항쟁 관련자의 명예회복 및 보상 등에 관한 법률」

국회는 그동안 부마항쟁 관련자 및 시민단체의 여론을 수렴하여 2013년 6월 「부마민주항쟁 관련자의 명예회복 및 보상 등에 관한 법률」('부마보상법'으로 약칭)을 의결하였고, 그 해 11월 정부는 '부마심의위원회'가 출범함으로써 부마항쟁에 대한 국가적 차원의 진상 조사가 가능하게 되었다.

'부마보상법'은 총 35개조 부칙 2개조로 구성되어 있으며, 그 주요 내용은 다음과 같다.

> 제1조(목적) 이 법은 부마민주항쟁의 진상을 규명하고, 관련자와
> 그 유족에 대하여 국가가 명예를 회복시켜 주며, 그에 따라 관련

일자 보도 기사를 통해서 확인할 수 있다.

자와 그 유족에게 실질적인 보상을 함으로써 인권신장과 민주발
전 및 국민화합에 이바지함을 목적으로 한다.

제2조(정의) 이 법에서 사용하는 용어의 뜻은 다음과 같다.

1. "부마민주항쟁"이란 1979년 10월 16일부터 10월 20일까지 부
산·마산 및 창원 등 경남일원에서 유신체제에 대항하여 발생한
민주화운동을 말한다.(이하 생략)

제4조(부마민주항쟁진상규명및관련자명예회복심의위원회) ① 이
법에서 정하는 업무를 수행하기 위하여 국무총리 소속으로 부마
민주항쟁진상규명및관련자명예회복심의위원회(이하 "위원회"라
한다)를 둔다.(이하 생략)

제5조(위원회의 구성 등) : 전문 생략

제6조(부마민주항쟁 진상규명기간) 위원회는 그 구성을 마친 날부
터 3년 이내에 부마민주항쟁 관련 자료의 수집 및 분석을 완료하
여야 한다.

제7조(진상규명을 위한 신고) ① 위원회는 진상규명을 위한 사실,
피해 등의 신고 접수를 위하여 부산광역시, 경상남도 등에 신고
처를 개설하고 이를 공고하여야 한다.

② 관련자 및 그 유족이나 친족관계에 있는 자, 진상규명에 관하
여 특별한 사실을 알고 있는 자는 위원회에 신고할 수 있다.

③ 제2하에 따른 친족관계에 있는 자와 특별한 사실을 알고 있는
자의 범위는 대통령령으로 정한다.

제8조(진상규명을 위한 조사방법) 위원회는 조사를 수행함에 있어
서 다음 각 호의 어느 하나에 해당하는 조치를 할 수 있다.

1. 신고인 및 조사대상자에 대한 진술서 제출 요구
2. 신고인 및 조사대상자에 대한 출석요구 및 진술청취
3. 신고인 및 조사대상자, 관계기관 등에 대한 관련 자료 또는
물건의 제출요구 및 제출된 자료의 영치
4. 관계기관 등에 대하여 조사사항과 관련이 있다고 인정되는
사실 또는 정보에 대한 조회
5. 감정인의 지정 및 감정 의뢰

제9조(사실조사 및 협조의무) ① 위원회는 이 법에 따른 보상 등을
위하여 관련자, 증인 또는 참고인으로부터 증언 또는 진술을 청
취하거나 필요하다고 인정하는 때에는 검증 또는 필요한 조사
등을 할 수 있으며, 행정기관, 그 밖의 관계기관에 대하여 필요한
협조를 요청할 수 있다.

② 제1항에 따라 협조요청을 받은 관계 기관 등은 다른 업무에
우선하여 이를 처리하고 그 결과를 지체 없이 통보하여야 한다.

제10조(진상조사보고서 작성) ① 위원회는 제6조의 기간이 종료되
는 날부터 6개월 이내에 부마민주항쟁 진상보고서(이하 "진상조
사보고서"라 한다)를 작성하여야 한다. ② 진상조사보고서에는
관련자 명단이 포함되어야 한다.

③ 위원회는 진상조사보고 작성 완료 후 관보에 게재하고, 이를
공고하여야 한다.

(2) 「부마민주항쟁 관련자의 명예회복 및 보상 등에 관한 법률 시행
령」(이하 '동법 시행령'으로 줄임)

'동법 시행령'의 주요 관련 조항을 살펴보면 다음과 같다.

제8조(실무위원회의 설치 등) ① 위원회에서 심의·의결한 안건을
미리 검토하고, 위원회에서 위임받은 사항을 처리하기 위하여
위원회에 다음 각 호의 실무위원회(이하 "각 실무위원회"라 한
다)를 둔다.

1. 진상조사및보고서작성실무위원회(이하 생략)

제10조(진상규명을 위한 신고자의 범위) ① 법 제7조 제3항에서
"친족관계에 있는 자"란 「민법」 제777조에 따른 친족의 범위에
포함되는 사람을 말한다.

② 법 제7조 제3항에서 "특별한 사실을 알고 있는 자"란 부마민
주항쟁과 관련한 사건(이하 이 조에서 "사건"이라 한다)을 경험
하거나 목격한 사람, 사건을 경험하거나 목격한 사람으로부터

사건에 대하여 직접 전하여 들은 사람 및 사건을 문헌이나 기록
으로 확인한 사람을 말한다. 다만, 사건을 경험하거나 목격한 사
람으로부터 사건에 대하여 직접 전하여 들은 사람의 경우에는
경험하거나 목격한 사람이 특정되고 생존하고 있는 등 조사가
가능한 경우로 한정하며, 사건을 문헌이나 기록으로 확인한 사
람의 경우에는 공신력 잇는 문헌이나 기록이 있는 경우로 한정
한다.

이상에서 검토한 내용으로 비추어 볼 때, 부마심의위원회는 부마항쟁
진상규명을 할 수 있는 상당한 수준의 법적 권한을 갖고 있으며, 의지만
있다면 실질적인 성과를 거둘 수 있을 것으로 기대된다.

2) 지금까지의 활동과 성과

2016년 9월 이전 부마심의위원회, 즉 '부마민주항쟁 진상규명 및 관련
자명예회복심의위원회'의 활동과 관련하여 부마심의위원회 본회의 회의
록을 정리해 보면 다음과 같은 내용을 확인할 수 있다.[38]
가. 신고접수 현황(2016년 8월 말 현재) : 1차 신고접수 94건('14.11.3~
'15.1.30), 2차 39건('15.3.2~5.29), 3차 42건('15.10.1~'16.3.31) 등 175건이
신고 접수되었다. 이 중 관련자 여부를 심의하여 의결한 것이 127건이
며, 그 의결 내용은 인용 98건, 일부 인용 21건, 기각 8건 등이다. 보상금
등 지급신청 건수는 총 66건이며, 이 가운데 23건은 보상금 지급 신청이
고, 나머지 43건은 생활지원금의 지급을 신청한 것이다. 참고로 현재까

---

38) 부마심의위원회 홈페이지(http://www.buma.go.kr) 및 부마심의위원회 실무위
  원 차성환이 부산민주항쟁기념사업회 부마항쟁특별위원회에 보고한 내용을
  기초로 정리함.

지 보상금 등이 지급결정된 것은 총 57건 480백만 원에 이른다. 이 중 15명에게 267백만 원의 보상금이 지급되었고, 34명에게 213백만 원의 생활지원금이 지급되었다.(8명은 지급 제외)

　나. 그간 세 차례에 걸친 신고접수를 받았음에도 여전히 다수의 미신고자가 있어 이들의 신고 기회를 늘리고, 미신고자들을 발굴하여 이들이 신고할 수 있도록 지원할 필요가 있다. 게다가 보상금 조정지급 근거를 마련한 「부마민주항쟁 명예회복 및 보상법」 개정안이 통과됨에 따라 ('16.8.30. 시행예정), 신고접수를 연장하는 것이 불가피하게 되었다. 이에 따라 위원회에서는 4차 접수기간을 마련하여 '16.10.1부터 '17.2.15까지 다시 신고접수를 받기로 하였다.

　다. 부마심의위원회의 자료수집 현황과 관련하여 2016년 8월 말 현재 수집한 자료는 대략 〈표 1〉과 같다.

〈표 1〉 부마심의위원회의 자료수집 현황(2016년 8월 말 현재)

구분	수집 내용	비고
국가기관 소장자료	수사·공판기록, 송치결정서 등 160권(2만여 쪽 15종) 진화위 조사사건 38건 민보단 조사사건 45건 계엄사(군사편찬연구소) 자료 해군사·부대사(해군역사기록물관리단)	육군기정단 및 중앙정보부(국정원) 자료는 미수집
학술 논문·문헌 등	연구논문 30편, 단행본 22권, 시청각 자료 7종	일본대사관 자료 제공 불가, 미CIA 자료 수집 중
국외 기관 자료	미국대사관 자료 46건(200여 쪽)	
해외언론 보도자료	미국 뉴욕타임즈, 일본 아사히신문·산케이신문, 대만 중국시보·연합보·중앙일보 등	

자료 : 부마심의위원회 실무위원 차성환이 부산민주항쟁기념사업회 부마항쟁특별위원회에 보고한 내용에 근거하여 작성함.

이러한 정도의 자료 수집은 부마항쟁의 진상조사라는 과제에 비추어 매우 미흡하다고 할 수 밖에 없다. 국내 수집 자료도 자료의 미공개로 그 수준을 확인하기 어려우나 애초의 기대에는 크게 못 미친다. 특히 당시 국내 언론이 통제되고 있었던 상황을 고려할 때 해외자료의 수집은 매우 중요한 일인데, 이에 대한 실적이 거의 전무한 형편이다.

이밖에, 신고 접수한 보상 신청인이 적다는 점을 감안하면, 지금까지의 조사대상자가 계엄군 12명, 경찰 10명, 피해자(진상규명신청자 및 시위주도자) 24명, 기타 목격자 및 참고인 6명이라는 것도 그다지 좋은 실적으로 보기 어렵다.

3) 문제점

이상의 검토를 바탕으로 현재까지 진행된 부마심의위원회의 활동을 간단히 평가해 보면 다음과 같다.

가. 현 정부는 '부마보상법'이 2013년 6월 4일 공포된 후, 무려 1년 6개월이나 시행을 미루고 있다가 2014년 11월 13일에서야 '부마심의위원회'를 출범시켰다. 게다가 심의위원회의 구성이 정치적으로 편향되어 있다는 비판이 부마항쟁 관련 시민사회단체로부터 누차 제기되어 왔다. 이러한 점이 위원회의 소극적 조사활동과 연관성이 있을 수 있다.[39]

나. 조사관의 직접 조사보다는 신청자에 의존하다보니 신청자가 저조할 경우 제대로 조사가 이루어지기 어렵다. 실제로 사건 신청자의 수는 전체 연행자 수에 크게 못 미쳐 제대로 된 진상규명이 가능할지에 대한

---

39) 『부산일보』 2014년 10월 14일자 및 '사단법인 부산민주항쟁기념사업회 등 관련단체의 성명서'(2015.6.1) 「진상조사실무위원회 실무위원 정인권 건의안」 (2015.4.29) 등 참조.

의문을 거두기 어렵다.

　다. 자료조사가 매우 미흡한 실정이다. 해외 자료에 대한 조사는 물론
이고 국내 자료의 조사 자료 수집이 충분히 이루어지고 있지 않은 실정
이다. 특히 부산지역 즉결심판 자료 등은 진실규명과 관련하여 반드시
필요한 자료일 것이나 여전히 자료 확보조차 이루어지지 않은 상황이다.[40]

5. 맺음말에 대신하여─진상조사보고서 작성을 위한
　향후의 과제

　첫째, 부마항쟁 진상조사보고서는 민주화운동기념기념사업회법, 진
실화해위원회의 「부마항쟁 과정에서 발생한 인권침해 사건 결정문」 등
에서 지금까지 정부가 취했던 부마항쟁의 역사인식을 기본적으로 계승
하여야 한다.

　둘째, 기존의 학술적 연구 성과를 충분히 반영하여 부마항쟁의 원인
과 배경, 유신체제의 붕괴에 미친 영향, 역사적 의의 등을 기술해야 할
것이다. 이 경우 위원회의 조사과정에서 기존의 견해를 수정할 만한 특
별히 밝혀진 새로운 사실이 없다면, 당연히 학계의 주류적 연구 성과를

---

[40] 부마심의위원회는 자료 수집이 부진하자, 2016년 8월 관련단체의 의견을 받
　　아들여 '자료수집 자문단'을 구성하기로 하여 6명의 자문단을 구성하였다. 자
　　문단 구성은 아래와 같다.

성명	소속	직위	추천단체
김복래	중도법무법인	사무장	정부위원회 지원단
이은진	경남대학교 사회학과	교수	마산지역 관련단체 공동 추천
정주신	한국정치사회연구소	소장	상동
지주형	경남대학교 사회학과	교수	상동
이기훈	연세대학교 국학연구원	교수	부산민주항쟁사업회
한홍구	성공회대학교	교수	상동

수용하되, 소수 견해는 각주에 부기하는 것이 바람직하다. 이러한 원칙에 입각하여 진상조사보고서는 부마항쟁의 역사적 의의, 즉 부마항쟁의 성격, 부마항쟁이 한국사회의 민주화에 미친 영향, 현재적 의미 등을 명확하게 제시하여야 한다.

셋째, 사건의 발생 이후 전개과정에 대한 사실 복원이 구체적으로 이루어져야 한다. 부마항쟁의 진상 규명을 위해서는 사건의 진행과정을 가능한 한 세밀히 파악하는 것이 기본적으로 중요하기 때문에 이 부분의 서술에 특히 역점을 둘 필요가 있다. 이를 위해서는 우선 시간대별로 사건의 진행과정을 구체적으로 파악하여 사건의 발생 장소, 시위 양상, 시위 구성원의 성격, 참가자 규모, 진압부대의 소속과 규모, 진압 방식, 연행자 규모 등에 대한 사실적 파악이 이루어져야 한다. 물론 각각의 자료나 증언자의 진술이 서로 다를 경우 자료의 비교 분석 방법을 통해 진상을 규명해야 한다. 얼마만큼 진실을 제대로 규명하느냐의 관건은 얼마만큼 유용한 다수의 관련 자료와 증언자를 확보하느냐에 있음은 두말할 것도 없다.

넷째, 부산의 계엄령 선포 및 마산의 위수령 발동과 관련하여 이를 공포하게 된 배경 및 명령계통, 그리고 지휘계통상의 각 책임자를 밝히고 명시해야 한다. 이는 단지 진압에 대한 책임을 묻기 위해서라기보다는 부마항쟁에 대한 당시 정부의 인식과 진압과정에서의 인권 침해 등 이로 인해 발생한 여타 사건과의 인과관계를 밝히기 위해서 필요하다.

다섯째. 계엄군과 기타 진압부대, 경찰의 배치 현황과 진압행위, 그리고 이로 인한 시위자 및 시민의 피해 상황 등을 가능한 한 정확히 밝힐 필요가 있다. 지금까지 많은 연구나 보고서에서 경찰력 및 군부대 동원과 관련된 대체적인 상황은 밝혀 놓고 있으나, 여전히 많은 문제들이 불확실한 상태로 남아 있다. 이 문제의 해결을 위해서는 군과 경찰로부터의 자료조사 협조가 선결과제로 남아 있다.

여섯째, 시위 진압과정에서 연행한 시민에 대한 처리, 이동 경로와 구금 실태, 심문 과정, 재판과정 및 결과, 후속조치 등에 대해서도 면밀한 실태 조사가 필요하다. 물론 이 경우 연행 시민의 구금 및 심문과정에서의 고문, 가혹행위 등 인권 침해 문제가 조사의 중심에 놓여 있고, 따라서 고문 가해자 및 책임자 조사가 함께 이루어져야 한다. 이 문제 역시 군과 경찰을 비롯한 관계기관으로부터의 자료조사 협조가 선결과제이다. 아울러 진실화해위원회가 진실 규명 보고서를 통해 정부에 권고한 사항들에 대해서 그 이행조치의 실행 여부를 조사하여 기술해야 한다. 여기에는 기왕에 이루어진 부마항쟁 관련자 명예회복 및 구제조치 현황을 포함하여 '보상심의위원회'에 의해 취해진 명예회복 및 구제조치 현황을 구체적으로 기술할 필요가 있다.

일곱째, 유치준 씨 사망 사건, 사제총기 사건의 조작 경위와 책임자, 계엄군 탱크와 택시의 충돌 사건 등에 대한 위원회 차원의 심층적 조사가 이루어지고 그 조사 과정과 조사 결과의 내용이 진상조사보고서에 게재되어야 한다.

여덟째, 연행자 조사과정에서 행해진 '남민전사건' 연루 조작 의혹에 관한 문제, 그리고 부마항쟁과 10·26사건의 관련성 문제 등도 보고서 작성에 반영되어야 할 진상 규명의 주요 과제 중 일부이다.

마지막으로 진상조사보고서는 정부에 대한 권고사항으로서 가혹행위, 고문, 성폭행 피해자에 대한 정부의 사과, 이들에 대한 실질적인 정신적 치유와 물적 보상, 기념사업 추모사업 및 학술사업의 추진을 위한 재단 설립 지원[41], 공교육을 통한 부마항쟁에 대한 역사 기술과 역사교육 실시 등에 대한 구체적인 방안을 수립하여 이를 기술하여야 할 것이다.

---

41) 부마보상법 제16조(재단 설립 지원) 시행령 제14조(부마민주항쟁 관련 재단의 지원 등) 참조.

참고문헌

1. 자료 및 저서

민주항쟁기념사업회(사) 편, 『한국의 민주주의와 부산의 6월항쟁』, 1997.

부산민주운동사편찬위원회 편, 『부산민주운동사』, 1998.

부마민주항쟁20주년기념사업회 편, 『부마항쟁의 역사적 의의와 과제 : 20
　　　주년기념 학술심포지움 자료집』, 1999.

국방부 과거사진상규명위원회, 『종합보고서 제2권』, 2007.

진실화해위원회, 「부마항쟁 과정에서 발생한 인권침해 사건 결정문」(2010
　　　년 5월 23일자)

김원, 『박정희시대의 유령들-기억, 사건 그리고 정치』, 현실문화연구,
　　　2011.

손호철, 『현대 한국정치-이론, 역사, 현실 1945~2011』, 이매진, 2011.

이윤섭, 『박정희 정권의 역사』, 필맥, 2011.

민주주의사회연구소 편, 『치열했던 기억의 말들을 엮다(부마민주항쟁 증
　　　언집 부산편 1·2)』, 부산민주항쟁기념사업회, 2013.

나간채, 『광주항쟁 부활의 역사 만들기 : 끝나지 않은 5월운동』, 도서출판
　　　한울, 2013.

차성환, 『부마항쟁과 민중』, 한국학술정보, 2014.

조지 카치아피카스, 원영수 역, 『한국의 민중봉기』, 오월의봄, 2015.

2. 논문

박철규, 한국학술단체협의회 편, 「5·18 민주항쟁과 부마항쟁」, 『5·18은
　　　끝났는가』, 푸른숲, 1999.

김경호, 「부마민주항쟁의 배경과 정치사적 의의」, 『21세기 정치학보』 제10집
　　1호, 2000.

정근식, 「부마항쟁과 79~80레짐」, 『지역사회학』 제2호, 2000.

정주신, 「부마민주항쟁과 5·18민주항쟁」, 『부마민주항쟁 연구논총』, 민주
　　공원, 2003.

박철규, 「부마민주항쟁과 학생운동」, 『부마민주항쟁 연구논총』, 민주공원,
　　2003.

조정관, 「유신체제, 부마항쟁 그리고 80년대의 민주화운동」, 『3·15의거 48
　　주년 및 부마민주항쟁29주년 학술토론회 자료집』, 2008.

이은진, 「구조냐 행위주체냐: 10·18 마산민주항쟁의 해석」, 『사회연구』 제
　　11집, 2009.

한홍구, 「놀라운 붕괴, 거룩한 좌절 — 부마항쟁과 5·18민주항쟁의 비교」,
　　『부마민주항쟁 30주년 기념 부마민주항쟁의 역사적 재조명』, 2009.

차성환, 「부마항쟁과 한국언론」, 『항도부산』 27, 2011.

홍순권, 「부마민주항쟁 연구의 현황과 과제」, 『항도부산』 제27호, 2011.

김도균, 「한국의 재분배 정치의 역사적 기원 — 박정희 시대의 조세정책과
　　저축장려정책 —」, 『사회와역사』 98, 2013.

1장
유신체제와 부마항쟁

전재호

1. 들어가는 말

일반적으로 부마항쟁은 1979년 10월 16일부터 20일 새벽까지 부산과 마산 지역에서 전개된 유신체제 반대운동으로, "박정희 정권의 유신독재체제를 무너뜨리는 기폭제가 된 사건"으로 알려져 있다.[1] 지금까지 부마항쟁의 역사적 위상에 대해서는 큰 이견이 존재하지 않았다. 1998년 출간된 『부산민주화운동사』는 부마항쟁의 역사적 의의를 다음과 같이 기술했다.

> 부마항쟁은 학생운동이나 소수 명망가에게 국한되어 있던 '70년대의 그 어떤 반독재 민주화운동보다도 정권에 치명적인 타격을 가했으며, 그로써 답보상태에 처해 있던 '70년대 학생 및 재야 중심 민주화운동의 한계를 뛰어넘어 '80년대 광주항쟁과 6월항쟁이라는 대규모 반독재 민주항쟁의 도래를 예고하고 향도하였던 것이다. … 부마항쟁은 단순히 "70년대의 반유신운동의 귀결점으로만 머물지 않고 철옹성 같던 박정희의 유신정권을 붕괴시킨 결정적 계기가 되었다.[2]

이 연구는 부마항쟁의 역사적 의의를 유신정권 붕괴의 결정적 계기로 작용했고 1980년대 민주항쟁의 도래를 예고, 향도했다는 점으로 제시했다. 또한 2009년 발간된 『한국민주화운동사 2』는 부마항쟁의 역사적 의의를 다음과 같이 기술했다.

---

1) 홍승권, 「부마민주항쟁 연구의 현황과 과제」, 『항도부산』 제27호, 2011.
2) 부산민주화운동사 편찬위원회 편, 『부산민주운동사』, 부산시사편찬위원회, 1998.

부마항쟁이야말로 10·26 정변과 박정희의 죽음, 그리고 유신의
붕괴를 몰고 온 1970년대 민주화운동의 기념비적 성과임이 분명하
다. … 부마항쟁은 4월혁명에서 시작된 민주화를 향한 대중적 궐기
의 전통을 다시금 복원시켜 1980년대의 더 거대한 흐름으로 이어
지게 해주었다. … 부마항쟁에서 청년·학생층과 기층 민중들이
같은 지역, 같은 거리를 누비며 하나의 대열을 이뤘던 체험과 그를
목격함으로써 얻어진 학습효과는, 곧 이어 벌어진 서울의 봄을 통
하여 다시 강화되고, 1980년대의 운동을 유신시기에 비할 바 없이
대중화된 모습으로 바꾸어 놓았다.[3]

이 연구는 부마항쟁의 역사적 의의를 "유신의 붕괴를 몰고"온 것에 덧
붙여 1980년대에 미친 영향, 곧 4월 항쟁에서 시작된 '대중적 궐기 전통'
을 1980년대 민주화운동으로 이어주었다는 점을 제시했다. 또한 역사학
자 서중석도 부마항쟁을 민주화운동에서 4월혁명, 광주항쟁, 6월항쟁과
함께 "각별히 소중한 위치에 있다"고 평가했다.[4] 이는 기존 연구들이 부
마항쟁의 역사적 의의를 단기적으로는 유신체제의 붕괴와, 장기적으로
는 1960년 4월 혁명, 1980년 광주항쟁, 그리고 1987년 6월항쟁 등과 연관
시켜 설명하고 있음을 보여준다.

그런데 일부 연구들은 "부마항쟁의 역사적 의의나 중요성이 4월혁명,
5·18항쟁 또는 6월항쟁에 못지않음에도 불구하고 그 전후의 상황 논리
에 의해 과소평가"되었다거나 또는 "부마항쟁이 다른 운동들에 비해 사
회적으로나 학술적으로나 상대적으로 주목을 받지 못"했다고 주장한
다.[5] 이에 대해 『부산민주화운동사』는 다음과 같이 설명한다.

---

3) 민주화운동기념사업회 한국민주주의연구소 편, 『한국민주화운동사』 2, 돌베
개, 2009, 354~356쪽.
4) 서중석, 「부마항쟁의 역사적 재조명」, 서중석 외, 『부마민주항쟁의 역사적 재
조명』, 2009, 55쪽.

첫째 부마항쟁이 그 중대한 계기로 작용하여 이루어진 10·26과 '유신정권 붕괴'의 성과도 결과적으로는 신군부 세력에 의하여 유신체제의 해체와 민주화가 아닌 '유신의 재편과 승계'에 불과한 것으로 오염됨으로써, 그 역사적 의미영역이 찬탈당해 버렸고 둘째, 억압적인 지배권력에 저항한 '민중 항쟁사' 그 자체의 면으로 조명되지 못하고 10·26과 독재자 박정희의 급작스런 죽음이라는 '권력 중심 역사'의 관심과 장막에 가리워짐으로써, 민주항쟁사로서의 그 의미가 제대로 분석, 평가되지도 못해왔던 것이다.[6]

곧 부마항쟁이 제대로 평가되지 못하는 이유는 신군부의 권력 찬탈로 인해 유신체제가 지속되었고, 권력중심의 역사에 의해 묻혔기 때문이라는 것이다. "10·26 정변 직후 벌어진 권력투쟁에서 김재규가 패배함으로써 박정희의 장례를 '국장'으로 치르고, 긍정적 이미지가 지속되게 함으로써 유신체제를 진정으로 넘어설 수 있는 기회를 가지지 못했다"는 정근식의 설명[7] 역시 이러한 해석과 같은 맥락이다. 또한 부마항쟁의 '적'인 박정희를 정점으로 한 유신체제가 10·26정변으로 표면적으로 종료됨으로써 정당한 평가를 받을 수 있는 역사적 타이밍을 놓쳤다는 해석[8]이나 1990년 3당 합당 이후 한국 정치를 지배한 지역주의와 부마항쟁과 직접 연결되었던 김영삼의 변신이 부마항쟁의 기억투쟁에 부정적으로 작용했다는 해석[9] 역시 이러한 해석을 보완하는 적절한 지적이다.

이러한 해석에 덧붙여 부마항쟁이 박정희 정권의 신속한 계엄령과

---

5) 차성환, 『부마항쟁과 민중』, 한국학술정보, 2014, 33쪽 ; 손호철, 「1979년 부마항쟁의 재조명」, 민주공원, 『부마민주항쟁 연구논총』, 2003, 60쪽.

6) 부산민주화운동사 편찬위원회 편(1998), 430쪽.

7) 정근식, 「부마항쟁과 79~80레짐」, 『지역사회학』 제2호, 2000, 271쪽.

8) 조정관, 「유신체제, 부마항쟁 그리고 80년대 민주화운동」, 『3·15 의거 48주년 및 부마민주항쟁 29주년 학술토론회 자료집』, 2008, 46쪽.

9) 차성환(2014), 34쪽.

위수령 선포로 인해 너무 짧은 기간 동안만 전개되었고 부산과 마산 이외의 지역으로 확산되지 않았다는 점과 부마항쟁이 유신붕괴의 직접적인 원인이 아니고 민주화로 이어지지 못했다는 점도 고려되어야 한다. 먼저, 부산과 마산에서 각각 이틀의 항쟁은 보도 통제의 상황에서 전국적으로 확산되고 전파되기에는 너무 짧은 기간이었다. 그런 측면에서 박 정권의 계엄령과 위수령 선포는 항쟁의 확산을 차단한 결정적인 요인이었다. 전국적으로 유신체제에 대한 불만이 고조되었던 당시에 만일 부마항쟁이 조금 더 지속되었다면 파급력 역시 훨씬 커졌을 것이고, 그에 따라 부마항쟁에 대한 평가 역시 달라졌을 것이다.

다음으로 부마항쟁은 '유신정권 붕괴의 결정적 계기'이기는 하지만 이승만의 사임을 가져온 4월 혁명이나 1987년 6・29 선언을 이끌어낸 6월 민주항쟁과 같이 직접적으로 민주화를 가져오지 못했다. 곧 유신정권의 붕괴가 부마항쟁의 직접적인 결과라기보다 부마항쟁이 김재규를 움직여서 박정희 살해, 곧 유신정권의 붕괴를 가져왔고 유신 붕괴 이후 민주화가 좌절되고 다시 군부통치가 이어졌다는 사실은 부마항쟁의 위상을 모호하게 만드는 데 기여했다. 만일 유신 붕괴 이후 민주화가 진행되었다면 김재규의 기여와 함께 부마항쟁의 의의가 크게 부각되었을 것이다. 결국 이런 이유로 부마항쟁은 권위주의 정권의 퇴진을 가져온 4월 혁명이나 6월항쟁에 비해 덜 주목받는 것으로 보인다.

그러나 그렇다고 해서 부마항쟁의 역사적 의의가 축소되는 것은 아니다. 기존 연구들이 지적했듯이 엄혹한 긴급조치 아래서 유신체제를 향해 저항했고, 이전의 민주화운동들과 달리 민중이 참여했으며, 그 영향으로 18년의 박정희 체제가 붕괴했다는 사실만으로도 한국 민주화운동사에서 손꼽을 수 있는 대표적인 민주화운동 중 하나로 인정받아야 마땅하다.

이 글은 부마항쟁의 원인과 결과, 특히 유신체제의 붕괴가 민주화가 아닌 군부의 재집권으로 귀결된 이유를 문민통제(civilian control)의 관점에서 고찰하는 것을 목적으로 한다. 이를 위해 2장에서는 부마항쟁의 역사적이고 구조적인 배경인 유신체제의 반민주적 성격을 5·16 군사쿠데타 이후 민군관계를 중심으로 고찰한다. 3장에서는 유신체제의 정치 및 사회경제적 원인을 다룬다. 특히 기존 연구들이 미처 주목하지 못했거나 또는 간과한 점에 주목한다. 4장에서는 부마항쟁의 결과를 재평가하는 작업의 일종으로, 유신체제 붕괴 이후 왜 민주주의가 회복되지 않고 군부가 재집권했는지를 살펴본다. 5장에서는 이상의 논의를 정리한다.

2. 부마항쟁의 역사, 구조적 배경

부마항쟁을 포함하여 1970년대 민주화운동이 전개된 근본 원인은 박정희 정권이 삼권분립을 파괴한 유신체제를 선포한 후에도 긴급조치를 발포하는 등 억압 통치를 더욱 강화시켰기 때문이다. 박 정권은 민정이양을 통해 민간정권으로 변신했으나 여전히 군부를 정치적으로 이용하고 군사주의를 전 사회에 확산시켰던 '유사민간화된 군부 권위주의 정권(civilized military authoritarian regime)'이었다. 그들은 상명하복과 효율 위주의 군 제도와 경영 기법을 전 사회에 확산시키면서 다양성과 토론 문화를 억압함으로써 민주주의를 위축시켰고, 결국에는 유신체제 선포를 통해 민주주의에 질식시켰다. 이에 따라 부마항쟁을 포함하여 민주화운동은 자연스럽게 군부 권위주의의 청산과 민주주의의 회복을 요구했다. 이 장에서는 먼저 부마항쟁의 역사적이고 구조적인 배경인 유신체제의 반민주적 성격을 5·16 군사쿠데타 이후 민군관계를 중심으로 고찰한다.

유신체제의 반민주적 성격을 고찰하기 전에 먼저 민군관계와 관련된 개념을 살펴보자. 일반적으로 민주사회의 민군관계, 곧 민간집단과 군인집단과의 권력관계에서는 문민통제가 기본 원칙으로 간주된다. 문민통제에 대해 헌팅턴은 '주관적' 문민통제(subjective civilian control)와 '객관적' 문민통제(objective civilian control)로 구분하여 유형화했다. 전자는 군에 대한 민간집단의 권력이 극대화된 것을 의미하고, 후자는 군 직업주의의 극대화(maximizing military professionalism), 곧 자율적인 군 직업주의의 인정으로써, 군을 정치적으로 탈정치화, 중립화함으로써 권력의 축소를 추구하는 것을 의미했다.10)

한국에서 주관적 문민통제는 이승만 정권에서 잘 드러난다. 이 정권은 육군 특무부대와 헌병 총사령부를 통해 군을 통제했고, 시민사회를 억압하기 위해 군을 정치적으로 동원했다. 1952년 이승만의 재집권을 위해 군을 동원하여 반대세력을 탄압한 부산정치파동이 대표적인 사례이다. 그리고 이러한 군의 정치적 동원은 군을 정치화시키고 군부 내 정치군인이 등장하는 계기가 되었다. 이에 비해 객관적 문민통제는 박정희 정권 초기에 볼 수 있다. 박정희는 초기 군사원호 관계법 제정, 군인봉급의 호봉제 도입, 장교의 전후방 순환보직제 실시, 군인연금법 공포 등 군의 직업화, 제도화 조치를 실시했다. 또한 군의 지휘계통에 주로 군 본연의 역할에 충실한 구직업주의 성향의 군 간부를 충원했다.11) 이러한 군부정책은 객관적 문민통제로 평가할 수 있다. 그러나 이 사례를

---

10) 양병기, 「한국 민군관계의 역사적 전개와 교훈」, 『국제정치논총』 37-2, 1998, 309~310쪽.

11) 군의 성격과 관련하여 스테판은 '국가의 군사안보에 책임지며 정치적 중립을 지향하는 공식적 전문직'을 구직업주의(old professionalism)로, 군부의 정치개입과 관련된 정치화 양상을 신직업주의(new professionalism)로 규정했다(양병기, 위의 글, 311쪽.

제외하고 박 정권 역시 전반적으로 군부에 대해 주관적 통제방식을 구사했다.[12] 그러면 이러한 민군관계의 기본 개념을 염두에 두고 유신체제의 반민주적 성격을 고찰한다.

1) 유사민간화된 군부 권위주의 정권의 등장과 군사문화의 확산

박정희 정권은 이승만 정권의 주관적 민간통제가 낳은 산물이다. 이승만 정권은 정권 연장 과정에서 군을 정치적으로 이용했고, 이에 따라 군부 내에서 이 정권에 충성하는 정치군인들이 등장하여 군부의 정치적 중립을 유지하려는 구직업주의 세력들과 갈등을 빚게 되었다. 게다가 정권에 의한 군부의 정치적 이용은 정치군인들의 숙청을 요구하는 군부 내부의 반발을 넘어서 민간통제에서 벗어나려는 일부 세력들을 고무시켰다. 그들은 군 내부의 비주류이자 불만세력으로써 정치군인 숙청을 요구하다가 마침내 1961년 5월 16일 군사쿠데타를 거행했다. 그들은 반공 이념과 기존의 군에 대한 불만 이외에는 공통점이 없고 지역별(서북, 동북, 중남부 등), 출신별(경비대, 육사 등), 계급별로 상이했다. 그래서 군정 초기 그들 사이에서는 군의 정치적 역할과 주도권을 둘러싸고 권력투쟁이 전개되었고 수차례의 '반혁명 사건'을 거치면서 박정희 소장과 육사 8기들이 헤게모니를 장악했다.[13]

한편 국제적 비교의 시각에서 볼 때, 5·16 군사쿠데타는 1950년대 많은 제3세계 나라들에서 일어났던 군부쿠데타의 연장선상에 위치해 있다. 1950년대 제3세계의 많은 국가들에서 군부의 힘은 국가나 사회의 다

---

12) 위의 글, 315~316쪽.
13) 김명수·전상인, 「한국민군관계의 역사적 전개와 발전방향: 비교 역사적 분석」, 『전략논총』 2, 1994, 63쪽.

른 기구들을 압도하면서 특히 국가와 시민사회를 지배했다. 당시 군부가 큰 힘을 갖게 되는 데는 식민지 시기 국가 기구가 '과대성장'한 이유도 있지만, 더 중요한 요인은 냉전 체제 아래서 미국이나 소련이 각각 자국 진영의 제3세계 국가들의 군사력 강화를 지원하면서 군부의 힘이 커졌기 때문이다. 또한 대부분의 제3세계 국가들은 독립 직후 새로운 국가 건설을 추진하는 민간정부의 능력이 부족했고, 국가를 견제할 만한 사회세력이 발전하지 못했으며, 종족이나 계급 등의 차이로 인해 내부적 통합이 상당히 약했다. 따라서 대부분의 국가들은 정치적 제도화의 수준이 낮고 정치적 불안이 높았다. 이런 상황에서 국가기구 내에서 상대적으로 과대 성장한 군부는 쿠데타를 통해 정치과정에 폭력적으로 개입했다. 이러한 제3세계에서 군부 엘리트에 의한 정치발전의 후퇴 현상에 대해 헌팅턴은 '집정관주의' 또는 '프레토리아니즘(pretorianism)'으로 지칭했다.[14]

한국 역시 식민지 시기 과대 성장했던 국가가 해방 이후 지속되었고, 그 중에서도 군부가 한국전쟁을 거치면서 가장 크게 성장했다. 특히 미국은 한국 안보 유지의 관건이던 군을 다른 어떤 국가 기구보다도 더 많이 지원했다. 그 결과 1950년대 한국군은 국내에서 가장 선진적인 지식과 기술을 지닌, 그리고 군 특유의 상명하복 조직 문화에 따라 가장 응집력이 강한 조직으로 성장했다.

이러한 상황을 배경으로 5·16 주도세력은 군정 초기부터 사회에 '군대문화'를 도입했다. 군정은 군대식 권력 집중화 기법을 원용하여 고도의 집중화와 효율성을 갖춘 집권당 및 국가기구를 구축했다. 또한 인사행정기본정책을 발표하여 직업공무원제의 확립, 인사기구의 개혁 및 행

---

14) 위의 글, 31쪽.

정사무 간소화를 도모했고, 행정력의 강화를 위해 중앙 정부 및 지방 행정 기구의 확장과 개편을 단행했으며, 종합적인 경제정책의 수립을 위해 경제기획원을 신설했다.[15] 군에 대해서도 국방기구의 정비 및 신설, 군 인사 및 병무 행정의 개선, 복지수준의 향상을 기했고, 최장 군복무 기간을 명시하여 진급 정체 현상을 제도적으로 방지하는 한편, 숙군을 단행하여 1,412명을 전역시켰다.[16]

군사쿠데타 주도 세력들은 민주공화당을 사전 조직한 후 1963년 1월 창당하여 10월 제5대 대통령 선거와 11월 제6대 국회의원 총선거에 참여하여 승리를 거두었다. 12월 17일 박정희가 제5대 대통령에 취임하면서 군부의 직접 통치는 '유사민간화된 군부 통치'로 전환되었다. 민정 이양 이후의 박정희 정권을 유사민간화된 군부통치라고 지칭하는 이유는 민간엘리트를 충원하기는 했지만 그것은 개별적 수준에 머물렀을 뿐, 군 출신이 여전히 행정부와 입법부에서 핵심 역할을 수행했고 통치 기반이 군부와 중앙정보부 등 '억압기구'에 있었기 때문이다. 박정희는 군의 최고 통수권자로서 대통령을 정점으로 하는 엄격한 위계질서를 확립했고, 재임 기간 중 군의 독자적인 정치적 영향력 행사 가능성을 철저히 봉쇄했다. 그는 군의 처우 개선이나 진급체계의 무질서, 정치권의 헌금 요구와 같은 군의 불만 사항을 해소시킴으로써 군의 잠재적 도전을 방지하고 자신에 대한 충성심을 제고시켰다. 또한 군 정보 기구를 통해 스스로 군부를 직접 감시, 통제함으로써 군정기 수차례 반혁명 사건에서 승리했다. 결국 1964년 8월 한일회담 반대시위, 1971년 10월 교련 반대시위, 1979년 10월 부마항쟁 등 반정부 활동에 대해 위수령을 선포하여 군을 동원한 것은 박 정권의 궁극적 기반이 군부임을 잘 보여준다.[17]

---

15) 김명수 · 전상인(1994), 65쪽.
16) 한용원, 『한국의 군부정치』, 대왕사, 1993, 241쪽.

한편 군정 이후 군의 인적, 제도적 요소들이 행정부에 대거 유입되면서 국가기구 내에 군 출신 엘리트와 민간 기술 관료들의 엘리트 동맹이 형성되었고, 국가의 정책 결정과 집행과정에서 정책 수행 능력이 크게 제고되었다. 조직으로서 군부는 집중화, 규율, 계급조직, 의사소통체계, 단체정신 등의 특징을 지니고 있는데, 군이 효율적으로 기능을 발휘하고 확실히 명령을 수행하기 위해서는 적절한 의사전달체계와 규율있는 명령체계가 필요하다. 군 조직이 효율적이기 위해서는 높은 수준의 집중화가 필요하다. 이는 군 조직이 집중화와 고도의 조직화가 필요한 근대적 정부와 친화성을 갖고 있다는 점을 보여준다. 한국의 경우, 군의 제도와 경영 기법 도입이 국가 기구의 정책 입안과 수행 능력을 크게 제고시켰고 이를 바탕으로 일련의 경제개발계획이 수행될 수 있었다. 이 과정에서 정부는 자본가를 길들이는 것은 물론, 농어민과 노동자 세력을 산업화에 동원하는 데 성공했다.[18]

또한 군은 청년들에게 '근대성'을 주입하는 재사회화의 기관으로서 그리고 직업훈련을 시키는 산업인력의 양성 기관으로서의 기능을 수행했다. 병사들은 군 생활을 통해 읽기와 쓰기, 조직의 지시를 효율적이고 합리적으로 수행하는 방법, 중장기적 계획 수립은 물론 운전과 정비, 기계 조작 등 근대적 사회생활에 필요한 태도와 행위 유형을 체득했다. 1950~60년대에는 전반적으로 교육수준이 낮았기 때문에 많은 사병들이 군에서 한글을 비롯하여 초등학교와 중학교 수준의 교육을 받았다. 더욱이 사회 전반에 걸쳐 근대화가 진행되고 군의 무기체계가 고도화됨에 따라 군의 기술병과학교는 고도의 정밀무기 및 장비를 운용, 정비할 수 있는 기술 인력을 양성했고 이를 통해 군은 산업기술 인력을 보급했다.

---

17) 김명수·전상인(1994), 66~67쪽.
18) 위의 글, 67~68쪽.

게다가 투자 여력이 없던 1960년대, 군은 학교와 교량, 도로 건설 등 사회간접자본 구축에도 기여했다.[19]

이렇게 1960년대 경제성장 시기에 군의 제도와 문화는 근대화를 촉진시키는 긍정적 역할을 했다. 그러나 군의 문화는 일사불란한 명령계통과 효율성을 과도하게 강조하는 데 비해, 민주적 토론이나 다원적 가치관과 같은 민주적 문화를 낭비와 비효율로 간주했다. 그렇기 때문에 박정권 시기 정부의 중요한 정책은 사회적 합의 도출 과정 없이 대통령과 소수의 측근들에 의해 결정되었다. 곧 행정적 효율성에 의해 정치가 실종되었는데, 이는 민주주의의 제도화에 부정적 영향을 미쳤다. 박정희 개인에게 권력이 집중되면서, 집권 여당인 공화당에서 후보자 선출이나 정책 작성과 같은 정당 본연의 기능은 쇠퇴했고, 마침내 행정부의 시녀로 전락하게 되었다.[20] 게다가 박정희 개인의 권력 연장 과정에서 후계자를 허용하지 않음으로써 공화당을 개인을 위한 사당(私黨)으로 만들었을 뿐 아니라 후계자 선출이라는 정당의 고유 기능도 퇴색시켰다. 이는 박정희 대통령의 갑작스러운 유고 시 공화당에서 '민주적' 후계자 선출 기능이 작동되지 못하게 만들었다.

결국 군정 시기부터 군 엘리트들은 행정부와 정당 및 사회의 각 분야에 진출했고, 이는 효율 우선의 군사문화가 한국 사회 전반으로 확산되는 계기가 되었다. 그런데 군사문화는 경제성장과 근대화에는 '일정 정도' 기여했지만, 민주적인 절차와 과정보다 목적과 결과만을 중시하는 사고를 확산시킴으로써 한국에서 민주주의가 제도화되는 데 부정적 영향을 끼쳤다. 한일국교정상화 추진, 국군의 베트남 파병, 경부고속도로 건설 등의 사례에서 볼 수 있듯이, 박 정권은 야당과 시민들의 반대를

---

19) 위의 글, 68~69쪽.
20) 위의 글, 69~70쪽.

억누르고 일방적으로 정책을 결정했고, 1967년 국회의원 선거 부정과 1969년 3선 개헌안 날치기 통과 등에서 볼 수 있듯이 개인의 집권 연장을 위해 민주주의를 파괴했다. 게다가 더 이상 박정희의 합법적인 권력 연장이 불가능해지자, 비상계엄 하에서 유신을 선포하고 '유사민간화'라는 민주주의의 형식마저 벗어 던졌다. 이후 박 정권에 의해 진행된 전 사회의 '군사화(軍事化)'와 긴급조치 선포는 군사정권의 민 낯을 보여주는 필연적 결과였다.

2) 유신체제의 반민주적 성격과 전 사회의 군사화[21]

1972년 10월 17일 박정희는 최근 국제정세의 변화가 한국의 안전에 위협이 되며 "한반도의 평화, 이산가족의 재결합, 그리고 조국의 평화적 통일"을 위해 기존체제의 유신적 개혁이 필요하다는 내용의 '대통령 특별선언'을 발표했다. 이와 함께 헌법의 기능을 정지시키고 국회를 강제 해산하고 정당과 정치활동을 금지시킨 대신, 비상국무회의를 설치했다. 10월 27일에는 헌법 개정안을 발표하고 11월 21일 형식적으로 국민투표를 치른 후 유신체제를 출범시켰다. 그런데 이 모든 행위는 비상계엄 하에서 진행되었다. 이는 박정희가 자신의 장기 집권을 위해 군을 개인적으로 동원했다는 사실을 보여준다. 곧 군부쿠데타로 등장한 박 정권은 선거를 통해 민간 정부로 변신했지만, 이를 부정한 유신체제에서는 군부 권위주의 정권이라는 자신의 본질을 노골적으로 드러내었다.

---

21) 이 부분은 필자가 집필한 두 글, 「유신체제의 구조와 작동메커니즘」과 『한국 민주화운동사』 2의 제2부 제1장의 내용을 대폭 수정하여 기술했음을 밝힌다 (전재호, 「유신체제의 구조와 작동기제」, 안병욱 외, 『유신과 반유신』, 민주화 운동기념사업회, 2005 ; 민주화운동기념사업회 한국민주주의연구소 편, 『한 국민주화운동사』 2, 돌베개, 2010).

박정희 정권은 유신체제 선포 이후 이전부터 전 사회에 이식했던 반민주적인 군사문화를 더욱 확장시켰다. 또한 국제정세의 변화와 남북 대치의 상황을 빌미로 국가, 정치사회, 시민사회가 일사불란하게 움직이는 총력안보체제를 구축하고 전 국민은 충효사상에 따라 박정희 개인으로 인격화된 대통령에게 충성을 바칠 것을 노골적으로 요구했다. 그러면 군사문화의 반민주적 성격이 유신체제에 어떻게 삽입되었는지 살펴본다.

(1) 대통령 일인 지배의 제도화

유신체제는 정부 권력을 대통령에게 집중시켰을 뿐 아니라 자유의 박탈, 노골적인 폭력, 국민의 신체에 대한 억압, 강제적인 동원 등을 통해 자유민주주의의 가장 기본적인 원리조차 부정했다. 특히 제3공화국에서 존재했던 최소한의 절차적 민주주의도 부정했다. 제3공화국은 자유롭고 공정한 대통령과 국회의원 선거의 정기 실시, 국가권력 획득을 위해 경쟁하는 야당의 존재 인정, 대통령 임기의 제한, 정부정책을 비판할 수 있는 표현의 자유 등 정치적 게임의 규칙을 갖고 있었다. 물론 이러한 규칙이 현실에서 그대로 적용되지는 않았다. 박정희 정권은 북한의 남침위협을 근거로 집권 초기부터 혁신세력을 거세하는 등 정치적 자유를 제한하고 시민사회를 억압했다. 또한 박 정권은 부정선거를 저질렀으며 권력연장을 위해 변칙적으로 헌법을 개정했다. 그 결과 민주주의 원칙을 위반한 정권과 이를 비판하는 정치적 반대세력 간에는 항상 긴장과 갈등이 존재했다. 그럼에도 불구하고 박 정권은 제3공화국 시기에는 민주적인 제도를 완전히 폐지하거나 그 정당성을 전면적으로 부정하지는 않았다. 이 시기에는 권력 획득을 위해 경쟁하는 야당이 존재했고, 대통령 및 국회의원 선거가 형식적이나마 경쟁적으로 실시되었다. 이런 측면에서 제3공화국은 '준 경쟁적', 또는 '준 권위주의' 체제였다.

그러나 유신헌법은 '대표의 직접선출', '삼권분립', '정기적인 대표의 교체 가능성' 등 민주주의의 기본원리를 전면적으로 왜곡했다.

첫째, 유신헌법은 대통령의 선출방식을 국민의 직접 투표가 아닌 통일주체국민회의 대의원에 의해 선출되는 간선제로 규정했고, 대통령의 임기를 6년으로 연장했다. 또한 대통령 중임 제한 규정을 없애 무제한 당선될 수 있도록 했다. 그리고 유신헌법에서 통일주체국민회의에 의한 대통령 선출은 요식행위에 불과했다. 왜냐하면 통일주체국민회의 대의원 후보나 대의원은 정당 가입이나 국회의원 및 다른 공직의 겸직을 금지했고, 정당이 대의원 후보를 지지 또는 반대하는 행위도 금지했기 때문이다. 이런 조항들은 사실상 야당이 대의원 선거에 참여하는 것을 막는 것이었다. 더욱이 정부는 공무원과 경찰을 동원하여 야당 인사들이 후보로 등록하지 못하도록 방해했다. 그 결과 1972년 12월 23일 치러진 통일주체국민회의 대통령 선거에서 대의원 2,359명 중 2,357명이 박정희 후보를 선택함으로써 그가 99.99%의 지지율로 대통령으로 선출되었다. 이처럼 유신헌법하의 대통령 선거는 국가권력 획득을 위한 경쟁으로서의 의미를 완전히 상실한 요식행위였다.

둘째, 유신헌법은 대통령의 권한을 강화하기 위해 다른 정부기관의 권한을 대폭 약화시켰다. 먼저, 유신헌법은 대통령과 행정부를 견제하는 입법부의 권한을 대폭 약화시켰다. 곧 국회의 국정감사권과 대통령 탄핵권도 박탈했다. 반면 대통령은 국회해산권을 보유했다. 또한 유신헌법은 국회의원의 2/3만을 국민이 직접 선거를 통해 선출하고 나머지 1/3은 대통령이 임명한 후보를 통일주체국민회의에서 추인하도록 했다. 이는 대통령의 입법부 장악을 법적으로 보장한 것으로써, 국회는 대통령과 정부의 의견을 법률로 전환시켜주는 거수기가 되었다. 결국 여당

에 의한 국회 장악과 더불어 입법부에 대한 대통령의 우위는 국회 기능
을 유명무실하게 만들었다.

다음으로 유신헌법은 대법원장을 국회의 동의하에 대통령이 임명하
고 대법원 판사들도 대법원장의 제청으로 대통령이 임명하도록 했으며
그동안 대법원장이 갖고 있던 법관임면권을 대통령에게 이전시켰다. 또
한 헌법위원회를 신설하여 대법원이 갖고 있던 위헌법률심사권을 이전
시켰고 탄핵결정권, 위헌정당해산권을 부여했으며 대통령이 헌법위원
회 9인 중 3인을 임명하도록 했다. 이에 따라 유신체제에서 사법부는 대
통령에게 완전히 종속되었다.

결국 유신체제는 대통령에게 입법부와 사법부에 대한 실질적 통제권
을 부여함으로써 민주주의의 가장 기본적인 원리인 삼권분립을 무력화
시켰다.

셋째, 유신헌법은 대통령이 필요하다고 생각되는 경우 국정 전반에
걸쳐 긴급조치권을 선포하고 국민의 자유와 권리를 제약할 수 있도록
했다. 긴급조치는 사법 심사의 대상이 되지 않았고 국회는 재적의원 과
반수의 찬성을 얻어 긴급조치 해제를 대통령에게 건의할 수 있지만, 대
통령이 그 건의를 수용할 의무는 없었다. 따라서 대통령은 자신이 원하
면 언제든지 국민의 자유와 권리를 제약할 수 있었다. 그 결과 박정희는
반유신 민주화운동이 전개될 때마다 긴급조치를 선포하여 그들을 탄압
했다.

넷째, 유신헌법은 사실상 대통령의 동의 없이는 개헌이 불가능하도록
만들었다. 대통령이 제안한 개헌안은 국민투표에 부치도록 되어 있지만
국회의원에 의해 제안된 개헌안은 국회에서 재적의원 2/3 이상의 찬성
을 받아 통과되더라도 통일주체국민회의에서 재적 대의원 과반수의 찬
성에 의해 승인되어야 했다. 여권이 장악한 국회에서 대통령의 의사에

반하여 개헌안이 발의, 통과되는 것 뿐 아니라 친 정부적 인사들로 구성된 통일주체국민회의에서 개헌안이 통과되는 것도 사실상 불가능한 일이었다. 따라서 유신헌법 아래서는 민주적으로 체제를 전환시킬 수단이 전혀 존재하지 않았다.

결국 박정희 정권은 조국의 평화적 통일을 위해 국가권력의 조직화 및 능률의 극대화가 필요하다는 명분을 내세워 유신체제를 선포하여 국가권력을 대통령에게 집중시켰다. 헌법상으로 국가권력은 국민과 통일주체국민회의, 헌법위원회 등에 분산되어 있고 통치 권력은 국회, 정부, 법원에 분산되어 있지만, 실제로는 대통령이 입법, 사법, 행정 등 모든 국가기구의 통제권을 갖게 되었다. 결국 유신체제는 정치구조의 측면에서 대통령에게 모든 권한이 집중되는 '권력집중형 권위주의 체제'였다.[22]

(2) 경제에 대한 포괄적 개입

박정희 정권은 집권 직후부터 경제기획원을 통해 경제계획을 입안하고 계획에 따라 공공 금융 기관과 자원의 독점을 통해 경제에 포괄적으로 개입하고 통제했다.[23] 이러한 국가주도의 경제발전 전략은 유신체제에서도 지속되었지만, 국가의 주요 경제정책이 대통령에 의해 주도되었다는 점에서 이전과 차이가 난다.

박 정권은 당시 국제정세의 변화를 안보위기로 규정짓고, 수입에 의존하던 기계, 화학제품, 운송 장비 등을 국내에서 생산할 수 있도록 중화학공업화를 추진했다. 곧 독자적인 군산 복합체를 육성하여 안보의

---

22) 한용원(1993), 311쪽.

23) 신광영, 「1970년대 전반기 한국의 민주화운동」, 배긍찬 외, 『1970년대 전반기의 정치사회변동』, 백산서당, 1999, 36쪽.

미국 의존으로부터 독립하려 했다. 특히 박 정권은 유신체제를 선포하면서 총력안보체제의 확립을 내세웠기 때문에 이를 실현시킬 수 있는 중화학공업화에 사활을 걸었다. 그러나 이는 대규모 예산이 투입되어야 했고 당시 한국 경제의 수준에서 추진하기에는 무리한 과업이었기 때문에 경제 관료들은 반대했다. 이에 박 정권은 청와대 비서실에 중화학기획단을 설치하고 중화학공업화를 추진했다. 그런데 유신체제에서 대통령 비서실은 가장 강력한 권력 기구였다. 유신체제는 대통령에게 모든 권력이 집중되어 있었기 때문에 당연히 대통령을 보좌하는 비서실이 권력의 핵심이었다. 특히 일정한 정치적 역할을 했던 민주공화당이 힘을 완전히 상실하게 되면서 대통령 비서실장은 중앙정보부장, 청와대 경호실장과 함께 유신체제의 핵심 권력자가 되었다. 이런 상황에서 경제부처가 아닌 대통령비서실에 중화학공업단이 설치되었다는 사실은 유신체제에서 대통령에게로 권력의 집중화가 진행되면서 일정한 권한과 책임이 주어진 관료제도가 어떻게 약화되었는지를 잘 보여준다.

박정희 정권은 중화학공업화를 지원하기 위해 1973년부터 법제도를 정비하여 수출입은행을 통한 연불 수출 금융지원, 일반금융기관을 통한 특혜융자, 재정자금과 국민투자기금을 통한 재정 투융자, 사회간접자본의 확충 및 기술·인력 개발의 지원, 수입규제에 의한 산업보호, 조세감면에 의한 지원 및 외국인 투자유치, 기술 도입 촉진, 그리고 차관 우선 배분 등의 정책을 시행했다. 그리고 중화학공업의 상호의존성 및 생산과 기술의 밀접한 연관 관계를 고려하여 업종별 대단위기지나 임해공업단지의 건설을 추진하고 산업기지의 효율적 개발을 위해 1973년 '산업기지개발촉진법'을 제정하여 산업기지개발공사로 하여금 이를 담당하도록 만들었다. 이는 유신체제 하에서도 국가주도의 경제 계획 입안과 민간기업에 대한 정부 특혜를 통해 경제가 운영되었음을 보여준다.

결국 유신체제는 제3공화국과 마찬가지로 정부가 경제정책을 입안하고 공공 금융기관과 자원의 독점을 통해 민간 기업을 통제하는 등 경제에 대한 포괄적인 개입을 특징으로 하고 있었다. 그러나 중화학공업화 정책의 추진에서 볼 수 있듯이 경제기획원의 역할이 축소되고 대통령비서실의 권한이 강화되는 등 경제에 대한 권한이 대통령에게로 더욱 집중되었다.

(3) 국민의 기본권과 정치참여 제한 및 노동 부문의 배제

유신헌법은 국가안보를 위해 필요한 경우에는 법률로써 국민의 기본권을 제한할 수 있게 하는 등 기존에 형식적이나마 유지되던 국민의 기본권 조항을 크게 축소시켰다. 곧 제3공화국 헌법에서 "국민의 자유와 권리를 제한하는 경우 자유와 권리의 본질적인 내용을 침해할 수 없다"는 조항의 폐지는 물론, 구속적부 심사제의 폐지, 긴급구속 요건의 완화, 임의성 없는 자백의 증거능력 제한 규정 삭제, 긴급조치 위반 민간인의 군법회의의 재판 회부 등 국민의 기본권을 극도로 축소했다. 또한 언론, 출판의 자유에 대해서도 검열제와 허가제가 가능하게 만들었다.[24]

한편 박정희 정권은 집권 초기부터 정치영역에서 민중 부문을 배제시켰다. 먼저 법적·행정적·물리적 방법을 동원하여 노동계급의 조직화를 억압했다. 법적 차원에서 노조 설립을 어렵게 만들기 위해 노동조합의 등록을 위해서는 정부의 허가를 얻도록 했다. 둘째, 노동자 조직의 거대화를 막기 위해 기업별 노조를 강제하여 조직 노동자들을 기업 단위로 분산시켰다. 셋째, 국가가 노조의 정치 활동과 제3자 개입 등을 금지하여 정치 영역에서 노조를 배제시켰다. 일반적으로 이러한 박 정권

24) 한용원(1993), 310쪽.

의 노동 통제방식은 노동자들의 조직을 막고 분산된 노동자를 통제하려
는 '분절과 통제'(disorganize and control) 전략으로 불린다.[25]

유신체제는 기존의 '배제적' 노동 통제 정책을 더욱 강화했다. 유신헌
법은 단결권, 단체교섭권, 단체행동권 등 노동자의 기본권을 '법이 정하
는 바에 따라' 혹은 '법률이 규정하는 범위 내에서'만 보장했다. 또한 제
29조 3항에 "공무원과 국가 · 지방자치단체 · 국영기업체 · 공익사업체 또
는 국민경제에 중대한 영향을 미치는 사업체에 종사하는 근로자의 단체
행동권은 법률이 정하는 바에 의하여 이를 제한하거나 인정하지 않을
수 있다"는 내용을 삽입했다. 이 조항들의 반노동자적 성격은 노사관계
에 대한 정부의 개입과 노동쟁의에 대한 규제를 한층 강화한 1973년 3월
과 1974년 12월 노동관계법의 개정을 통해 분명히 드러났다.

개정된 노동관계법은 첫째, '산업생산성' 뿐 아니라 '산업평화'를 증진
하기 위해 노사협의회 기능을 강화시켰다. 이 법에 따르면 노사협의회
의 기능은 단체협약 또는 취업규칙의 규정범위 내에서 생산증강과 불만
처리 등에 대한 협의와 협조였고, 조합원이 200명 이하의 경우라도 관계
행정관청의 승인을 얻어 대의원회를 둘 수 있다는 규정도 신설되었다.
또한 부당노동행위 구제 신청기간을 6월에서 3월로 축소시켰고, 확정된
중재재정서의 내용 또는 재심결정서의 내용을 준수하지 않는 자에 대한
처벌을 강화했으며, 관계공무원이 노사협의회에 참석하여 의견 진술을
하도록 했다. 이를 통해 박 정권은 노동문제에 대한 행정기관의 개입을
강화했다. 둘째, 노동쟁의조정법에서 공익사업의 범위를 대통령이 지정
할 수 있다고 규정했고, 노동쟁의 적법 여부 심사권과 알선절차를 노동
위원회에서 행정기관으로 이관하여 행정기관의 권한을 대폭 강화했다.

---

25) 신광영(1999), 158쪽.

또한 노동위원회 위원장도 공익위원들 중에서 선출되던 것을 대통령이 임명하도록 바꿨다. 셋째, 노동조합을 결성할 수 있는 권리인 단결권은 유보 없이 보장했지만 각종 행정조치 및 행정지도를 통해 제약된 법적 범위 내로 노동자들의 요구를 규제했다. 따라서 실제로는 단결권도 허구화되었다.

결국 유신체제는 배제적 노동정책의 기조 아래 노동통제를 더욱 강화했다. 특히 단결권, 단체교섭권, 단체행동권 등 노동자의 기본권을 극도로 축소시켰고 노사관계에 대한 행정기관의 개입과 노동쟁의에 대한 규제를 강화함으로써 경제발전의 과정에서 성장하던 노동부문을 철저히 통제했다.

(4) 긴급조치

유신체제의 반민주적이고 억압적 성격 및 군부통치의 성격을 잘 보여주는 사례는 1974년 1월부터 정권이 종언을 고할 때까지 연이어 발동했던 긴급조치이다. 긴급조치는 국민의 모든 자유와 권리를 잠정적으로 정지하는 '국가긴급권'을 이용하여 국민의 기본권을 제약하는 극단적 조치였다. 박정희 정권이 긴급조치를 발동한 이유는 엄혹한 유신체제 아래서도 종교계, 재야, 대학, 언론 등 사회 각 부문에서 유신철폐를 요구하는 민주화운동이 끊임없이 분출하였기 때문이다. 유신체제 선포 후 잠시 침묵하던 민주화운동은 1973년 10월 서울대 문리대 학생들의 시위를 계기로 본격화되었다. 대학가에서 불붙은 시위는 11월 각 언론사들의 '언론자유수호선언' 발표 및 12월 '개헌청원100만인서명운동'으로 확산되었다.

박정희 정권은 100만인서명운동을 억압하기 위해 1974년 1월 8일 긴급조치 1·2호를 발동했고, 1974년 4월 3일 대학생들의 '전국민주청년학생총연맹' 결성 및 '민중민주선언' 발표 및 시위 시도에 대해서는 긴급조치 4호로 대응했다. 또한 1974년 8월 15일 대통령 암살 미수사건 발생 직후인 23일 긴급조치 5호를 발동하는 동시에 긴급조치 1·4호를 해제했다. 이후 8개월 동안 박정희 정권은 긴급조치를 다시 발동하지는 않았지만, 민주화운동을 지속적으로 탄압했다. 1974년 9월 재발한 대학생 시위에 대해서는 언론보도를 중단시켰으며, 시위 대학에 휴교령의 전단계인 계고장을 송부했다. 그리고 10월 『동아일보』 기자들이 '자유언론실천선언'을 시작하고 그것이 전국 31개 언론사로 확산되자, 광고주들에게 『동아일보』에 광고를 게재하지 못하도록 압력을 행사했다. 또한 재야 인사들과 야당이 개헌추진운동을 재개하자 유신헌법 찬반 국민투표로 대응했다. 국민투표는 1975년 2월 12일 비상계엄령 하에서 찬반토론이 전혀 허용되지 않은 상태로 치러졌고, 결과는 국민들의 '압도적' 찬성이었다.

박정희 정권은 국민투표 결과에 고무되어 2월 15일 긴급조치 위반 구속자들을 석방하는 등 유화조치를 취했다. 그러나 이는 표면적 조치였을 뿐 실제로 문교부는 긴급조치 관련 석방 학생들의 복학을 불허했고, 정부 역시 자유언론실천운동을 주도했던 조선일보와 동아일보 기자들을 해고하도록 사주들에게 압력을 가했다. 그리고 4월 7일 고려대에서 시위가 일어나자 다시 긴급조치 7호를 발동해 고려대를 휴교시켰다. 4월 8일에는 대법원에서 인혁당사건 관련자 8명에 대한 상고가 기각되자, 다음날 바로 사형을 집행했다. 또한 1975년 4월 30일 남베트남 정부가 공산군에 의해 붕괴되자, 각종 관변단체들을 동원하여 대규모 안보궐기대회를 개최했다. 이는 반공·안보 분위기를 고조시켜 유신체제에 대한 비판을 약화시키려는 전술이었다. 실제로 관변단체와 언론을 총동원한 정부 노력의 결과, 상당수 국민들이 안보위기라는 박정희 정권의 주장에 동조하여 방위성금 모금에 적극 참여했다. 이에 따라 자연스럽게 반정부투쟁은 약화되었다. 곧이어 박정희 정권은 5월 13일 긴급조치 7호를 해제하는 긴급조치 8호와, 유신헌법에 대한 일체의 부정적 행위를 금지하는 긴급조치 9호를 발동했다.

긴급조치 9호는 특정 사안에 대한 대응의 성격을 띠었던 기존 긴급조치와 달리 기존 내용들을 종합한 긴급조치의 '결정판'이었다. 그것은 유언비어를 날조 · 유포하는 행위, 다양한 수단을 통하여 헌법을 부정 · 반대 · 왜곡 또는 비방하거나 그 개정 또는 폐지를 주장 · 청원 · 선동 또는 선전하는 행위, 이 조치를 공공연히 비방하는 행위, 그리고 사전허가를 받지 않은 학생의 집회 · 시위 또는 정치 관여 행위를 금지하였으며, 이를 위반할 경우에는 주무 장관이 위반자와 '범행' 당시의 소속 학교, 단체나 사업체 또는 그 대표자에 대하여 제적 · 해임 · 해산 · 폐쇄 · 면허취소 등의 조치를 취할 수 있으며, 아울러 이 조치에 의한 주무 장관의 명령이나 조치는 사법적 심사의 대상이 되지 아니한다는 내용을 담고 있었다. 이는 기존 긴급조치에 비해 적용범위를 확대하고, 처벌규정도 강화한 것이었다. 특히 헌법 개정에 대한 청원 자체를 금지함으로써 유신헌법을 신성불가침의 영역에 올려놓는 동시에, 헌법이 규정하고 있는 국민의 기본권을 박탈했다. 긴급조치가 9호가 선포됨에 따라 특정 발언이나 표현이 실제로 유언비어인지 여부와는 관계없이 권력자의 비위에 거슬리기만 하면 언제라도 영장 없이 체포 · 구금될 수 있었고, 언론 봉쇄로 인해 누가 그러한 부당한 처우를 받게 되었는지조차 알 수 없게 되었다. 그리고 이 조치를 위반하였다고 권력자가 판단한 사람에게 취해진 징계조치는 법의 심판 대상이 되지 않았기 때문에 사실상 권력자는 무소불위의 절대 권력을 갖게 되었다.[26]

긴급조치 9호 선포 이후 민주화운동은 상당 기간 위축되었으나, 긴급
조치 발동 9개월 후인 1976년 3월 1일 "민주구국선언" 발표를 계기로 재
개되었다. 그러나 박 정권은 새로운 긴급조치를 발동하지 않은 채 박정
희가 사망할 때까지 4년 6개월 동안 긴급조치 9호를 유지했다. '한국정
치범동지회'에 따르면 긴급조치 9호로 구속된 인사들은 1,387명에 달하
였고, 긴급조치 9호 관련 판결은 1,289건으로 그 피해자 수만도 974명에
이르렀다.[27]

유신체제의 긴급조치에서 주목할 점은 긴급조치 위반자의 경우, 군인
이 아닌 민간인임에도 불구하고 군법재판을 받도록 했다는 점이다. 이
는 유신체제가 자신의 기반이 군부라는 사실을 노골적으로 드러내는 증
거였다. 따라서 긴급조치는 유신체제의 반민주적인 성격 뿐 아니라 군
부 권위주의 정권으로서 성격을 잘 보여주는 사례였다.

(5) 전 사회의 군사화: 군사교육과 민방위 훈련

박정희 정권은 총력안보를 내세워 유신체제를 정당화했기 때문에 국
민들에게 북한의 남침 위협을 대비한다는 명분으로 전 사회의 군사화를
추진했다. 이미 박 정권은 1968년부터 자주국방을 내세웠고, 동년 1·21
사태를 계기로 성인 남성을 동원하는 향토예비군을 창설했으며, 학생들
에게는 교련이라는 군사훈련을 부과했다. 유신 체제 선포 이후에는
1974년 박 대통령 암살 미수 사건, 1974년과 1975년의 연이은 땅굴 발견,
그리고 1976년 판문점 도끼 만행 사건 등이 벌어짐으로서 남북 간에 군
사적 긴장이 고조되었고, 1975년 인도차이나 공산화와 1977년 카터 미국
대통령의 주한미군 철수 계획 발표 등은 남한의 안보 불안을 고조시켰

---

26) 한국정치연구회, 『한국현대사 이야기주머니』 3, 녹두, 1993 59쪽.
27) 진실과화해를위한과거사정리위원회, 『2006년 하반기 조사보고서』, 2007, 291쪽.

다. 이에 박 정권은 군사교육을 강화하고 민방위 훈련을 정비하는 등 전 사회의 군사화를 강화했다.

먼저 1973년 박정희 정권은 '국적 있는 교육'이라는 슬로건을 내걸고 기존의 군사교육을 강화했다. 단순히 교과서를 통해 북한 대남정책의 실체를 밝히는 지식 위주의 교육을 지양하고 군사훈련, 특별활동, 학교 행사와 같은 다양한 실천 활동을 강조했다. 1975년 4월 인도차이나가 공산화되자 군사주의 교육은 다시 강화되었다.[28] 박 정권은 북한의 남침 위협이 높아졌다고 주장하면서 7월 민방위법과 개정 교육법 등 안보 관련 4개 법률을 통과시켰다. 학도호국단은 이승만 시기 어용의 대명사였기 때문에 1960년 4·19 이후 폐기되었지만, 1975년 5월 21일 국무회의의 의결을 거쳐 부활시켰다. 이에 따라 9월 문교부는 대학에서 기존의 학생회를 폐지하고 학도호국단을 조직하도록 강제했다. 학도호국단은 유신체제를 강화하고 학생들에게 국가안보의식을 고취시킨다는 목표 아래 학생들을 군대와 동일한 조직으로 편성했다. 곧 "정부에서 발표한 학도호국단 설치령은 대학을 전국 단위의 군사 편제로 만들었으며 대학교는 마치 군대의 사단 편제를 방불케 했다. 총장을 당해 대학교의 학도호국단 단장으로 했는데 이는 마치 군대 사단의 사단장과 같은 것이다. 그리고 학도호국단의 부단장은 학생처장이 맡게 했다."[29]

학도호국단은 학생들의 국가안보의식 고취를 그 목적으로 내세웠지만 대학 내 친(親) 유신세력의 육성과 함께 유신반대운동의 약화 역시 의도한 것이었다. 특히 학도호국단 간부들은 의무적으로 유신체제에 대

---

28) 또한 박정희 정권은 베트남이 공산화되자 각종 단체들을 지원하여 대규모 안보궐기대회를 개최했다. 이는 국민적 분위기를 안보 우선으로 몰고 감으로써 박정희 정권에 대한 비판을 약화시키려는 전술이었다.

29) 이화여자대학교, 『이화 100년사』, 이화여자대학교 출판부, 1994, 396쪽.

한 이해를 높이고 애국심을 함양하는 정신교육을 일 주일동안 받아야 했고, 장학금과 취업에서 혜택을 받았다.

다음으로, 박정희 정권은 1972년 1월부터 '민방공·소방의 날' 훈련을 실시했다. 1975년 인도차이나의 공산화를 계기로 한국의 안보가 직접적으로 위협받고 있다고 주장하면서 6월 27일부터 민방공·소방의 날 훈련을 '민방위의 날' 훈련으로 개정했고, 7월 25일에는 민방위기본법을 제정하고 8월 22일에는 시행령을 공포했다. 내무부는 민방위기본법의 입법취지로 "첫째, 민방위제도를 확립하여 군사방위와 함께 국가안전을 더욱 튼튼히 보장하며, 둘째, 민방위활동을 통하여 내 마을 내 직장은 스스로 지키겠다는 자위의 정신을 함양하여 자체방위능력을 제고하고, 셋째, 10대의 학도호국단, 30대의 향토예비군과 함께 40대의 민방위대로 조직화하여 거의 모든 국민이 참여하는 가운데 총력안보태세를 확립하며, 넷째, 이러한 유비무환의 총력안보태세로서 안정을 기하고 이러한 안정을 바탕으로 국가의 도약발전을 도모하는 것"이라고 주장했다.[30]

박정희 정권은 내무부에 민방위본부를 설치하고 그 동안 부처별로 진행되었던 민방위에 관한 업무를 총괄·조정하도록 했다. 9월 22일부터 30일 사이에는 전국적으로 17세 이상 50세 이하의 모든 남자를 대상으로 민방위대를 발족시켰다. 12월 10일에는 민방위 표상(기, 복장, 모자 등)을 제정하고 1976년 5월 7일에는 민방위기본법 시행규칙을 제정했다.[31]

이렇게 박정희 정권은 민방위대를 통하여 17세 이상 50세 이하의 모든 남자를 행정기관의 통제 아래 두었고, 민방위 훈련을 통해 주기적으로 동원하는 제도를 마련했다. 특히 민방위대원이 되는 사람은 통리장을 경

---

30) 내무부, 『민방위제도 총설』, 1990, 134쪽.
31) 위의 책, 136쪽.

유하여 읍면동장이나 직장장에게 신고해야 하며, 이사를 가거나 퇴직할 때에도 반드시 이들에게 반드시 신고하도록 법제화함으로써 젊은 성인 남성을 행정기관의 그물망에서 벗어나지 못하도록 했다.

결국 유신체제는 고등학생들은 군사교육, 대학생들은 학도호국단, 그리고 성인 남성들은 향토예비군과 민방위대, 그리고 일반 국민들은 민방위훈련을 통해 전 국민을 동원하는 총력안보체제를 완성시켰다. 곧 유신체제는 국민들의 반공 안보 심리를 이용하여 그들을 다양한 군사주의적 동원 기제 아래로 통합시킴으로써 전 사회의 군사화를 완성시켰다.

3. 부마항쟁의 정치, 사회경제적 배경

부마항쟁은 긴급조치와 전 사회의 군사화를 통해 국민을 억압하던 유신체제에 맞서 투쟁했던 민주화운동의 연장선상에서 위치한다. 그런데 주목할 점은 유신 선포 이후 서울과 달리 부산과 마산에서는 유신반대 민주화운동이 전혀 일어나지 않다가 1979년 10월 갑자기 폭발적으로 분출했다는 점이다. 그리고 이 시위는 서울과 마찬가지로 대학생들이 중심이 되어 시작되었지만, 시위가 확산되면서 서울과 달리 일반 민중들이 적극적으로 참여했다는 점에서 독특하다. 그러면 1978년 12월 국회의원 선거에서 야당이 승리한 데서 볼 수 있듯이, 1979년 10월 한국 사회에서는 지역을 불문하고 유신체제에 대한 불만이 고조된 상태였다. 그러면 왜 다른 지역이 아닌 부산과 마산에서만 대규모 항쟁이 발발했는가? 이 장에서는 이 질문에 답하기 위해 부마항쟁의 원인을 정치와 사회경제적 배경으로 구분하여 고찰한다.

1) 정치적 배경

부마항쟁의 정치, 사회경제적 원인에 대해 기존 연구들은 1970년대 내내 학생운동이 침체되었던 부산에서 1979년 10월 갑자기 부산대 학생들이 가두시위를 전개한 이유는 무엇이고, 이것이 대규모 항쟁으로 발전한 이유는 무엇인가라는 점에 주목했다. 이는 부마항쟁의 원인을 지역운동사적 관점에서 내재적으로 접근하는 방식인데, 이는 강조점과 관심에 따라 정치사적 분석과 사회경제사적 분석으로 구분해 살펴볼 수 있다.[32]

정치사적 분석은 1970년대 부산지역 운동세력의 성장에 초점을 맞추었는데, 중부교회 중심의 민주화운동 성장과 그들이 부산대학교 등 학생운동 세력에 미친 영향, 그리고 그들과 밀접히 연관된 양서협동조합운동 등의 역할에 주목했다. 이는 1979년의 부마항쟁이 자연발생적이고 우연적 사건이 아니라 부산지역 운동세력의 성장에 따른 필연적 결과임을 밝히려는 시도였다. 곧 항쟁의 동력이 김영삼 총재 제명 사건 발발 이전에 이미 내부적으로 축적된 것으로 파악한다.

사회경제사적 분석은 항쟁 발발 그 자체보다 전개과정에 더 주목한다. 평화적 시위가 왜 폭력투쟁으로 전화되었는가라는 의문 하에, 부마항쟁의 발생 원인을 부산과 마산 지역의 산업구조가 지닌 특수성과 1970년대 말의 경제적 위기 등으로 인식한다. 부산, 마산 지역의 저임금 노동자층의 두터운 형성과 반프로의 형성 등이 부마항쟁 발생의 보다 근본적인 원인으로 설명되고 있다.[33]

이런 내재적 접근과 대조적으로 부마항쟁의 원인을 1970년대 유신체

---

32) 홍순권(2011), 25쪽.
33) 위의 글, 25~26쪽.

제가 지닌 모순으로부터 직접 도출하려는 연구 경향도 존재한다. 이 경우 부마항쟁의 지역적 특성을 염두에 두면서도 유신 말기의 정치변동과 반유신투쟁이 지역사회에 미친 영향에 보다 주목한다. 대체로 긴급조치로 대표되는 유신체제의 위기적 상황과 한미갈등 등 국내외 정세 변화에 주목하면서 유신말기의 정치적 위기, 곧 YH 사건과 김영삼 총재 제명 사건을 부마항쟁 발생의 직접적 계기로 파악한다.[34]

이러한 접근을 대표하는 손호철은 1979년 부마항쟁의 배경을 국제정치와 국내정치로 구분하여, 전자로 한미갈등을, 구체적 사건으로 카터 행정부의 주한미군 철수와 인권외교, 박정희 정권의 핵무기 개발 및 경제 경쟁국화를 제시했다. 그리고 후자로 유신체제의 반민주성과 억압성을, 구체적 사건으로 1978년 총선에서 신민당의 승리, 김영삼 체제라는 신민당의 강경투쟁노선의 등장, 박정희 정권의 강경노선 득세를 제시했다.[35]

그런데 이 사건들과 부마항쟁 사이에 인과관계가 성립한다고 보기는 어렵다. 손호철은 "박정희 말기의 한미관계는 팽팽한 긴장관계이고, 이것은 부마항쟁과 박정희 정권의 몰락에 중요한 요인 중 하나로 작동했다"고 주장한다.[36] 그런데 한미갈등이 박정희 정권의 몰락 원인일수는 있다. 왜냐하면 한미갈등이 김재규가 박 대통령의 살해 결정에 영향을 미쳤을 가능성이 있기 때문이다. 그러나 한미갈등이 부마항쟁의 '중요한 요인 중 하나'라고 말하기는 어렵다. 왜냐하면 한미관계의 악화로 인해 많은 시민들이 부마항쟁에 참여한 것은 아니기 때문이다. 그들에게 영향을 미친 것은 한미관계 악화라기보다는 김영삼 총재 제명이나 경제 상황의 악화와 같은 요인이었다.

---

34) 위의 글, 26-27쪽.
35) 손호철(2003).
36) 위의 글, 174쪽.

필자는 부마항쟁의 정치적 배경 또는 원인 중 가장 중요한 것은 국제적 요인이라기보다 국내적 요인이고, 그 중에서 중요한 것은 박정희의 김영삼 탄압이라고 본다. 부산과 마산 시민들은 자기 지역의 대표적인 정치인인 김영삼을 탄압하는 것에 분노했고, 대학생들이 반유신 시위를 전개하자 이에 적극 참여했다. 물론 이것만이 부마항쟁의 유일한 원인이라고 주장하는 것은 아니다. 이외에도 다른 중요한 요인들이 존재하지만, 김대중 없이 1980년 5월 광주항쟁의 발발을 설명할 수 없듯, 김영삼 없이 부마항쟁의 발발을 설명할 수 없다.

또한 기존 연구들은 대부분 부마항쟁의 정치적 배경으로 1978년 제10대 총선 결과, 곧 신민당의 승리를 언급했다. 제10대 총선에서 신민당이 32.8%의 득표율을 차지해 31.7%를 얻은 공화당을 누르고 승리했다는 사실, 그리고 공화당의 득표율이 1973년 제9대 총선에 비해 7%나 줄어든 데 비해, 신민당은 0.3% 증가하여, 양당의 지지도 격차가 공화당에게 불리한 방향으로 벌어졌다는 사실을 지적했다. 곧 "1978년 10대 총선의 결과는 이후 … 선명야당노선이 탄생하는 촉진제로 작동하는 한편, 유신체제에 전면적으로 저항하는 부마항쟁의 정치적 배경으로 작동하게 된다고 할 수 있다"라고 설명한다.[37)

그런데 이러한 설명은 일부만 적절하다. 곧 10대 총선 결과가 선명야당노선 탄생의 촉진제라는 지적은 적절하다. 그러나 이는 박 정권에 대한 불만이 높았던 도시들 중 왜 하필 1979년 10월 부산과 마산에서만 '민중항쟁'이 발발했는지를 설명해주지는 못한다. 이는 부산과 마산에는 다른 지역에는 없는 어떤 특성을 지니고 있었음을 말해준다. 이에 대해 기존 연구들은 이 지역의 사회 경제적 상황이 다른 지역보다 더 심각했

---

37) 위의 글, 82쪽.

다는 사실을 지적했다. 하지만 이러한 설명 역시 왜 1979년 10월 중순이
라는 시점에서 부마항쟁이 발발했는지를 설명해주지는 못한다. 결국 김
영삼 총재의 제명을 "부마민주항쟁의 서곡인 동시에 직접적 계기"38)라
고 볼 수밖에 없다. 곧 1979년 10월 중순, 부산과 마산에서 민중항쟁이
발발한 것은 지역의 대표 정치인인 김영삼의 제명을 제외하고는 설명될
수 없다.

그리고 1978년 총선 결과와 부마항쟁의 관계를 언급하면서 기존 연구
들은 전국적 수준의 총선결과에만 관심을 기울였다. 곧 부마항쟁은
1978년 총선 결과가 말해주듯이 유신체제에 대한 불만이 폭발했다는 것
이다. 그러나 양자의 관계를 정확히 파악하기 위해서는 부산과 마산 지
역의 선거 결과를 고찰할 필요가 있다. 일단 제8대 총선부터 제12대 총
선까지 두 지역의 선거 결과를 살펴보자.

<표 1> 국회의원 선거 투표율 변화(제8대~제12대)

	전국	서울	부산	경남
제8대(1971)	73.2	59.2	72.1	79.3
제9대(1973)	71.4	62.0	70.3	66.9
제10대(1978)	77.1	68.1	74.3	80.7
제11대(1981)	77.7	71.1	68.8	83.4
제12대(1982)	84.1	81.1	85.3	87.5

<표 1>의 국회의원 선거 투표율 변화를 보면 부산의 투표율은 제10대
가 74.3%로 제9대의 70.3%에 비해 약간 상승했고 제8대의 72.1%와 비슷
하다. 다만 야당 바람이 크게 불었던 제12대의 85.3%에 비해서는 상당히
낮다. 제9대에 대비한 제10대 총선에서 부산의 투표율 증가(4%)는 전국

38) 이행봉, 「부마민주항쟁의 개관, 성격 및 역사적 의의」, 『부마민주항쟁 연구논
총』, 민주공원, 2003, 12쪽.

평균(5.7%)이나 서울(6.1%)의 증가율에 비해 낮다. 이는 유신체제의 억압에 대한 불만이나 1970년대 말의 사회경제적 어려움 등이 부산 시민들을 1978년 총선의 투표장으로 불러냈다고 말하기 힘들게 한다. 물론 투표율이 증가하지 않은 요인은 다양하겠지만, 최소한 유신체제에 대한 불만이 부산 시민들을 투표장으로 이끌지는 않았다는 사실은 분명하다.

〈표 2〉 국회의원 선거 정당 득표수, 득표율 변화(제8대~제12대)

	민주공화당(제8대~제10대) 민주정의당(제11대~제12대)	신민당(제8대~제10대) 신한민주당(제12대)	민주한국당(제11대)
제8대(1971)	부산 275,714(40.3) 마산 23,458(34.22)	부산 379,497(55.4) 마산 25,429(37.10)	
제9대(1973)	부산 246,387(35.07) 마산 29,907(42.74)	부산 340361(48.46) 마산 24,107(34.45)	
제10대(1978)	부산 348,730(29.38) 마산 63,069(38.50)	부산 464,539(39.13) 마산 57,963(35.38)	
제11대(1981)	부산 750,990(60.54) 마산 41,795(27.61)		부산 325,360(26.23) 마산 29,973(19.80)
제12대(1982)	부산 408,616(27.42) 마산 56,586(28.52)	부산 639,724(36.49) 마산 54,287(27.36)	부산 408,834(23.32) 마산 22,035(11.10)

또한 〈표 2〉의 국회의원 선거에서 정당 득표율의 변화도 상당히 흥미로운 결과를 보여준다. 제9대와 제10대 총선의 경우, 부산에서 공화당과 신민당 후보가 받은 득표율을 보면, 공화당은 35.07%에서 29.38%로 5% 이상 감소했고 신민당 역시 48.46%에서 39.13%로 역시 9.33% 감소했다. 그러나 두 선거 모두 하나의 선거구에서 2명을 선출하는 중선거구제로 치러졌기 때문에, 제9대에는 부산의 4개 선거구 중 신민당은 2개 지역구에서 복수공천을 했고, 다른 두 지역구에서는 민주통일당 후보가 출마했다. 그리고 제10대에는 신민당의 복수공천은 없었지만 부산 5개 선거구 모두에서 민주통일당 후보가 출마했고, 제1선거구(영도, 중)에서도 강한 야당 성향의 무소속 예춘호 후보가 출마했다. 곧 두 선거 모두 야

당 후보가 2명 이상 출마했다. 따라서 야당 후보들의 득표를 모두 합산할 경우, 제9대에서 야당 득표율은 56.80%이고 제10대에서는 54.95%로 별로 감소하지 않았다. 마산의 경우에도 공화당의 득표율은 제9대 42.74%에서 제10대 38.50%로 4% 가량 감소한 데 비해, 신민당은 34.45%에서 35.38%로 0.93% 상승했다.

이 결과는 제10대 총선에서 야당의 승리가 부산에서 그대로 적용되지 않는다는 사실을 보여준다. 제10대 총선에서 여당이 야당에 뒤졌다는 전국적인 선거 결과는 부산에는 해당되지 않는다. 왜냐하면 이미 제9대는 물론 제8대에도 야당이 우세했기 때문이다. 제8대 총선에서의 신민당 지지율 55.4%가 보여주듯이, 부산에서는 이미 1970년대 초반부터 야당이 우세했고, 유신체제 내내 그 경향이 지속되었다. 더욱이 1985년 제12대 총선 결과(신민당과 민한당 지지율 합산이 59.81%)가 보여주듯이, 부산에서 야당의 우세는 제5공화국 시기까지도 지속되었다. 물론 제10대 총선의 결과, 전국적으로 유신체제에 대한 반감이 높다는 사실이 확인됨으로써 1979년 10월 부산과 마산 지역 시민들이 이에 고무되었을 수도 있지만, 1978년 총선에서 야당의 승리와 부마항쟁의 발발을 '무조건' 연결시키는 기존 시각은 재고가 필요하다.

2) 사회경제적 배경

부마항쟁의 사회경제적 배경은 항쟁 발발 원인보다 전개과정에서 학생들 이외에도 왜 많은 민중들이 참여했고 평화적 시위가 왜 폭력투쟁으로 전화되었는지를 설명하는 데 유용하다. 이에 대해 기존 연구들은 부산과 마산 지역 산업구조가 지닌 특수성과 1970년대 말의 경제적 위기 등을 제시했다.

먼저 부산민주화운동사와 홍장표·정이근은 세계자본주의의 위기와 부산지역 경제의 내재적 한계로서 노동집약적 경공업 중심의 공업구조의 취약성과 중화학공업화에서 배제라는 외부적 요인의 결합으로 이해한다.[39] 곧 중화학공업의 과잉·중복 투자로 인한 한국자본주의의 축적 위기가 가장 약한 고리인 부산과 마산에서 가장 먼저 폭발했다는 것이다.[40]

부산 지역은 산업화 초기 이래 신발, 섬유, 합판 등 경공업 부문이 주종을 이루었고, 마산의 수출자유지역 역시 섬유, 종이, 식품 등이 주종이었다. 이는 수출의존성이 높은 노동집약적 업종들로서 저임금과 장시간 노동에 기초한 부문이었기에, 민중들의 취업 불안과 저소득으로 인한 생활고를 야기하고 영세기업의 저임금 노동자, 실업자 등 하층 노동자와 도시 빈민층의 사회적 불만을 누적시켰다.[41] 특히 부산 지역은 유신체제 이후 박정희 정권이 정력적으로 추진한 중화학공업화에서 배제되면서 한국 산업구조의 변화에서 뒤처지게 되었다. 특히 합판, 섬유, 신발 등 부산의 주력 산업들은 선진국의 보호무역주의로 인해 성장의 한계에 부딪힌 상황이었다.

그런데 1978년 말 전 세계를 강타한 제2차 석유파동은 다른 지역보다 부산과 마산 지역에 더 큰 타격을 가했다. 한국의 경제성장률은 1977년 12.7%, 1978년 11.6%였는데, 석유파동으로 인해 1979년 갑자기 6.4%로 하락한 후, 1980년에는 아예 −5.7%로 하락했다. 특히 부산, 마산 지역은 유가 상승과 함께 원면, 원단, 원목, 고무 등 원자재 수입 가격이 폭등하

---

39) 부산민주화운동사 편찬위원회 편, 1998 ; 홍장표·정이근, 「부마민주항쟁의 경제적 배경」, 이행봉 외, 『부마민주항쟁 연구논총』, 민주공원, 2003.
40) 차성환(2014), 167쪽.
41) 부산민주화운동사 편찬위원회 편(1998), 393쪽.

면서 더욱 심각한 타격을 입었다. 부산지역의 부도율은 1971년만 하더라도 전국 및 서울 대비 약 1.1배였는데, 1979년에는 전국 평균의 2.4배, 서울의 3배로 급증했다. 또한 수출에 의존하던 부산경제의 1979년 수출증가율은 10.2%로, 전국의 18.4%에 훨씬 못 미쳤고, 이로 인해 상당수 부산 시민이 일자리를 잃고 생존 위기에 처했다. 1979년 마산지역의 부도율도 전년도 2배 이상인 37%로 상승했다. 그에 따라 마산의 경우 수출자유지역의 가동률이 하락하고 휴업 업체가 증가했다. 1979년 휴업 업체가 5개였고, 1980년에는 11개 업체가 폐쇄되었으며, 입주 기업체는 88개 회사로 감소했다.[42]

또한 1977년부터 시행되었던 부가가치세의 도입과 1979년의 물가 상승(도매물가지수 18.8% 상승)도 부산과 마산 지역의 민중들에게 큰 타격을 가했다. 부가가치세는 간접세의 약 절반을 점했는데, 역진성이 높았다. 소득계층별로 볼 때, 최하위 소득계층 10%가 그들의 소득 중 가장 높은 비율의 부가가치세를 지불했다. 이렇게 급등하는 물가와 조세의 역진성 강화는 전반적으로 조세부담률이 증가되는 상황에서 민중생활의 악화를 가져왔다. 따라서 명목임금이 큰 폭으로 상승한다 해도 실질소득을 개선할 여지는 거의 없었다. 부산의 경우 의복제조업에서 수출업체의 임금은 평균 16.2%, 하청업체는 평균 17.6% 상승했지만, 물가상승률에도 못 미치는 상황이었다. GNP 기준으로 볼 때 조세부담률은 1966년의 10.7%에서 1979년에는 17.2%로 증가했고, 부가가치세가 도입된 1977년부터 간접세는 직접세를 능가했다.[43]

한편 손호철은 부마항쟁을 "한국 땅에서 신자유주의정책에 의해 촉발

42) 위와 같음.
43) 부산민주항쟁기념사업회, 『부마민주항쟁 10주년 기념 자료집』, 부마민주항쟁기념사업회, 1989, 244~245쪽.

된 최초의 '반신자유주의적 저항'이라고 주장했다. 곧 박정희 정권 말기 중화학공업 과잉중복투자와 제2차 오일쇼크가 중첩되어 야기된 경제위기에서 박 정권은 IMF에 구제금융을 신청했다. 이에 IMF는 구제금융 제공의 전제 조건으로 긴축 정책 등 신자유주의 정책을 내걸었다. 박 정권은 이를 받아들여 1979년 4월 '경제안정화종합시책'을 발표했는데, 이것이 중소기업들의 도산과 민중생활의 궁핍화를 갖고 왔다는 것이다. 손호철은 다른 연구들과 달리 부마항쟁의 사회 경제적 배경에 박 정권의 신자유주의 정책을 새롭게 지적했다.[44]

결국 기존 논의들을 정리하면, 1970년대 중화학공업의 과잉·중복투자와 세계적인 경제위기, 그리고 이에 대한 박 정권의 신자유주의 정책이 부산과 마산의 경제상황을 악화시켰고, 그 결과 저임금 노동자, 도시빈민, 실업자들이 대학생들이 촉발한 시위에 적극 참여하게 되었다. 이렇게 부마항쟁의 사회 경제적 배경은 많은 민중들이 시위에 참여했을 뿐 아니라 폭력을 사용할 정도로 분노한 이유를 일정 정도 설명해준다.

4. 부마항쟁의 결과: 신군부의 집권

부마항쟁에서 촉발된 권력 내부의 갈등은 김재규의 박정희 살해를 가져왔고, 이는 유신체제의 종언으로 인식되면서 민주주의가 회복될 것으로 예상되었다. 그러나 예상과 달리 군 일부 세력이 12·12 쿠데타를 일으켜 권력을 장악함으로써 박정희의 유고는 유신체제의 붕괴가 아니라 박정희 없는 유신체제의 지속으로 귀결되었다. 이 장에서는 유신체제

---

44) 손호철(2003), 62쪽.

붕괴 이후 군부가 재집권하는 과정을 살펴보기 위해 박정희 정권의 주관적 문민통제를 고찰한다.

1) 하나회의 육성과 윤필용 사건

군사쿠데타 이후 박정희를 포함하여 많은 군인들은 군복을 벗고 정계, 관계, 경제계 등 사회 각 부문에 진출하여 핵심적인 자리를 차지했다. 박정희 정권은 군인들을 이용하여 수많은 정책들을 추진했기 때문에 군은 상당 기간 한국 사회를 움직이는 가장 핵심적인 세력이 되었다. 이 과정에서 박정희는 군 내부에 친위 그룹을 지원하여 육성하는 한편, 퇴역한 군인들에게는 공화당과 국가기관, 공공단체, 국영기업체 등에 일자리를 제공함으로써 자신에 대한 충성을 유도했다.[45] 그러나 군정시기의 수차례 반혁명 사건에서 볼 수 있듯이, 자신을 따르지 않는 군인은 가차없이 제거함으로써 자신에 반대하지 못하도록 군을 길들였다. 또한 한일회담 반대투쟁과 교련반대투쟁 등 자신에 반대하는 민주화운동에 대해서는 위수령과 계엄령을 선포하는 등 군을 동원했는데, 이는 군인들에게 자연스럽게 박정희 정권과 일체감을 갖게 만드는 효과를 발휘했다. 일부 예외가 있지만 박 정권은 집권 초기부터 이런 방식으로 군을 통제했기에 민군관계와 관련하여 주관적 문민통제의 유형으로 평가할 수 있다. 그러면 박 정권 시기 군에 대한 통제가 어떻게 진행되었는지를 살펴본다.

박정희 사후 12·12 군사쿠데타를 주도하고 권력을 장악한 신군부의 핵심은 하나회였는데, 이는 박정희가 지원하고 육성한 군부 내의 사조

---

45) 한용원(1993), 313쪽.

직이었다. 박정희는 5 · 16 군사쿠데타를 주도했던 육사 8기를 견제하기 위해 최고회의 의장 시절 비서관으로 근무했던 전두환, 노태우 등 영남 출신 육사 11기생들을 친위세력으로 육성했다.[46] 박정희는 영남출신 전두환, 노태우, 손영길, 정호용, 권익현, 최성택, 김복동 등이 1963년 2월 친목모임 형식으로 조직한 '칠성회'를 편애하여 군 내부에서는 서종철, 윤필용 등에게, 군 외부에서는 박종규 등에게 후원하도록 했다. 칠성회는 권력의 비호 아래 정규 육사 출신을 포섭하여 조직을 확대했고, 명칭도 '하나회'(일심회)로 개칭하여 군내의 사조직으로 성장했다. 하나회는 '태양(대통령)을 위하고 조국을 위하는 하나같은 마음'이라는 의미를 담았는데, 기수마다 회원을 충원하여 육사출신 동창회인 북극성동창회를 장악했고 1960년대 말에는 군부 실력자 윤필용의 적극적인 비호에 힘입어 잠재적인 정치 세력으로 성장했다.[47]

윤필용은 박정희의 군인시절 측근 중 가장 오랫동안 보좌한 인물이다. 그는 1954년 박정희가 5사단장 시절 군수참모로 등용되었고, 이후 7사단장, 군수기지사령관, 6관구사령관 등을 역임할 때도 참모장, 비서실장 등으로 보좌했다. 5 · 16 직전 육군대학 교관으로 발령난 후 잠시 떨어졌지만 쿠데타 직후 최고회의 의장 비서실장으로 복귀했다. 그러나 민정 이양 후에는 군에 복귀하여 전방 연대장을 하다가 1964년 서울지구방첩대장, 1965년 방첩부대(후에 보안사령부)장에 기용되었다. 이 때 그는 하나회 장교들을 부하로 거느리기 시작했다. 육사 11기의 노태우, 권익

---

46) 4년제 육사는 한국전쟁 기간 중인 1951년 10월 진해에서 설립되었고, 11기로부터 13기까지 피난지였던 진해와 부산에서 교육이 실시되었기 때문에 영남출신이 많이 입교했다. 그들은 이전 육사와 달리 대학교육 위주로 4년간 교육을 받고 임관하여 자부심은 물론 동료의식과 서열의식이 강했다(위의 책, 319쪽).

47) 강창성, 『일본/한국 군벌정치』, 해동문화사, 1991, 357~360쪽 ; 위의 책, 319~320쪽.

현, 12기의 정동철, 이광근 등이 방첩부대의 보안처, 정보처, 대공처 및 서울지구대 등에 실무과장으로 포진했다. 윤필용 방첩부대장(1965년 3월~1968년 2월) 시절 하나회는 군부 내 실세 그룹으로 뿌리를 내렸다.[48]

그러나 영남출신에 대한 박정희의 중용은 비영남 출신들의 불만을 사게 되었고, 삼선개헌과 유신 선포 과정에서 일부 군부 엘리트의 반대 행위가 표출되었다. 이러한 상황에서 윤필용은 이후락 중앙정보부장과 밀착되어 박대통령의 퇴진 및 이후락의 승계를 언급했고, 이로 인해 윤필용 사건이 터졌다.[49] 당시 윤필용은 술자리에서 이후락에게 박정희가 "건강이 약해지기 전에 물러나시게 해 우리가 모시고 후계자를 내세워야 한다"는 요지의 이야기를 하면서 이후락이 후계자가 되어야 한다고 말했다고 한다. 그런데 당시 동석했던 신범식 당시 서울신문사장이 이 사실을 박종규 경호실장에게 보고하면서 이는 윤필용 사건, 곧 모반기도사건으로 비화되었다.[50]

사실 윤필용 사건은 박정희가 후계 문제를 거론한 것을 자신의 권위에 대한 도전으로 간주하고 이를 응징한 에피소드에 불과하지만, 사건 조사 과정에서 하나회의 정체가 드러났다는 점에서 의의가 있다. 사건을 조사했던 보안사령관 강창성에 따르면, 하나회는 정규육사출신을 매 기별로 정원제를 유지하여 가입시키되, 약 5% 수준인 10여 명 내외로 하고, 회원의 다수는 영남출신이 점하고, 여타 지역 출신은 상징적으로 가입시키며, 비밀 점조직 방식으로 조직하되, 가입 시 조직에 신명을 바쳐 충성할 것을 맹세케 하고, 고위층으로부터 활동비를 지급받거나 재

---

48) 김재홍, 『軍』 1, 동아일보사, 1994, 292~294쪽. 윤필용은 20사단장, 주월 맹호사단장을 거쳐 1970년 1월부터 1973년 3월까지 수경사령관을 지내다가 '윤필용 사건'으로 제거된다.

49) 한용원(1993), 321쪽.

50) 강창성(1991), 361~362쪽.

벌로부터 자금을 수령하며, 진급과 보직상의 특혜를 누렸다. 특히 그들은 파벌의식을 조장하는 '우리 편' 의식이 강했고 대통령의 비호를 등에 업고 직속상관에 대해 결례를 범하는 경우도 있었다고 한다. 이렇게 하나회 회원들이 진급상의 특혜를 받고 군의 위계질서를 문란하게 하자, 군 내부에서는 불만과 위화감이 심화되었고, 군의 사기에도 적지 않은 영향을 미쳤다.[51]

  박정희는 하나회에 대해 짐짓 모르는 체 했지만 강창성이 하나회를 철저히 파헤쳐 제거하려고 하자, 그를 3관구 사령관으로 좌천시켰다. 강창성은 친위 세력으로 하나회를 키운 박정희의 의도를 읽지 못했기 때문에 그로부터 버림받았다. 이 사건으로 소장 윤필용, 준장 손영길(수경사 참모장), 김성배(육본 진급인사실 보좌관), 대령 권익현(76연대장), 지성한(범죄수사단장), 신재기(진급인사실 요원) 등 장교 10명은 횡령, 수뢰, 직권남용, 군무이탈죄 등으로 징역 15년에서 2년까지 선고받았고, 안교덕, 정동철, 배명국, 박정기, 김상구 등 31명의 장교들이 전역했다.[52] 또한 윤필용에 의해 박정희의 후계로 지목된 이후락은 박 대통령의 신임을 회복하기 위해 김대중을 납치함으로써 오히려 통치에 부담만 주었다. 이후락의 라이벌이던 박종규도 이후락의 덫, 곧 김대중 납치사건에 대한 항의로 박정희를 암살하려했던 문세광의 저격사건으로 물러났다.[53]

  한편 윤필용 사건을 계기로 군부 내 동기회를 제외하고 모든 사조직이 해체되었고, 하나회도 명목상 해체되었다. 하나회 회원들 중 40여명이 예편되기는 했지만 기타 회원들은 박종규 청와대 경호실장, 서종철

---

51) 위의 책, 363~365쪽 ; 한용원(1993), 321쪽.
52) 한용원(1993), 321쪽.
53) 위의 책, 324~325쪽.

청와대 안보특보, 진종채 수경사령관을 비롯하여, 차규헌, 황영시, 유학성, 김시진 등의 비호로 제거되지 않았다.[54] 그러기는커녕 살아남은 하나회 회원들은 진종채와 전두환이 국군보안사령관으로 재임 시 그 세력을 더욱 강화했고, 보안사령부에도 하나회 출신 장교들이 다수 등용되었으며, 하나회에 대항했던 자들은 예편되거나 진급이 좌절되었다.[55]

유신체제 하에서 주요 군인사는 하나회의 후원세력인 서종철, 노재현, 진종채 등 영남군벌 3인에 의해 처리되었다. 특히 서종철은 1972년 육군참모총장을 마친 후 바로 청와대 안보특보로 기용되었고, 1973년부터 1977년까지 4년 이상 국방부장관을 지낸 후 1978년 다시 청와대 안보특보가 되었다. 그는 1군 사령관과 육군참모총장 시절 하나회 리더들과 깊은 인연을 맺었는데, 전두환, 노태우 대령이 그의 수석부관이었고 김진영 소령 등이 전속부관을 지냈다. 그들은 1979년 3월 전두환 소장을 보안사령관으로 추천하여 임명되도록 했다. 원래 보안사령관은 수경사령관과 군단장을 거친 장성중에서 임명되는 것이 관례였으나, 전두환은 영남 군벌들의 지원에 힘입어 이런 관례를 깨고 1사단장에서 바로 보안사령관이 되었다.[56] 사실 전두환이 보안사령관이 된 것은 진종채의 실각 때문이었다. 1975년 2월 육군보안사령관으로 부임한 진종채는 해, 공군 보안부대를 통합, 1977년 9월 국군보안사령부를 창설하여 타 기관의 눈총을 샀는데, 장교의 월북사건을 납치사건이라고 허위보고한 사건이 발생하자 중앙정보부에서 보안사의 일반정보업무를 수행하지 못하도록 했고, 경호실에서는 진 사령관의 대통령 독대보고를 저지시켰다. 결국 1979년 진종채가 물러나고 전두환이 보안사령관에 취임하게 되었다.[57]

54) 강창성(1991), 372쪽.
55) 위의 책, 374~375쪽 ; 한용원(1993), 321~322쪽.
56) 김재홍(1994), 309~310쪽.

2) 김재규와 차지철의 갈등

윤필용 사건 이후 수경사령관에 영남 출신의 진종채가, 강창성 보안 사령관 후임에는 경기 출신의 김종환이, 이후락 중앙정보부장 후임에는 신직수가, 박종규 경호실장 후임에는 차지철이 부임하여 친위세력이 정립(鼎立) 상태를 이루었다. 이후 차지철 경호실장이 두각을 나타내는 가운데 1976년 12월 신직수 후임으로 김재규가 중앙정보부장으로 부임하면서 김재규와 차지철 간의 갈등이 시작되었다.

김재규는 박대통령과 동기인 육사 2기이자 경북 선산 출신의 동향 후배이다. 1950년대 중반 5사단장 박정희 준장 휘하에서 참모장을 지냈고, 5 · 16 직후 쿠데타에 참여하지 않았음에도 호남비료사장에 임명되는 등 중용되기 시작했다. 이어 6사단장을 거쳐 윤필용의 후임으로 육군보안사령관(1967년 12월~1971년 9월), 제3군단장(1971), 유정회 국회의원(1973), 건설부장관(1974~1976), 중앙정보부장(1976년 12월~1979년 10월)을 지내면서 권력의 핵심이 되었다.

김재규는 윤필용과 갈등 관계였는데, 양자의 갈등은 1968년 1 · 21 사태로 인해 시작되었다고 한다. 1968년 1월 19일 북한 무장공비들이 남하하자, 윤필용의 방첩부대는 수도권 외곽을 지키는 김재규의 6관구사령부에 매복선을 쳐줄 것을 요청했는데, 그들이 매복선을 쳤을 때는 이미 공비들이 그 지점을 통과한 뒤였다. 이에 대해 방첩부대는 이 책임을 6관구 사령부가 져야 한다고 청와대에 보고했고, 그 결과 6관구는 작전 실수에 대한 경고를 받았다.[58]

김재규는 1968년 윤필용의 후임으로 보안사령관에 기용되자 윤 부대

---

57) 한용원(1993), 326 · 332쪽.
58) 김재홍(1994), 298쪽.

장 시절 중용되었던 하나회 장교들을 지구대 등 변방으로 내쫓았다.[59] 그리고 윤필용이 주월 맹호사단장으로 나갔을 때 김재규 보안사령관의 비서실장 출신인 황인수 중령(육사 12기)이 맹호사단 보안대장으로 파견되어 그를 감시하게 되었다. 윤필용이 황인수가 맹호사단의 부정을 본국에 보고하자 그를 명령불복으로 구속하라고 헌병대에 지시했지만 현지참모들의 중재로 해프닝에 그쳤다고 한다.[60] 또한 윤필용이 수경사령관으로 근무할 때, 영내에서 통신보안부대원들이 그의 전화를 도청하자, 그는 1971년 8월 초 헌병대를 보내 영내 보안부대를 습격해 녹음테이프를 수거하고 사무실을 폐쇄했으며 그들의 출입을 막았다. 그리고 9월 김재규가 보안사령관에서 제3군단장으로 전출되자 윤필용의 위세는 더욱 높아졌다.[61] 이러한 관계 때문에 김재규와 하나회 역시 자연스럽게 적대적 또는 경쟁적 관계가 되었다.

차지철은 1974년 8월 대통령 경호실장이 된 이후 경호실 체계를 변화시켰는데, 첫째, 경호체제의 강화와 정신자세 확립이라는 명분아래 직원에 대한 스파르타식 훈련을 실시하여 경호실 분위기를 쇄신했고, 둘째, 차장 밑에 행정차장보와 작전차장보를 신설해 현역장성을 임명했는데, 전두환, 노태우, 김복동 등이 작전차장보를 역임했다. 셋째, 청와대 내외 경호병력인 수경사 30경비단과 33경비단을 대대급에서 연대급으로 격상시키고, 경호실 요원의 복장을 히틀러의 SS친위대 복장처럼 변경했고, 넷째, 1978년부터 매주 금요일 30경비단 연병장에서 경호실 요원, 30 및 33경비단, 공수단, 특경대의 '국기강하식'을 거행했으며, 다섯째, 경호목적상 필요한 경우 수경사를 지휘할 수 있다는 대통령령을 제

59) 위의 책, 290쪽.
60) 위의 책, 290쪽.
61) 위의 책, 297쪽.

정하여 민간인 경호실장이 군지휘권까지 행사할 수 있게 했고, 여섯째, '보안경호'를 내세워 정보 수집은 물론 정치공작 업무까지 수행했다.

또한 차지철은 정보처라는 공식기구 이외에도 관계와 재계에 대해 이규광의 사설정보대를 이용하여 부정비위를 중심으로 정보를 수집하고, 야당에 대해서는 공화당과 유정회의 심복의원들을 활용하여 정치공작을 추진했다. 이규광의 정보대는 정보부와 보안사에서 정보업무 종사 경력자를 15명 정도 핵심요원으로 차출했고, 지방에 대해서는 정보부 및 보안사 현직 종사자를 요원으로 포섭, 세포조직으로 활용하여 정보를 수집했다. 이렇게 차지철이 국회 요직을 비롯하여 행정부 및 군 인사에 개입하고 야당에 대한 정치공작까지 담당하자, 정계, 군부, 기관 등에서 비난 여론이 일어났고 친위세력 사이에서도 불만이 증대했다.[62]

차지철은 1977년까지만 해도 김재규 부장과 밀월관계를 유지했고, 제2인자 행세를 하지 않았으나, 1978년부터 국기하강식을 하면서 제2인자 행세를 했고, 1978년 12월 국회의원 총선 패배의 책임을 지고 김정렴이 물러나고 김계원이 비서실장에 취임하자 대통령 접견업무를 경호실이 장악하여 사실상 비서실도 장악했다. 나아가 그는 당에는 대통령의 의중을 팔고, 대통령에게는 당의 뜻이라고 둘러쳐서 국회의 요직과 당의 요직을 자신의 뜻대로 관철시키는 술수도 구사했다.

한편 1976년 12월 중앙정보부장이 된 김재규는 국내 문제보다는 박정희 정권을 괴롭히고 있던 미국의 코리아게이트에 매달렸다. 이를 기화로 차지철은 이규광의 정보대를 이용하여 국내 정보를 수집, 대통령에게 보고함으로써 신임을 획득했다. 반면 김재규는 손호영 등 중정요원들의 잇단 망명과 공작누설로 신임을 상실하고 있었다. 그러나 당시에

---

62) 한용원(1993), 334~335쪽.

는 10년간 비서실장에 재임하면서 대통령의 신임이 두터운 김정렴 실장이 권부의 지주로서 자립잡고 있었기 때문에 차지철이 독주할 수는 없었다.[63]

김재규와 차지철의 갈등은 백두진 파동을 계기로 표출되기 시작했다. 차지철은 신민당의 반발과 일부 공화당 의원들의 심정적 반발을 무시하고, 자신의 심복인 유정회 의원 백두진을 제10대 국회의장으로 추천하여 이를 관철시켰다. 이후 공화당 및 국회 간부 개편에서도 차지철의 의도가 관철됨으로써 김재규는 뒷전으로 밀렸다. 양자는 1979년 5월 30일 신민당 전당대회를 계기로 다시 충돌했는데, 차지철은 이철승 체제를 유지시키려 했으나 김재규는 김대중의 김영삼 지원을 방치함으로써 김영삼을 총재로 당선시키는 데 일조했다. 이후 YH 사건, 서울민사지법의 김영삼 총재직무집행정지 판결, 그리고 뉴욕타임즈 인터뷰를 빌미로 한 김영삼 의원직 제명안 의결 등의 사건이 이어지면서 양자의 갈등은 고조되었다. 결국 부마항쟁은 양자의 갈등을 최고 고조시킴으로써 김재규의 박정희의 살해를 가져왔다.[64]

그런데 박정희라는 절대권력자가 사라진 국가통치권의 공백 상태에서 그가 육성한 신군부는 다시 쿠데타를 통해 권력을 장악했다. 사실 대통령 사망 후 유신체제의 핵심 기관들은 기능을 상실했다. 중앙정보부는 대통령살해집단으로 낙인찍혀 무장 해제되었고, 청와대 경호실도 차지철 실장이 피살된 데다 차장인 이재전 중장은 직무유기혐의로 합수부에 구속되었다. 이러한 상황에서 보안사령부만이 거의 유일하게 기능했기에 보안사령부장인 전두환이 합동수사본부장을 맡아 권력의 핵심으로 부상했고, 하나회 장교들의 무력 지원에 힘입어 군부 핵심 기관인 수

---

63) 위의 책, 336~338쪽.
64) 위의 책, 338~339쪽.

경사를 제압함으로써 실권을 장악했다.

결국 박정희 사후 신군부가 국가 권력을 장악할 수 있었던 것은 정상적인 권력 승계 절차가 무력화된 상황에서 군부를 제외한 다른 어떤 세력도 국가권력을 장악할 능력이 없었기 때문이다. 유신체제는 박정희라는 절대권력자 개인에게 모든 권력을 집중시켰을 뿐 아니라 장기집권까지 보장한 '일인독재체제'였다. 그렇기 때문에 법적 승계 절차는 존재했지만, 실제 권력의 이행을 보장하는 것은 아니었다. 이는 유신헌법의 절차에 따라 새로운 대통령으로 선출된 최규하가 실권 없이 형식적 역할만 수행하다가 신군부에 의해 축출된 사실이 잘 보여준다. 또한 정상적인 민주주의 체제였다면 권력을 승계할 수 있었던 정당도 무력화되었기 때문에 박정희 사후 군부를 제외한 어떤 세력도 권력을 장악할 수 없었다. 집권 여당인 민주공화당은 입법부를 약화시킨 유신체제 아래서 의회정치와 함께 무력화되었고, 야당인 신민당과 재야 세력 역시 권력을 장악하기에는 힘에 부쳤다. 따라서 박정희 사후 그가 육성한 신군부가 권력을 장악하는 것은 시간문제였다. 다만 그들도 권력을 장악하기 위해서는 유신체제의 해체를 지향했던 선배 군인들을 무력으로 제거하는 수고를 덜 수는 없었다.

5. 나가는 말

1979년 10월 부마항쟁은 멀게는 4월 혁명의 민주주의 정신, 가깝게는 긴급조치에도 불구하고 저항을 멈추지 않았던 유신반대 민주화운동의 연장선상에 위치한 민중항쟁이었다. 그것은 대학생의 시위에서 시작되었지만 민중의 자발적 참여와 아무도 예상치 못했던 강력한 투쟁성을

보여줌으로써 신속한 군의 투입을 가져왔다. 특히 김재규에게 박정희의
제거 없이는 민주주의 회복이 불가능하다는 점을 깨닫게 해줌으로써 18년
박정희 체제의 종언을 가져오는 데 결정적 역할을 했다.

　그러나 박정희의 사망이 민주화가 아닌 군부의 재집권으로 이어지면
서 부마항쟁의 역사적 의미는 다른 민주화운동에 비해 제대로 인식되지
못했다. 1980년대 민주화운동을 이끈 광주항쟁은 유신체제의 붕괴가 가
져온 '서울의 봄'이 있었기 때문에 등장할 수 있었다. 부마항쟁이 없었다
면 서울의 봄이 등장하지 못했을 것이고, 서울의 봄이 없었다면 광주항
쟁도 등장하기 어려웠을 것이다.[65] 따라서 민주주의를 지향했던 부마항
쟁의 정신은 광주항쟁으로, 다시 1980년대 민주화운동으로 이어졌고, 결
국 1987년 6월 민주항쟁이 성공할 수 있었다. 이를 고려할 때 성공과 실
패를 떠나 한국 민주화운동사에서 부마항쟁이 지닌 의미는 누구도 부정
할 수 없다.

　이 글은 이러한 문제의식 아래서 부마항쟁의 원인과 결과, 특히 유신
체제의 반민주적 성격과 군사화, 그리고 유신체제의 붕괴가 민주주의
회복이 아닌 군부의 재집권으로 귀결된 이유를 고찰했다. 구조적 차원
에서 군부 재집권의 원인은 유신체제가 박정희 개인에게 절대 권력을
부여하고 정당과 국회를 무력화했으며 저항세력을 억압했기 때문에 절
대 권력의 공백 이후 군부 이외에 어떤 다른 세력도 권력을 잡기 힘들었
다는 점이다. 또한 박정희의 군에 대한 주관적 문민통제 역시 군부 재집
권의 중요한 요인이다. 곧 박정희는 자신에게 충성을 바치는 친위세력
으로 군부 내 사조직인 하나회를 육성했고, 그들을 꾸준히 군과 권력 핵
심부에 기용했다. 그 결과 하나회를 중심으로 한 신군부는 군부 내 강한

---

65) 조정관, 「한국민주화에 있어서 부마항쟁의 역할」, 『부마민주항쟁 30주년 기
　　념 부마민주항쟁의 역사적 재조명』, 2009, 299쪽.

결속력을 지닌 집단으로 성장했고, 그래서 박정희 사후에 신속히 권력을 장악할 수 있었다. 결국 박정희의 군에 대한 주관적 문민통제는 자신의 사후에 신군부가 권력을 장악할 수 있도록 만들었다.

마지막으로 이 글은 부마항쟁의 결과와 관련하여 박정희의 사망을 유신체제의 붕괴와 동일시하는 일반적 시각에 대해 재고를 요청한다. 신군부가 유신헌법을 폐기하고 새롭게 제정한 제5공화국 헌법은 대통령 간선제, 입법부의 역할 제한 등 유신헌법과 상당히 유사하다. 다만 두 헌법의 가장 큰 차이는 대통령 권력의 정도에서 찾을 수 있다. 대통령 비상조치권 폐지와 단임제에서 볼 수 있듯이 제5공화국 헌법은 유신헌법보다 대통령의 권한을 약화시켰다. 그럼에도 불구하고 제5공화국의 헌법은 민주 헌법과 거리가 멀었고, 일부 완화된 내용들도 전두환 정권에 의해 제대로 운영되지 않았다. 그렇다면 여기서 자연스럽게 유신체제와 제5공화국의 관계를 어떻게 볼 것인가라는 질문이 제기된다. 제5공화국은 박정희 없는 유신체제인가, 아니면 유신체제와는 다른 새로운 군부 권위주의 정권인가? 이 질문에 대해서는 좀 더 정교한 연구가 필요하기 때문에 추후의 연구 과제로 제안한다.

참고문헌

강준만, 『한국현대사 산책 1970년대』 2, 개마고원, 2002.

강창성, 『일본/한국 군벌정치』, 해동문화사, 1991.

김대곤, 『10.26과 김재규』, 이삭출판사, 1985.

김명수 · 전상인, 「한국민군관계의 역사적 전개와 발전방향: 비교 역사적
　　　분석」, 『전략논총』 2, 1994.

김재홍, 『軍』 1, 동아일보사, 1994.

김재홍, 『박정희의 유산』, 푸른숲, 1998.

내무부, 『민방위제도 총설』, 1990.

이행봉 외, 『부마민주항쟁 연구논총』, 민주공원, 2003.

민주화운동기념사업회 한국민주주의연구소 편, 『한국민주화운동사』 2, 돌
　　　베개, 2009.

박상렬, 「한국사회 지배체제에서의 군부의 위상과 군부 내 권력관계」, 『동
　　　향과 전망』 2, 1988.

박철규, 「부마민주항쟁과 학생운동」, 민주공원, 『부마민주항쟁 연구논총』,
　　　2003.

부산민주항쟁기념사업회, 『부마민주항쟁 10주년 기념 자료집』, 부마민주
　　　항쟁기념사업회, 1989.

부산민주화운동사 편찬위원회 편, 『부산민주운동사』, 부산시사편찬위원회, 1998.

서중석, 「부마항쟁의 역사적 재조명」, 서중석 외, 『부마민주항쟁의 역사적
　　　재조명』, 2009.

서중석 외, 『부마민주항쟁의 역사적 재조명』, (사)부산민주항쟁기념사업회
　　　부설 민주주의 사회연구소, 2009.

손호철, 「1979년 부마항쟁의 재조명」, 『부마민주항쟁 연구논총』, 민주공원,
　　　2003.

신광영, 「1970년대 전반기 한국의 민주화운동」, 배긍찬 외, 『1970년대 전반

기의 정치사회변동』, 백산서당, 1999.

안병욱 외, 『유신과 반유신』, 민주화운동기념사업회, 2005.

양병기, 「한국 민군관계의 역사적 전개와 교훈」, 『국제정치논총』 37-2, 1998.

이은진, 「10.18 마산민주항쟁의 참여요인」, 『가라문화』, 제20집, 2006.

이행봉, 「부마민주항쟁의 개관, 성격 및 역사적 의의」, 『부마민주항쟁 연구논총』, 민주공원, 2003.

이화여자대학교, 『이화 100년사』, 이화여자대학교 출판부, 1994.

전재호, 「유신체제의 구조와 작동기제」, 안병욱 외, 『유신과 반유신』, 민주화운동기념사업회, 2005.

정근식, 「부마항쟁과 79~80레짐」, 『지역사회학』 제2호, 2000.

조갑제, 『유고! 부마사태에서 10.26정변까지 유신정권을 붕괴시킨 함성과 총성의 현장』 1·2, 한길사, 1987.

조갑제, 『박정희』 12, 조갑제닷컴, 2007.

조정관, 「유신체제, 부마항쟁 그리고 80년대 민주화운동」, 『3.15 의거 48주년 및 부마민주항쟁 29주년 학술토론회 자료집』, 2008.

조정관, 「한국민주화에 있어서 부마항쟁의 역할」, 『부마민주항쟁 30주년 기념 부마민주항쟁의 역사적 재조명』, 2009.

진실과화해를위한과거사정리위원회, 『2006년 하반기 조사보고서』, 2007.

차성수, 「부마민주항쟁과 부산정치지형의 변화」, 민주공원, 『부마민주항쟁 연구논총』, 2003.

차성환, 『부마항쟁과 민중』, 한국학술정보, 2014.

한만길, 「유신체제 반공교육의 실상과 영향」, 『역사비평』, 가을, 1997.

한용원, 『한국의 군부정치』, 대왕사, 1993.

홍승권, 「부마민주항쟁 연구의 현황과 과제」, 『항도부산』 제27호, 2011.

2장
부산의 항쟁
– 저항, 진압, 피해

김선미

1. 머리말

1979년 부마항쟁은 최대 규모의 유신반대투쟁으로서, 4월혁명 이후 대중적 궐기의 전통을 복원시켜 1980년대 시민항쟁의 거대한 흐름을 매개했고, 이로써 권력층 내부의 갈등을 증폭시켜 유신체제를 안으로부터 붕괴시켰다.

이 과정에서 학생시위는 학생층 내부의 대중성을 획득하고, 대중적 지지와 참여를 이끌어내면서 지역사회의 정치의식을 하나로 통합시키는 데 성공했다. 가히 대중투쟁의 교과서라고 할 것이다. 그리고 이 모든 과정이 이루어지는 데 걸린 시간은 불과 한나절이었다.

부마항쟁은 4월혁명, 5 · 18항쟁, 6월항쟁의 경우에 항쟁을 유발한 부정선거, 시민학살, 호헌선언과 같은, 직접적인 계기가 없었다. 흔히 김영삼 요소를 거론하기도 하지만, 부마항쟁 기간 동안 김영삼과 관련한 구호는 대중성과 지속성에서 확고하지 못했다. 이는 부마항쟁과 관련한 김영삼 요소의 제한성을 극명하게 보여주는 대목이다. 이런 점에서 부마항쟁은 대중투쟁의 발생과 관련해서 매우 이색적인 유형에 속한다고 할 것이다.

그럼에도 지금까지 부마항쟁의 전체상은 명료하지 않다. 발생부터 진행과정 그리고 결말에 이르기까지, 기초적인 사실에 대한 규명이 부족하기 때문이다. 그간 부마항쟁에 대한 기록이나 분석이 적지 않았음에도, 다양한 경로를 통해 생산된 1차 자료를 수습하고 이를 기반으로 구체적인 사실관계를 복원하는 일은 아쉬움이 남기고 있다. 지금에 와서, 아니 지금이라도 기초적인 진상규명 조사를 해야 하는 이유가 여기에 있다.

이 글에서는 부마항쟁의 역사적 배경을 1970년대 후반에 진행된 사회

모순의 극대화, 부산지역 민주역량의 축적, 학생운동의 성장과 조직화에 둔다.[1] 이를 기반으로 부마항쟁의 발생과 전개과정 그리고 파장에 이르기까지, 그간에 이루어진 진상규명의 성과를 정리하고 향후 진행될 조사 작업의 과제를 확인하고자 한다.

　이를 위해 첫째 부마항쟁의 전개과정, 군경의 진압실태, 시민 피해에 대한 조사 현황을 정리하려 한다. 둘째 부마항쟁의 진상규명을 위한 필수 요소임에도 기존의 조사과정에서 누락된 부분을 확인한다. 셋째 이후 부마항쟁 자료 수집의 방향을 설정하고 과제를 분명하게 하고자 한다.

2. 부마항쟁의 발단

　부마항쟁은 1979년 10월 16일 발생한 사건이다. 하지만 부마항쟁의 의미를 온전히 이해하기 위해서는, 발단부터 최고조에 이르는 전 과정을 하나의 시야 속에서 살펴볼 필요가 있다. 특히 부마항쟁의 발단을 분석하는 일은 부마항쟁의 성격을 규명하는 데 중요한 의미를 가지고 있다. 그것은 단지 시간적으로 거슬러 올라가는 이상의 의미를 가지는 것으로, 부마항쟁의 원인을 규명하는 데 필수적 요소이다. 따라서 부마항쟁에 대한 인식은 그 발단을 어디서 찾을 것인가 하는 문제의식에서 시작되어야 할 것이다.

　잘 알려져 있듯이 부마항쟁은 대학생의 시위로 촉발되었다. 이는 그

---

1) 이는 부산지역 민주세력의 부마항쟁에 대한 인식이기도 하다. 이를 잘 보여
　주는 것이 「부마민주항쟁」(부산민주운동사편찬위원회, 『부산민주운동사』, 부
　산광역시, 1998) ; 유영국, 「부마항쟁과 유신체제의 붕괴」(민주화운동기념사
　업회 연구소 엮음, 『한국민주화운동사』 2, 돌베개, 2009)이다.

자체로 사회성을 내포하고 있다. 즉 1970년대 말은 대학생 자체가 희소하던 시절이다. 따라서 1만여 명에 이르는 대학생이 운집한 대규모 학생시위는 그 자체로서 지역주민에게 엄청난 충격을 던져주는 일이었다. 이는 부산이라는 도시가 1백 년의 역사 속에서 처음으로 맞닥뜨린 초유의 상황으로, 학생과 지역 주민이 혼연일체를 이룬 거대한 대중투쟁을 촉발하는 데 결정적인 계기가 되었던 것이다. 따라서 부마항쟁의 발단을 찾는 일은 부산대 학생시위의 발생 과정을 규명하는 데서 출발할 것이다.

부산대 시위는 1979년 여름, 부산대의 학생운동권과 이진걸 그룹의 결합으로 계획되었다.

1979년 부산대에서는 '도깨비집'으로 불린 언더서클과 아카데미 등의 이념서클을 중심으로, 학년별로 단계별 재생산체계를 갖춘 운동권이 처음으로 등장했다. 여기에 다양한 형태의 사회과학 학습 그룹과 노동야학 그룹이 학생운동권의 외연을 형성하면서 운동권의 조직이 확대되고 있었다. 이처럼 운동권 조직의 존재양태가 다양해지고 양적으로 팽창하자 운동권의 대오를 조정하기 위한 움직임이 가시화했고, 운동권회의의 필요성이 대두되었다. 이에 1979년 8월 말 도서관(현 건설관)의 뒤편 숲 속에 있는 문창대에서 부산대 최초의 운동권회의가 개최되었다.

운동권회의에는 언더서클과 아카데미서클 및 노동야학 등 부산대 운동권 단체의 대표 7, 8명이 참석했다. 회의에서는 2학기 개학을 앞두고 학내외의 전반적인 정세를 조망한 뒤 이에 대한 운동권의 대응을 협의하고, 학내의 움직임을 점검하면서 정보와 인식을 공유했다.

그런데 이 자리에서 원래 의안에 없던 시위 계획이 보고되었다. 시위를 제안한 것은 이진걸(기계설계과 3년)이었다. 이진걸은 운동권에 속하지 않았지만, 유신체제의 부조리와 병폐로 인해 정치문제에 관심을

갖게 된 학생이었다. 특히 1978년의 부산대자율화민주실천선언서사건
과 동일방직똥물사건에 충격을 받은 그는 양서협동조합이 주관한 시국
강연회에 참여하면서 현실인식을 벼리었다. 1979년 들어 이진걸은 교유
하고 있던 남성철·황선용 등 진보적 청년들과 의기투합하여, 말기적 증상
을 보이며 임계점을 향해 질주하는 유신정권에 맞서기로 결심한 것이다.

  하지만 학내에 조직을 갖고 있지 못했던 이진걸은 시위에 필요한 조
직 지원을 운동권에 요청했다. 이 요청은 언더서클의 이호철(법학과 3년)
을 통해 8월의 운동권회의에 공식적으로 제기되었다. 이에 대해 학생운
동권에서는 참여론과 신중론이 맞서 격론이 벌어졌지만, 결국 요청을
받아들임으로써 시위를 감행하기로 했다. 이로써 부산대 학생시위가 결
정되었던 것이다. 즉 부마항쟁을 촉발한 부산대 시위는 이렇게 시작되
었고, 따라서 부마항쟁의 발단은 바로 1979년 8월의 부산대 운동권회의
에서 찾을 수 있다.

  9월에 접어들면서 또 하나의 그룹이 등장했다. 신재식(사회복지학과
2년)을 중심으로 하는 법정대 그룹이었다. 이들은 애초 독자적인 시위
를 진행했지만, 일부 구성원이 이탈하면서 운동권에 조직적 지원을 요
청해온 것이다. 이들의 요청은 10월 초에 아카데미 회장 김종세(수학과
3년)를 통해 운동권에 전달되었다.

  이에 운동권에서는 이진걸 그룹과 신재식 그룹, 두 갈래의 시위를 함
께 결합하기로 하고, '10월 15일 오전 10시 도서관 앞'으로 일자와 장소
를 결정했다. 15일은 2학기 중간시험을 한 주 남겨놓은 월요일이고, 이
때쯤이면 학생들은 시험 준비를 위해 도서관으로 모이기 마련이었다.
이어서 시위 분위기 조성에 나섰다. 서울의 모 여자대학에서 부산대의
남학생을 향해 가위와 그림이 든 소포를 보내왔다는 선정적인 소문을
퍼트려 학생들의 자존심을 자극하는 한편, 시위가 임박했으니 운동화를

신고 다니라는 말을 은밀히 퍼트리기도 했다. 동시에 학생상담지도관실과 사복경찰 등 교내 사찰기구의 감시를 역이용하기 위해, 17일에 시위를 일으킨다는 역정보를 유포하기도 했다. 때마침 10월 17일은 유신 선포 기념일이어서, 유신에 반대하는 시위의 거사일로는 그럴듯해 보였다. 실제로 소포 이야기는 부산대 학생들 사이에서 쉽게 확인될 정도로 널리 유포되었고, 시위가 벌어지기 수일 전부터 유난히 운동화를 신고 다니는 학생들이 늘어난 것이 확인되기도 하는 등 시위를 위한 사전 작업은 착착 진행되었다.

15일 오전 이진걸은 남성철과 함께 교내 곳곳에 '민주선언문' 1천여 장을 뿌렸다. 여기에는 이진걸의 동문서클인 '동녘'의 후배와 공대 학우들도 함께 했다. 이들은 본관(현 인문관)과 상대(현 자연과학관) 강의실, 문창회관과 식당 및 휴게실, 학군단의 교련사열이 한창이던 운동장 스탠드를 거치며 '민주선언문'을 배포했고, 10시 10분 경 도서관에 이르렀다. 도서관 내에 유인물을 살포한 이들은 도서관 앞에서 학생들의 호응을 기다렸다. 도서관에서는 운동권 학생들이 유인물 살포를 기다려 시위 분위기를 조성할 예정이었다. 하지만 이들이 학우들을 격동하는 데 시간이 지체되면서, 이진걸은 시위가 실패한 것으로 단정하고 학교를 빠져나가고 말았다. 얼마지 않아 유인물을 손에 든 학생들이 도서관 앞으로 모여들었지만, 주동자를 기다리기 수십여 분 끝에, 득달같이 달려온 경찰과 교직원에 의해 해산하고 말았다. 당시 부산대 학생 가운데 누구도 시위의 경험을 가지지 못했던 현실이 만든 참담한 이격(離隔)이었던 셈이다.

신재식의 경우는 진행조차 어려웠다. 15일이 다가오면서 멤버 대부분이 대오에서 이탈했기 때문에, 신재식은 홀로 '민주투쟁선언문'을 제작하여 그 가운데 일부를 본관 강의실과 미리내골에 뿌려야 했다. 이로써 한 달여를 준비한 10월 15일의 시위는 실패로 끝나고 말았다.[2]

시위가 실패하자 운동권 학생은 물론 일반 학생들도 자괴감에 휩싸였다. 또 다시 '유신대학'이라는 자조감이 이들을 짓눌렀던 것이다. 하지만 10월 15일의 의미는 다만 실패가 아니었다. 오히려 진정한 의미는 다른 데 있다고 할 것이다. 우선 교내 곳곳에 뿌려진 이진걸의 '민주선언문'은 입에서 입으로 전해지면서 널리 알려져 학생들 사이에 파문을 일으켰다.[3] 그리고 소포 등의 소문으로 학생들을 격동하고, 운동화를 신고 다니라는 공지를 널리 유포해 두었기 때문에, 언제라도 시위를 감행할 수 있는 기반은 충분히 갖추어진 상태였다. 더욱이 15일 시위의 불발은 학생들의 가슴 속 울분에 불을 질러, 되레 가연성을 높여 놓았던 것이다. 그 의분의 격정 속에서, 예정에 없던 불두덩이가 등장했다. 정광민(경제학과 2년)의 출현이었다.

정광민은 평소 유신체제의 억압성과 비민주성에 대한 강렬한 비판의식을 가진 학생이었다. 15일 시위가 좌절되자, 그는 참을 수 없는 분노와 이대로 끝낼 수 없다는 절박감에 전율했다. 이에 새로운 시위를 결심한 정광민은 운동권에 조직적 지원을 요청하는 한편 전도걸(경제학과 2년) 등 상대 학우들에게 도움을 구했다. 정광민의 요청은 아카데미와 언더서클을 통해 운동권 전체에 빠르게 전해졌고, 결행을 위한 사전 작업이

---

2) 부산대 운동권회의와 시위 준비과정에 대해서는 다음을 참고. 부마민주항쟁기념사업회·부마민주항쟁 십주년 기념사업회, 『부마민주항쟁 10주년 기념자료집』, 건양기획, 1989, 이진걸·정광민·전도걸 증언 ; 김선미, 「부마항쟁참가자들의 민주화 열정」, 부산역사문화대전, 2012 ; 부산민주항쟁기념사업회 민주주의사회연구소(이하 민주주의사회연구소), 『부마민주항쟁 증언집 부산편 1·2. 치열했던 기억의 말들을 엮다』, 전망, 2013, 고호석·김종세·노재열·신재식·이진걸·이호철 구술.

3) 16일 시위에서 정광민이 도서관 앞에서 낭독한 유인물이 바로 이진걸의 '민주선언문'이었다. 이 날 정광민은 '선언문'을 제작하여 배포했지만, 잉크가 번져 글자를 알아볼 수 없었기 때문이다. 때마침 곁의 학생에게서 건네받은 '민주선언문'을 낭독하며 정광민은 시위를 격동했다.

다시 숨 가쁘게 전개되었다.

반나절이라는 짧은 시간이었지만, 이미 준비해둔 조직 동원의 마스터 플랜이 있었고, 한 차례의 실패로 인해 학생들 사이에는 마치 폭풍전야와 같은 긴장감이 팽배한 덕에 일은 일사천리로 진행되었다. 즉 15일의 시위를 위해 준비했던 기반은 그대로 16일 시위에 적용되었던 것이다. 15일 오후에 갑작스레 결정된 결행 계획이 다음날 대규모 학생시위로 이어질 수 있었던 것은 바로 이 때문이었다. 더욱이 한 차례 실패의 경험은 결과적으로 보면 학습효과를 낳은 것이 되었다. 따라서 16일 시위는 15일 실패의 연장선상에 있는 것이고, 15일의 좌절은 16일의 시위가 성공한 요인이 되었다.

3. 부마항쟁의 전개과정[4]

1) 학생시위의 발생과 가두시위의 확산

(1) 부산대 시위의 발생

10월 16일 오전 10시 경 정광민에 호응한 학생들이 인문사회관을 출

---

[4] 16일부터 21일까지의 시위 상황은 다음의 기록들을 참고하여 필자가 재구성했다. 부산대학교 민주화추진위원회, 『새벽함성』, 1984, 19~24쪽 ; 부산대학교 총학생회, 『거역의 밤을 불사르라』, 1985, 40~63쪽 ; 조갑제, 『유고!』 1 · 2, 한길사, 1987, 6~9장 ; 부마민주항쟁기념사업회 · 부마민주항쟁 십주년 기념사업회(1989), 35~38 · 71~72 · 264~276쪽 ; 군사편찬연구소, 『계엄사』, 1982, 24~29쪽 ; 박철규 · 신은제 정리, 『부마항쟁자료집(동아대편)』, 민주공원, 2003 ; 민주주의사회연구소(2013), 관련자 구술 ; 김성만 구술, 차성환 면접, 2016.7.28. 기록 가운데 발견되는 사실관계의 불일치 또는 상충되는 부분은 객관적 상황과 맥락을 따져 취사선택했다.

발하여, 도서관 앞에서 기다리고 있던 학생들과 합류함으로써 부산대의 학생시위는 시작되었다.

정광민은 경제학과 강의실에 '선언문'을 배포함과 동시에 짧은 연설로 학생들을 격동하여 호응을 이끌어내는 데 성공했다. 이어서 '자유'라고 휘갈겨 쓴 종이를 앞세우고, 상대(현 자연과학관)를 거쳐 도서관까지, '독재 타도'를 외치며 대열을 이끌었다.

같은 시각 도서관 앞에서는 운동권 학생 백여 명이 연좌하여 이목을 집중시키자 주변 학생들이 속속 합류했고, 나지막이 퍼지는 '아침이슬' '선구자' '애국가' '교가' '기다리는 마음' '우리의 소원은 통일' 등의 노래는 금방이라도 터질듯 한 폭풍전야의 분위기를 자아냈다.

이런 가운데 정광민의 대열이 모습을 드러내자, 도서관 앞은 함성으로 솟구쳤다. 보직 교수들의 제지는 '어용교수 물러가라'는 질타로 돌아오고, 정광민을 체포하려는 사복경찰의 시도는 시위에 불을 지른 결과가 되었다. 5백 명으로 시작한 시위가 '유신 철폐' '독재 타도'를 외치며 재료관 앞을 지나 운동장(현 넉넉한 터)에 이르렀을 때, 시위대는 2천 명으로 불어나고 있었다.

이때 경찰의 캠퍼스 난입이 사태를 결정적으로 악화시켰다. 페퍼포그와 무장기동대를 앞세운 경찰은 시위대를 쫓아 최루탄과 곤봉으로 캠퍼스를 유린했고, 이는 관망하고 있던 학생들을 격분시켜 시위에 합류케 했기 때문이다. 11시 경찰에 쫓겨 도서관에 다시 집결한 시위대가 정광민의 '민주선언문' 낭독과 구호 제창으로 대열을 재정비하고, 독수리탑을 거쳐 재차 운동장에 이르렀을 때 시위대의 규모는 5천 명을 넘어섰다.

16일 시위의 양상은 하루 전인 15일과는 확연히 달랐다. 시위를 주동한 정광민과 운동권 학생들의 대응에도 분명한 차이가 있었지만, 무엇보다도 학생 대중의 반응은 놀라운 것이었다. 이들의 주체적이고 적극적인 참여는 예상 밖의 일이었고, 학생운동권의 기대를 훨씬 뛰어넘는 것이었기 때문이다.

이 날 시위에 대한 학생들의 반응은 즉각적이었다. 강의에 들어가려다 시위대와 마주쳐 합류하거나, 수업 중에 들려오는 구호소리에 주저 없이 가방을 챙겼다. 운동장으로 내달리는 시위대열을 창문 너머로 목격한 학생들은 썰물처럼 강의실을 빠져나갔고, 교수의 만류에도 아랑곳 않고 학우들에게 시위 동참을 촉구할 만큼 노골적이었다.

이 무렵 유신체제에 대한 부산대 학생들의 정서는 매우 비판적이었다. 스스로 정치문제에 무관심하다고 자처하는 학생들에게도 박정희 정권은 말기적 증상을 보이는 독재정권이었고, 유신헌법의 악법성은 널리 공감되고 있었다. 특히 학도호국단으로 표상되는 학원의 병영화 현상과 캠퍼스에 기관원이 상주하는 현실에 대한 대학 구성원의 거부감은 강렬했다. 여기에 김영삼의 의원직 제명은 의회민주주의를 유린한 폭거의 결정판으로 여겨졌고, 이를 초래한 YH 사건은 민중생존권 유린의 전형으로 받아들여진 것이다.

이 때문에 제도권 교육의 모범생으로 성장한 학생이 정문을 돌파하기 위해 운동장의 농구골대를 밀어붙이는 거친 행동에 앞장서고, 캠퍼스의 하루를 카드게임에 몰두하며 보내던 평범한 공대 학생이 스크럼을 짜고 시위의 선두에 나서는 일이 벌어진 것이다. 운동권 학생이 아니어도 이들은 페퍼포그의 캠퍼스 유린에 맞서기 위해 교련사열에 사용하고 남겨진 엄호용 짚에 불을 지르고, 정문이 봉쇄되자 구 정문과 사대부고 담장을 뚫고 가두시위의 물꼬를 텄으며, 인근 주택의 담장 너머로 책가방을 던져 넣고 거리로 나섰던 것이다.5)

---

5) 당시 부산대 인근에는 단독주택이 즐비했는데, 가두시위에 나선 학생들은 그 가운데 한 집의 담 너머로 가방을 던져 넣었다. 수십 명이 같은 방식을 되풀

돌이켜보면 이진걸, 신재식, 정광민 중 누구도 운동권 학생이 아니었다. 이들은 다만 한국사회의 현실을 깊이 성찰한 결과 사회부조리와 병폐를 낳은 구조적 요인을 자각하게 되었으며, 이런 현실을 변화시키기 위해서는 선구적 결단이 필요함을 인식하고 그 소임을 자처한 것이었다. 한국사회의 현실에 대한 이들의 분석이 당시의 보편적 인식이었음은 세 사람이 배포한 유인물을 통해 확인할 수 있다.

3종의 유인물에 나타난 유신 말기 한국사회의 모습은 동일했다. 그것은 언론의 자유와 인권 및 학원의 자율성이 심각하게 훼손된 사회였다. 경제는 비자립적이고 반민주적인 경제개발의 결과 외세의존성과 빈부격차가 심화된 구조를 지녔으며, 의회질서가 파괴되고 민중의 정치참여가 배제됨으로써 민주주의가 마비된 사회였다. 3종의 유인물은 이러한 사태의 원인을 유신체제로 보고, 유신체제를 '악의 근원' '악의 표본'으로 규정했다. 따라서 박정희 정권의 퇴진과 유신체제의 철폐를 통해서만 자립경제와 민주주의를 실현하고, 언론 및 학원의 자유와 민중생존권을 쟁취할 수 있다고 주장한 것이다.[6]

이러한 인식은 시위에서 '유신 철폐' '독재 타도' '언론 자유' '학원 자유'라는 구호로 나타났다. 이 구호들은 당시 학생들의 정서를 정확히 반영한 것이었고, 가슴 속 울분을 토하게 만들었다. 가두시위로 전환하면서 '학원 자유' 구호는 후퇴했지만, 나머지 3개의 구호는 부마항쟁 내내 시위대의 주장이 되었다.

이했는데, 집주인은 가방을 창고에 보관했다가 학생들에게 돌려주었다. 민주주의사회연구소(2013)의 염태철 구술 참고. 일반학생들의 정치의식과 시위참가에 대해서는 같은 책의 김하원·임정식·이규현·이현호·송두한·우수헌 구술 ; 강명관 구술, 차성환 면접, 2009년 7월 17일 ; 백하현 구술, 차성환·허열 면접, 2013년 4월 19일, 국사편찬위원회 2013년 구술자료수집사업 참고.
6) 3종의 유인물은 부마민주항쟁기념사업회·부마민주항쟁 십주년 기념사업회 (1989), 31~34쪽 참고.

■ 부산대 시위에서 배포된 3종의 유인물은 현재 실물이 확보되어 있지 않다. 민주선언문과 민주투쟁선언문은 사진으로 남아있고, 선언문은 정광민이 재작성한 것이 전해지고 있다. 원본을 확보하려는 노력이 시급하다.

■ 학생시위에 천 명이 넘게 참여한 일은 부산대 역사상 전례가 없는 일이다. 이 때문에 참여 동기를 둘러싸고 억측이 난무하기도 한다. 따라서 유신 말기 부산대 학생들의 현실인식과 시위 참여 동기에 대한 조사가 필요하다. 시위 참가자 가운데 일부가 구술 자료를 남기고 있지만, 조사 대상을 넓혀서 광범위한 설문조사를 실시할 필요가 있다.

(2) 가두시위의 확산

11시 도서관에 재집결한 시위대가 다시 운동장으로 치닫는 동안, 학생들 가운데서 가두진출에 대한 논의가 자연스레 나왔다. 하지만 가두시위는 경찰기동대와의 격렬한 충돌을 야기했고, 이 과정에서 다수의 학생이 부상당하고 경찰에 연행되었다. 그러나 수차례의 공방 끝에, 결국 시위대는 봉쇄된 정문의 좌우 양편을 공략하여 구 정문과 사대부고(현 항공관) 쪽으로 길을 여는 데 성공했다. 이에 전후 3차례에 걸쳐 시위대가 학교를 빠져나가면서, 가두시위는 3갈래로 전개되었다.

가장 먼저 시위대에 뚫린 곳은 구 정문이었다. 시위대는 철문을 굳게 잠그고 있는 자물쇠를 돌로 깨부수고 학교를 나섰다.[7] 이들은 구 정문 사거리에서 경찰과 맞서 일진일퇴를 거듭하다가, 이 가운데 5백여 명이 식물원을 거쳐 온천장으로 진출했다(1진). 사대부고로 진입한 시위대는 경찰과 접전 끝에 사대부고 담장을 무너뜨리고 1천 명 규모로 산업도로에 진출했다(2진). 2진은 스크럼을 짜고 '유신 철폐' '독재타도' '언론자유'

---

7) 그간 구 정문 돌파 과정에 대해서는 여러 주장이 나왔지만, 최근 김하원(사학 4년)의 증언으로 자물쇠를 부수고 교문으로 진출한 것이 확인되었다. 민주주의사회연구소(2013), 김하원 구술, 256~257쪽 참고.

를 외치며, 정연하게 온천장을 향했다. 1진과 2진이 학교를 빠져나간 뒤 경찰의 집중 공격을 받은 학생들은 다시 대열을 정비하고, 사대부고 입구에서 경찰을 뚫은 6~7백 명이 2진을 따라 산업도로를 거쳐 온천장으로 나아갔다(3진).

2진은 온천장에서 경찰의 공격을 받아, 원예고와 명륜동 양 방향으로 갈라졌다. 원예고 방면으로 간 5백 명은 앞서 나간 1진과 만나 합류했다. 미남로터리로 나간 시위대는 부산진경찰서의 경찰기동대를 만났지만, 인근 공사장의 자갈을 던져 격퇴했다. 이 날 경찰은 급히 출동하면서 미처 방패를 챙겨오지 못한 탓에 학생들의 자갈 공세에 속수무책으로 당한 것이다. 시위대는 사직동을 거쳐 거제리 군부대 앞까지 진출했지만, 경찰의 무력에 막혀 '부산역 집결'을 전파하며 해산했다.

3진 역시 온천장에서 경찰과 격돌한 뒤, 거제리에서 돌아온 시위대 일부와 합류했다. 이들은 동래경찰서 방면으로 진격하여, 명륜동 방면으로 진출한 2진의 일부를 흡수하여, 7백여 명의 시위대로 부산교대 앞까지 진출했다. 하지만 교대 앞에서 경찰은 강력한 방어선을 구축하고, 시위대를 향해 기총소사를 맹폭했다. 학생 가운데서 부상과 체포 연행이 속출하자, 하는 수 없이 시위대는 '시청 앞 집결'을 전파하고 해산했다. 이후 학생들은 버스를 타고 도심으로 향했고, 학교 안에 남아있는 학생들에게도 도심 시위가 전파되었다.

부산대에서 시작된 학생시위는 시간상으로 오전 10시부터 오후 1시를 넘기면서, 3시간 이상 이어졌다. 공간적으로는 장전동에서 온천동을 지나 사직동과 거제동 그리고 명륜동을 거쳐 교육대학 앞에 이르기까지, 장장 6.5㎞의 거리에서 진행되었다. 거리에서 시위대는 시민들로부터 대환영을 받았다. 시위대를 마주친 시민들은 박수와 함성으로 호응했던 것이다. 예상치 못한 지지를 받은 학생들은 시민들의 정서가 시위대와 일치한다는 사실을 확인하고, 시위의 정당성을 더욱 확신하게 되었다.

도심으로 향하는 과정에서 시위대는 다시 한 번 시민들의 지지를 확인했다. 도심으로 향하는 버스에서 승객들은 학생들의 손을 잡거나 어깨를 두드려주면서 격려했고, 버스 안내양은 학생들에게 차비를 받지 않았다. 버스 기사는 학생을 쫓는 경찰차를 따돌리기 위해 속도를 높였다. 도심으로 향하는 버스는 그대로 '시위버스'였던 셈이다. 가두로 나온 학생시위는 도심을 향해 질주하며, 이제 대중투쟁을 목전에 두고 있었던 것이다.

■ 경찰은 부산대 도서관과 정문, 온천장, 동래경찰서 옥상(무비카메라) 등에서 시위 장면을 사진과 동영상을 촬영하여, 학생들의 시위 참가를 입증하는 채증자료로 활용했다. 물론 시가지에서도 시위를 촬영했을 것이다. 부마항쟁의 영상자료가 매우 부족한 것을 감안하면, 이 영상들은 반드시 확보해야 할 것이다.

(3) 도심 시위의 전개

오후가 되면서 시내 중심가에는 부산대 학생들이 하나둘씩 모여들기 시작했다. 2시를 넘기면서 부산데파트, 부영극장(현 부산극장), 국제시장, 춘해병원(현 로데오갤러리) 부근에는 2~3백 명 단위의 학생들이 무리를 짓고 있는 모습이 경찰에 포착되었다. 이윽고 부영극장, 구둣방 골목,[8] 미화당백화점(현 ABC마트), 동아데파트 인근과 국제시장 등 도심 곳곳에서 산발적인 시위와 연좌데모가 벌어졌다. 3시 무렵에는 1천 명 규모로 뭉친 학생 시위대가 시청을 향해 돌격하기도 했다. 하지만 시위

---

8) 부영극장과 미화당백화점 사이의 구두방골목 시위는 이를 주동한 신재식의 구술을 통해 확인되었다. 대규모 시위가 본격화되기 전에 이곳에서도 시위가 벌어졌다. 민주주의사회연구소(2013), 신재식 구술, 346쪽.

대는 경찰기동대의 공격을 받아 후퇴했다.

3시 30분 즈음 드디어 전열을 제대로 갖춘 시위 대열이 등장했다. 황성권(한국외국어대 3년)을 리드로 한 이 시위대는 대청로 6차선 도로의 한복판을 차지하며 시위를 벌이는 데 성공했다. 이 시위대는 광복동에서 대청로를 지나 부산우체국을 돌아 다시 광복동에 이르는 2킬로미터 구간에서 1시간 이상 대열을 유지했다. 시위대의 규모는 최대일 때 2천 명에 이르렀다.[9]

같은 시각 도심의 다른 곳에서도 1~3백 명 규모의 시위대가 사통팔달의 지형을 이용하는 시위를 이어갔다. 경찰과 부딪치면 흩어졌다가 다른 곳에서 구호를 외치며 나타나기를 반복하고, 앞에서 사라진 시위대가 경찰의 뒤편에서 다시 나타나곤 하는 식이었다. 경찰은 이를 '게릴라식 시위'라고 하며 무슨 책략이나 숨은 듯 여겼지만, 도심의 지형이 만들어낸 자연스런 시위 방식이었을 뿐이었다.

시위 소식을 전해들은 고신대와 동아대 학생들이 합류하면서 시위 대열은 더욱 불어났다. 오후 4~5시 사이에 중부경찰서 상황실에 보고된 큰 시위대만 해도 8개였다. 남포동, 광복동, 충무동, 창선동, 신창동, 보수동, 대청동, 중앙동 일대에는 크고 작은 시위대가 무수한 갈래를 지어 이합집산을 거듭하며 저항의 물결을 이루었던 것이다.

도심 시위의 구호는 '유신 철폐' '독재 타도' '언론 자유'였다. 정부반대 구호에 대한 시민들의 첫 반응은 놀람과 충격이 역력했다. 하지만 곧바로 동의를 표하며, 성원과 격려를 쏟아내기 시작했다. 지나가는 행인들과 버스 승객은 박수로 호응했고, 국제시장 상인들은 경찰에 쫓기는 학생을 숨겨주고 음식물을 제공했으며, 태극기를 나누어주는 문구점 주인

9) 부마민주항쟁기념사업회, 『부마민주항쟁 증언집 마산편—마산, 다시 한국의 역사를 바꾸다』, 불휘미디어, 2011, 황성권 구술, 814~817쪽.

도 있었다. 시민들은 일방적으로 시위대를 응원하고, 경찰을 비난했다. 최루가스에 고통을 호소하는 학생에게 화장지 뭉치를 던져준 반면, 학생을 잡아가는 경찰에게는 연탄재를 집어던졌다. 건물 위에서는 재떨이, 화분 등을 던져 경찰의 시위 진압을 방해했다. 이는 유신정권에 대한 민심의 소재를 명백하게 보여주는 것이었고, 이런 양상은 부마항쟁전 기간에 걸쳐 시위가 벌어진 전역에서 일관되고 지속적으로 나타난 현상이었다.

땅거미가 질 무렵 시위는 일시 소강상태에 접어들었다. 시위대도 경찰도, 지켜보던 시민들도 이것으로 시위는 끝났다고 생각하는 순간이었다. 하지만 바로 그때 5시 40분경 부영극장 앞에 있던 서너 명의 학생들이 애국가와 부산대 교가를 부르기 시작했다. 이어서 '모이자'를 복창하자, 이를 신호로 눈 깜짝할 사이에 골목 곳곳에 앉아있던 학생들이 극장앞으로 달려와 대열을 형성했다. 이들은 곧바로 시청 앞에서 충무동과 토성동으로 연결되는 중앙로를 향해 스크럼을 짜고 달려가기 시작했다. 부마항쟁의 야간시위는 이렇게 시작되었다. 하지만 야간시위는 더 이상 학생만의 시위도, 학생이 주도하는 시위도 아니었다. 그것은 시민이 참여하고 대중이 주도하는 시위로 상승하고 있었다.

■ 도심 시위의 특징은 무수히 많은 소규모 시위이다. 수많은 학생들이 거리 시위의 주인공이었고, 다양한 리더십이 존재했다. 시위라곤 몰랐던 모범생이 누군가 나서주기를 기다리는 팽팽한 긴장감을 문득 깨트리며 앞장서게 되었다거나, 옆 사람의 용맹 탓에 의도치 않게 선두 대열을 형성하게 된 학생 등이 그런 예이다. 일부 구술에서 드러나고 있는 이런 사례는 보다 많은 참가자 구술 수집을 통해 확충할 필요가 있다. 이를 통해 도심 시위의 다양한 얼굴을 복원할 수 있을 것이다.

■ 고신대 학생들은 일찌감치 도심 시위에 적극적으로 참여했다. 그럼에도 고신대 학생들의 시위 참여 동기와 양상을 보여주는 자료는 부족하다. 일부 구술 자료와 기록물이 있기는 하나, 전자의 경우 대부분 부마항쟁이 구술의 중심 주제가 아니기 때문에 관련 구술이 소략하고, 후자의 경우 단편적인 서술에 그치고 있다. 따라서 1970년대 말 고신대 내 학생운동의 존재 양태와 시위 참가자의 사회의식 등에 대한 이해가 진행될 필요가 있으며, 부마항쟁 참여자를 대상으로 관련 구술을 확보할 필요가 있다.

2) 대중투쟁의 발생과 전개과정

(1) 16일 야간시위 - 대중투쟁의 시작

저녁이 되자 퇴근길 직장인과 시위 소식을 듣고 달려온 학생 시민들이 도심으로 몰려들기 시작했다. 오후 7시 무렵 구 시청 앞에서 충무동 로터리에 이르는 4차선 도로와 광복동 일대는 5만여 명의 군중으로 가득 찼고, 넘쳐나는 인파 사이로 폭풍전야의 긴장감이 감돌았다. 어디선가 시작된 '애국가'가 거리와 거리를 적시며 흘렀다. 이어진 '독재 타도' '유신 철폐'의 구호가 팽팽하던 분위기에 파열음을 내면서, 대중투쟁이 시작되었다.

이제 시위대에는 학생뿐 아니라 넥타이를 맨 회사원, 노동자, 상인, 식품접객업소 종업원, 무직자, 재수생, 고등학생 등 대도시의 다양한 직업군이 망라되었다. 이들은 혼연일체가 되어 도심 한 복판에서 구호를 외치고 노래를 부르면서, 마치 조수처럼 밀려왔다 밀려가며 장엄한 행렬을 이루었다. 경찰 진압이 시작되자 시위대는 무수히 많은, 크고 작은 대열로 갈라졌다 합치기를 반복하며 항쟁을 확산시켰다.

시민들의 가세로 인원이 불어나고 시위대 구성이 변하면서, 시위의 양상은 크게 바뀌었다. 우선 경찰의 무력에 대응하는 시위대의 저항력이 강화되었다. 시위대는 돌과 병은 물론, 가로수 버팀목을 빼서 경찰의 곤봉에 맞섰고, 경찰에 밀려 퇴각할 때도 야유를 보내고 구호를 외쳤다. 대응력이 커지자 시위의 공간도 확장되었다. 중구 도심 일원에 집중되었던 대낮의 학생시위와 달리, 야간시위는 중구 전역으로 확산되고 서구까지 확대된 것이다.

북진하여 국제시장을 거치거나 광복중앙로를 따라 간 시위대는 대청사거리에서 영선고개를 넘거나 미 문화원 앞을 지나 부산우체국을 끼고 간선도로를 따라 중부경찰서에 이르렀고, 시청 쪽으로 나간 시위대는 간선도로를 따라 부산우체국을 지나 중부경찰서까지 시위 행렬을 확장했다. 이 두 개의 코스는 16일 야간시위의 주요 진격로였다. 진격하는 동안 시위대는 국제시장 안의 곳곳에서, 광복중앙로, 대청사거리, 부산우체국 앞, 부산일보 앞, 중부경찰서 등에서 경찰과 접전을 벌였다.

서진하여 충무동로터리와 부평시장 아래로 나간 시위대는 보수대로를 따라 북진하다가, 부평교차로에서 부산대 대학병원과 흑교로 방향으로 갈라졌다. 전자는 법원과 도청을 거쳐, 후자는 중부세무서를 거쳐 구덕운동장삼거리로 진격했다. 시위대는 충무로터리, 대학병원 앞, 부용사거리, 구덕운동장삼거리, 부평사거리, 흑교로, 보수사거리, 중부세무서 앞, 부민사거리 등에서 경찰과 접전했다.

경찰은 시청 앞, 충무동로터리, 부평사거리, 대청사거리, 미 문화원 인근, 부산우체국교차로 등에 방어선을 구축했지만, 시위대의 전진을 막지 못했다. 통행금지를 10시로 앞당기기도 했지만, 시위는 자정을 넘겨 17일 오전 1시까지 계속되었다.

시위대의 구호에도 변화가 생겼다. 부산대 시위에서 사용된 '학원 자유'가 후퇴하고, '김영삼 총재 제명을 철회하라'는 구호가 새롭게 등장한 것이다. 시민 가운데 일부는 '김영삼'을 연호하기도 했다. 이는 학생들이 주도한 시위에서는 나온 적 없는 구호로서, 시민들이 가세하면서 비로소 출현했다. 이에 학생 가운데서 '여기서 왜 김영삼이 나와? 우리가 김영삼 때문에 시위하나'라는 반론이 즉각 제기되었지만, 당시 부산시민들의 정서를 반영하는 구호임에 틀림없었다.

'부가가치세 철폐하라'는 구호도 등장했다. 시위가 벌어진 곳은 부산 제1의 상가가 밀집한 곳이었다. 당시 상공인에게 세무행정은 증오와 공포의 양면성을 갖는 것이었고, 특히 1977년 신설된 부가가치세는 이곳의 상인들에게 매우 민감한 주제였다. 이 때문에 부가가치세 구호는 행정에 대한 지역 상공인의 불만을 반영하는 것이었다.

어둠이 짙어지면서 시위대의 태도는 더욱 대담해졌다. 시위대가 경찰을 공격하기 시작한 것인데, 이는 야간시위의 가장 두드러진 특징이었다. 처음 공격을 받은 것은 부영극장과 시청 사이 간선도로에 있던 남포파출소였다. 8시 40분경 남포동 지하도 부근에 있던 500여 명의 시위대는 벽돌과 돌멩이로 남포파출소를 습격하여 파괴했다. 10분 쯤 뒤에는 남포동의 시위를 진압하기 위해 출동한 부산진경찰서 차량이 대상이 되었다. 진압 차량이 지하도 부근에서 멈춰 선 것을 본 시위대는 차에서 내려 달아나는 경찰을 공격하고, 기동순찰차(포니)를 뒤집고 불태웠으며, 뒤따르던 작전차 한 대를 불태우고 다른 한 대는 반쯤 부서 놓았다. 폭음과 함께 치솟은 30미터 높이의 불길이 어둠을 밝혔다. 이어서 최루탄 폭발음이 진동하고, 데모 군중이 몰려가는 소리와 유리창 깨지는 와장창! 소리가 공간을 가로질렀다. 비명과 폭음과 불길이 한 데 엉킨 도심의 시공간은 항쟁이 새로운 단계로 접어들었음을 알렸다.

남포파출소를 시작으로, 10시에는 부평파출소가, 10시 30분에는 보수파출소가, 10시 50분경에는 제1대청파출소와 흑교파출소, 중앙파출소,

충무파출소가 시위대의 습격을 받았다. 이외에도 부민파출소, 아미파출소, 초장파출소, 완월파출소, 대교파출소가 공격받았다. 이들 파출소는 한 차례 시위대의 습격을 받은 뒤, 다른 시위대의 습격을 또 받고, 또 다시 다음 시위대의 습격을 받으면서 크게 파괴되었다. 파출소에서 끌려나온 박정희의 사진은 시위대에 의해 불탄 채 짓밟히고 길바닥에 나뒹굴었다. 시위는 더 이상 구호를 외쳐 주장을 알리는 데 국한되지 않았고, 부당한 공권력에 대한 물리적 저항으로 나아갔던 것이다.

유신체제 아래서 안주하고 순응한 언론에 대한 불만도 표출되었다. 시위대는 한낮의 시위에서도 시위를 촬영하는 사진기자를 제압하고 취재차량에 돌을 던지기도 했지만, 야간 시위에서는 부산일보사와 MBC부산방송국(둘 다 당시 중앙동 소재)을 직접 타격함으로써 관제 언론에 대한 분노를 적극적으로 표시했다. 국제신문사는 시청에 가까운 위치 덕분에 화를 면했으며, 비판적 보도를 아끼지 않았던 CBS 기독교방송(당시 중앙동 소재)은 오히려 시위대의 옹호를 받았다.

야간시위의 과정에서 학생층이 주도하던 시위는 대중들이 주도하는 항쟁으로 확대되었다. 경찰은 시청 앞, 충무동로터리, 부평사거리, 대청사거리, 미 문화원 인근, 부산우체국교차로 등에 방어선을 구축했지만, 시위대의 전진을 막지 못했다. 통행금지를 10시로 앞당기기도 했지만, 바로 그 시각에 부평파출소를 시작으로 파출소 공격이 줄을 이었다. 시위는 자정을 넘겨 17일 오전 1시까지 계속되었다.

시위의 주도권은 완전히 시민들에게 넘어갔고, 바로 이 사실이 유신정권에 큰 충격을 안겨주었다고 외신은 보도했다. 유신체제 아래서 학생시위는 전국적으로 수없이 발생했지만, 이처럼 다수 시민이 참가한 시위는 그때까지 없었기 때문이다. 이는 실로 1960년 4월혁명 이후 20년 만에 벌어진, 대중투쟁의 부활이었던 것이다.

■ 시민들의 시위 참여가 많았다는 것은 공지의 사실이다. 그럼에도 피해자를 제외하면, 사례로 확인되는 경우는 소수이다. 현재까지 수집된 대부분의 구술에서 박정희의 장기집권에 대한 부정적 인식이 확인되지만, 보다 구체적인 시위 참여 계기와 정치의식 조사가 필요하다. 이는 대중투쟁의 성격과 정치적 파장을 가늠하는 데 필수적인 부분이다. 목격자를 포함한 광범한 조사가 반드시 진행되어야 할 것이다.

■ 파출소 등 공공시설 습격을 주도한 집단에 대한 분석도 구체적으로 진행될 필요가 있다. 관련자 구술에서 사회적 지위가 낮고 지역 연고가 약한 사람이 경찰 취조의 타겟이 되었다는 내용이 반복적으로 나타나기 때문이다. 남포파출소방화사건의 경우 경찰이 방화범을 조작한 것이 밝혀지기도 했다.
다른 한편으로 부마항쟁의 주체와 성격을 둘러싼 논의를 내실 있게 진전시키기 위해서라도, 야간시위에서 리더십을 발휘한 사회집단과 그 정치적 지향성을 확인하는 일은 반드시 필요하다. 이 역시 목격자를 포함한 광범한 조사가 필요하다.

■ 부마항쟁의 원인과 관련한 김영삼의 영향력도 중요한 문제이다. 결론부터 말하면 이는 부정할 수도, 그럴 필요도 없는 일이다. 시위가 벌어진 서구는 김영삼의 지역구였고, 당시 김영삼은 부산을 대표하는 저명한 야당투사였다. 유신정권에 대한 시민의 반감 역시 김영삼에 대한 정치적 박해와 깊은 관련이 있었다. 하지만 가두시위에서 김영삼과 관련한 구호는 다른 구호처럼 지속적이지 못한 것도 사실이었다. 무엇보다 부마항쟁을 촉발한 부산대 시위는 애초 김영삼과 무관하게 계획되었다. 따라서 김영삼과 관련하여 관심을 가져야 할 측면은, '대중투쟁에 대한 제도권 야당의 영향력'과 '양자의 결합이 어떤 과정을 통해 실현되는가' 하는 점이다. 이를 위해서 당시 시민들의 정치의식, 특히 야당에 대한 인식과 신민당 관계자의 부마항쟁 참여 양상 등에 대한 조사가 필요할 것이다.

(2) 17일 시위

16일 시위에 대한 유신정권의 대응은 진원지인 부산대를 임시휴교 조치하고, 시위를 막지 못한 책임을 물어 부산 시경국장을 교체하여 신임 시경국장으로 하여금 사태를 수습하게 하는 것이었다. 하지만 17일에 시위는 더욱 격렬한 양상을 띠고 확대 재생산되었고, 결국 박정희로 하여금 수습책을 전면 재검토하여 계엄령을 선포하게 만들었다.

17일 시위에는 동아대 학생들이 본격적으로 참여했다. 이 무렵 동아대에서도 유신반대 정서가 팽배했고, 특히 동아대가 김영삼의 지역구에 소재한 까닭으로 김영삼 의원직제명 사건에 대한 학생들의 의분이 강렬했다. 여기에 부산대 시위 소식이 전해지면서, 즉각 시위가 조직되었다. 시위는 법대와 상대 학생을 중심으로, 오전 10시부터 오후 1시 사이에 집회와 스크럼 시위로 전개되었다. 하지만 교내 시위가 크게 확대되지 못하자, 대규모로 도심 시위에 참여했다.[10] 부산대 학생들도 학교에서 집결했다가 또는 개별적으로 도심으로 진출했다. 오전 9시 구 정문에 모인 1천 명은 구호를 외치고 노래를 부르며 전경을 향해 야유를 퍼붓다가 도심으로 발길을 돌렸다. 이 가운데 2백여 명은 10시 30분 경 온천장 방면으로 시위에 나섰다가 식물원 입구에서 부산진경찰서 기동대의 습격을 받아 30여 명이 연행되고 나머지는 도심으로 향했다.

시내 곳곳에 경찰병력과 진압차량이 요소마다 배치되어 삼엄한 경계 태세를 갖추고 있는 가운데, 정오부터 도심으로 학생들이 몰려들기 시작했다. 이들은 다방과 술집 및 극장 등에 진을 치고 있다가, 서서히 국제시장과 부영극장 쪽으로 집결하기 시작했다. 오후 2~3시 경에는 부영극장 앞에서 시위를 벌이려던 부산대 학생 29명이 중부경찰서에 연행되

---

10) 동아대 학생들의 시위에 대해서는 박철규·신은제 정리(2003) ; 민주주의사회연구소(2013), 김백수·변재관·신진·이광호·이동관 구술 참고.

기도 하고, 4시 시청 앞과 남포동, 광복동에서는 학생과 경찰이 공방전을 벌이기도 하는 등 시간이 흐를수록 분위기가 고조되어 갔다.

16일과 마찬가지로 본격적인 시위는 어둠이 깔리면서 시작되었다. 6시 30분 옛 남포극장 앞의 학생 4백 명이 '야!' '모여라!'는 함성과 함께 애국가를 부르자, 이를 신호로 대열이 형성되었다. 시위대는 '독재 타도' '유신 철폐'를 외치며, 광복동과 충무동로터리 쪽으로 나뉘어 뛰기 시작했다. 이후 시위는 도심 곳곳에서 거의 동시에 연쇄적으로 터지면서 확산되어 나갔다. 어김없이 청장년층의 일반시민과 고등학생이 합류했고, 시위는 16일의 야간시위와 유사하게 전개되었다.

하지만 전 날 시위가 벌어지지 않은 동구로 시위대가 진출하여 항쟁의 범위를 확대했고, 격전지 또한 중구에 집중되었던 16일과 달리 서구와 동구 일대로 확산되었다. 경찰에 대한 시위대의 공세 또한 더욱 단호해져서, 시위는 더욱 격렬해졌다. 시위대는 여러 갈래로 갈라졌다가 나뉜 갈래마다 새로운 젊은이를 흡수하기를 거듭하면서 규모를 더욱 확대시켜 나갔다.

구 남포극장에서 갈라지며 전진과 우회를 거듭한 뒤, 시위대의 주류는 국제시장과 부영극장으로 결집했다. 국제시장으로 내달린 시위대는 경찰이 쫓아오면 흩어졌다가 사라지면 손뼉을 치고 모여 스크럼을 짜는 방식으로, 바둑판처럼 구획된 시장 골목을 누비며 종횡무진 시위를 벌였다. 경찰은 추격을 포기하고 출구를 봉쇄하는 방법을 썼지만, 이들은 국제시장의 좌우로 빠져나가 동구 또는 서구 쪽 시위대에 합류하면서 시위를 동서로 확산시켰다.

부영극장 쪽의 시위대는 시청으로 전진하여 경찰과 대격전을 벌인 뒤, 부민동 방면과 부산역 방면으로 갈라졌다. 부민동 방면의 시위대는 충무동 부근에서 국제시장을 빠져나온 시위대 일부와 합류하여 충무로터리에서 경찰과 접전을 벌인 뒤, 7시 25분 충무파출소를 덮쳐 사이카를 뒤엎고 집기를 부쉈다. 시위대는 국제시장을 탈출한 동아대 학생이 대거 포함된 그룹과 합류하고, 부평사거리와 부산대학병원 앞에서 경찰과 접전한 뒤 경남도청(현 동아대박물관)을 습격하여 게시판과 경비실을 부순 뒤 서대신동으로 진출했다.

이들은 부용로터리에서 다시 경찰과 충돌한 뒤 서구청(당시 서부경찰서 인근)과 서부경찰서에 투석하고, 동대신동으로 나아가 시위를 벌인 뒤에 동대신파출소를 박살내는 등 파죽지세로 서구지역을 휩쓸었다. 그리고 중구로 내려와 흑교파출소를 습격했다. 이날 흑교파출소는 9시 45분 경 중부세무서를 습격한 시위대에 의해 한번 습격을 받았는데, 11시 15분 경 재차 습격을 받은 것이다. 자정 무렵 부용로터리에서 1천 명의 규모를 형성한 시위대는 다시 서부경찰서로 진격했다. 하지만 경찰의 필사적인 방어로 물러난 시위대는 구덕운동장 쪽으로 진출하여 구덕파출소를 때려 부수었다.

부영극장에서 국제시장 방면으로 북상한 시위대 가운데 일부는 보수사거리를 거쳐 9시 30분 경 중부세무서에 이르렀다. 이들은 중부세무서를 습격하고, 이어서 흑교파출소를 공격한 뒤, 서대신동으로 진출하여 서대신3동 사무소를 박살냈다.

국제시장의 시위대 가운데 200명은 8시 경 경찰 포위망을 뚫고 대청동으로 나왔다. 이들은 시위대열 가운데 가장 강력한 그룹으로, 식품접객업소 종업원과 일반인이 다수를 차지하고 있었다. 이들은 메리놀병원이 있는 영선고개를 올라가면서 마주친 제2대청파출소를 돌을 던져 박살내고 방범 오토바이를 끌어내 불태웠다. 시위대는 영선고개를 넘어 영주동 육교 앞에서 초량 뒷길로 들어가, 부영극장에서 부산역 방면으로 진출한 시위대와 합류했다. 동부경찰서 관내로 접어든 시위대는 제1

초량파출소(8시 20분)와 제2초량파출소(8시 30분)의 기물을 부수고 사이카에 불을 질렀다. 이들이 고관파출소로 쳐들어갔을 때 규모는 1천 명에 달했다. 8시 55분 경 동부경찰서 앞에 이른 성난 군중은 '독재 타도' '유신 철폐' '언론 자유'를 외치고, 경찰의 최루탄에 맞서 돌과 유리병을 던지며 접전을 벌였다. 하지만 경찰 지원 병력 증강되면서 시위대는 고관 입구로 후퇴했는데, 이 때 KBS 부산방송국(당시 수정동 고관 입구 위치) 마당으로 뛰어들어 마당에 세워둔 TV 중계차를 각목으로 박살냈다. 바로 그때 군인을 태운 수십 대의 트럭이 진격하는 것을 보고 시위대는 흩어졌다. 이들은 몇 시간 뒤에 발표될 계엄령에 대비하여 시내로 이동하고 있던 계엄군이었다.

KBS 공격에 실패한 시위대는 9시 35분에 다시 집결하여 2,500명의 대규모 시위대를 형성했다. 이들은 부산역을 거쳐 시청 방면으로 진입하면서 부산일보와 MBC 부산방송국을 응징한 뒤, 시청 앞에서 경찰과 대대적으로 격돌했다. 시청을 향해 시위 군중이 구름처럼 모여 들자 경찰은 발악하듯 최루탄을 난사하고 곤봉으로 타격을 가했다. 시위대가 분산하며 도망치자, 경찰은 골목 구석까지 추적하여 가스를 난사하고 구타를 가했다. 시위대는 돌과 병, 가로수 버팀목과 공사장 각목으로 맞서면서 18일 새벽 1시 30분까지 저항을 계속했다.

시위대의 주류가 구덕운동장과 동부경찰서 방면으로 진격을 거듭하는 동안, 광복동 부평동 보수동 대청동 일대에서도 크고 작은 시위가 계속해서 이어졌다. 보수파출소 앞에서는 100명의 청년들이 각목을 휘두르며 구호를 외치며 제1대청파출소 쪽으로 달려가다 경찰의 공격으로 15명이 체포되었고, 미화당백화점 앞에서는 수백 명의 학생들이 연좌시위를 벌였으며, 부영극장 앞에서도 학생시위가 계속되었다. 9시 35분 부산역 방면의 대규모 시위대가 시청 방면으로 진입할 무렵, 광복동에서 청년 50명이 스크럼을 짜고 진격하여 시위에 합세하기도 했다. 이들은 부평사거리, 부평시장, 보수사거리, 대청사거리, 국제시장, 부산우체국 교차로, 중앙대로, 중부경찰서 등 곳곳에서 경찰과 충돌하며 부민파출소에 돌팔매질을 하고, 보수파출소를 파괴했다. 현장 상황을 알아보기 위해 도심에 나타난 2관구 사령관(정상만 소장) 일행의 차량 3대도 미문화원 앞에서 시위대 300명의 유리병 돌멩이 각목 공격을 받아 박살이 났다.

시민들의 지지와 성원 역시 16일과 다를 바 없이 적극적이었다. 이 날의 가장 극적인 장면은 미 문화원 앞에서 벌어진 사건으로, 벌겋게 불이 붙은 연탄이 경찰을 향해 떨어진 것이었다. 이는 민심의 소재를 확연하게 느끼게 했고, 이를 지켜본 경찰에게 엄청난 충격과 트라우마를 안겨주었다. 시민과 한 편이 된 시위대를 상대로 경찰은 마치 죄인이 된 듯 위축되었던 것이다. 이 날 중구 서구 동구 일대에는 시위대가 없는 거리가 없었고, 시위대의 구호와 애국가가 들리지 않는 곳이 없었고, 박정희의 사진은 끌려나와 짓밟히고 불태워졌다.

한편 도심 시위와는 별도로 저녁 7시 30분 온천장에서는 부산대 학생 7백여 명이 스크럼 시위를 벌이다가, 계엄군에 의해 진압되고 주동자 28명이 체포되는 일이 벌어지기도 했다.

17일 시위의 두드러진 특징은 16일에 비해 공공시설에 대한 공격이 빨리 시작되고 대폭 늘어났다는 점이다. 16일 시위대가 처음으로 파출소를 공격한 시각은 8시 40분(남포파출소)이었지만, 17일에는 7시 25분에 충무파출소를 덮쳤다. 이후 서구 중구 동구 관내의 거의 모든 파출소가 시위대의 피습을 받았고, 경찰서와 구청 및 세무서 등의 공공기관까지 공격당했던 것이다.

더욱이 피습 기관 가운데는 서부경찰서가 포함되어 있어, 시위대가 대담하게도 경찰서까지 공략하려 했음을 보여준다. 또한 경남도청, 서구청, 서대신3동사무소가 공격당한 것과 달리, 도청 가까이 있는 법원은 시위대의 습격을 한 차례도 받지 않았는데, 이는 사법부와 달리 행정부에 대한 시민사회의 강한 불신을 나타내는 대목이라 하겠다. 특히 인상적인 것은 시위대가 중부세무서를 타격한 것이다. 이는 '부가가치세 철폐'라는 구호의 등장한 것과 함께, 세무행정에 대한 불만이 매우 높다는 것을 드러내고 있다.

언론사를 타격하는 데서도 시위대의 뚜렷한 언론관을 확인할 수 있다. 16일에 이어 17일에도 CBS 기독교방송은 타격 대상에서 제외되었던 것이다. 부산일보와 MBC방송국은 물론, 시위 범위가 동구까지 넓어지면서 KBS방송국도 시위대의 공격을 받았다(이번에도 국제신문은 시청을 지키는 경찰 병력 덕에 피습을 면했다). 이는 시위대의 언론사 공격이 무차별적이거나 어쩌다 우연히 벌어진 일이 아님을 분명히 보여준다. '언론 자유'가 시위대의 대표적인 구호였음을 생각하면, 이는 당연한 것이기도 했다.

■ 시위대의 공공기관 습격에 대해서는 여러 기록들 간에 불일치가 상당하다. 파괴 정도에 따라 기록의 차이가 있을 가능성을 감안하더라도, 정확한 사실을 확인할 필요가 있다. 이와 관련해서는 경찰의 수집 자료와 보고서 등이 실제 상황에 가장 근접한 자료일 것이다. 여기에 시위 참가자와 목격자 구술을 통해 보완할 수 있을 것이다. 경찰차량의 피해를 확인하는 것은 더욱 어려운 일이지만, 자료 간의 공백을 줄이고 사실에 접근하기 위한 노력이 필요하다.

■ 17일 시위에는 고등학생의 참여가 다수 확인된다. 대동고, 동아고, 성지고가 대표적인 경우이고, 최근 경남공고와 혜광고 학생들의 참

여가 구술 증언으로 확인되고 있다. 향후 다른 고등학교 또는 중학교의 참가도 확인할 필요가 있다. 그간 부마항쟁 조사 연구에서 중고생의 참여는 잘 알려지지도 않았고 관심도 적었던 부분이라, 이 분야에 대한 관심과 복원은 반드시 그리고 시급하게 필요하다. 시위에 참여하게 된 계기와 현실인식, 시위 양상의 구체적 특징에 대한 조사가 진행되어야 할 것이다.

■ 17일 학생시위의 가장 큰 특징은 동아대의 대규모 참여이다. 그럼에도 동아대 교내시위의 구체적 양상과 도심시위로의 전환 과정은 충분히 밝혀져 있지 않다. 더욱이 동아대 시위를 주도한 그룹들 간의 기억은 상충된 채 정리에 어려움을 겪고 있다. 이 때문에 그토록 많은 동아대 학생이 도심 시위에 참여한 전말은 정확히 복원되지 못하고 있는 실정이다. 따라서 동아대 내부의 상황에 대한 기초적이고 구체적인 사실관계의 재구성이 절실하다.

■ 수산대(현 부경대)와 부산교대의 시위 참여에 대해서는 본격 조사된 적이 없다. 따라서 조직적인 시위 참여가 있었는지 확인조차 되지 않고 있다. 두 학교에는 이념서클이 존재했고, 부산대와 동아대 이념서클과 조직적으로 연계되어 있었으며, 상당수의 학생이 부마항쟁에 참여한 만큼, 양교 학생들의 부마항쟁 참여 양상이 구체적으로 밝혀져야 한다. 또한 1970년대 말 두 학교 내의 학생운동 관련 조직의 존재 양태에 대한 정리도 함께 진행되어야할 것이다. 부산공업전문대학(현 부경대)에서는 9월 17일 신홍석, 서석권, 김맹규가 유인물을 살포하고 유신반대시위를 감행한 바 있다. 부산공전 학생의 부마항쟁 참여도 확인해야 한다.

■ 저녁 7시 30분 부산대 학생의 온천장 시위는 부산대 학생시위를 기록한 지금까지의 기록에 찾아볼 수 없는 내용이므로, 사실 관계의 확인부터 필요하다. 체포된 28명이 단서가 될 것이다. 또한 이와 유사한 다른 시위가 있었는지에 대한 관심도 필요하다.

(3) 18일 그 이후 - 계엄령 하의 시위

18일 오전 0시를 기해 부산에는 비상계엄령이 선포되었다. 계엄포고문에 따르면 모든 대학은 휴교 조치하고, 집회와 시위 등 단체 활동은 금지되며, 언론 출판 보도 방송은 검열 대상이 되었다. 모든 사업장의 이탈과 태업이 금지되고, 통금 시간을 연장하며, 영장 없는 체포 구금 압수 수색을 가능하게 했다. 탱크와 장갑차 그리고 착검한 군인이 집총하고 시내 전역의 대학과 주요 시설 및 거리에 포진했다.[11] 이후 시위 진압은 계엄군의 소관이 되었는데, 그것은 경찰과 비할 수 없을 정도로 강력해서 시민들의 피해가 본격적으로 발생했다.

그럼에도 학생과 시민의 저항은 사그라지지 않았다. 오전에 부산여대(현 신라대)의 옛 연산동 교정의 닫힌 교문 앞에는 100여 명의 학생이 모였다. 이들은 즉석에서 시내 진출을 논의한 뒤 움직이기 시작했다. 하지만 이들의 움직임은 일찌감치 계엄군에 포착되었고, 학생 가운데 53명은 출동한 계엄군에 연행되었다.

하지만 계엄령 하에서도 어김없이 시위는 전개되었다. 저녁이 되고 어둠이 깔리자 도심과 서면에서 계엄군에 대한 저항이 시작되었던 것이다. 비가 내리는 가운데 퇴근길의 남포동 일대는 2시간 당겨진 통금시간에 쫓겨 귀가를 서두르는 시민들로 일대 혼잡을 이루고 있었다. 바로 그 때 저녁 7시 50분 경 어둠이 깔린 거리에서 갑자기 '야!'하는 소리가 인파 사이를 가로질렀다. 동시에 3백여 명의 군중이 어깨동무를 하고 남포파출소 쪽으로 달려들기 시작했다. 그러자 삽시간에 대열은 2천여

---

11) 계엄군 병력 규모는 기록마다 차이가 있다. 군사편찬연구소(1982)에는 편제만 표기되어 수치가 없고, 조갑제(1987) 2, 52쪽에는 1만 9백여 명으로, 박홍환(「부마사태 - 그 후 14년. 박찬긍 씨 증언」, 『뉴스피플』 제2권 40호, 1993)에는 1만 2천8백 명으로 되어 있다(둘 다 경찰 1,800명을 포함한 수치이다).

명으로 불어났고, 시위대는 남포파출소에 돌 세례를 퍼부어 유리창을 박살냈다. 이어서 시위대는 '계엄 철폐' '독재 타도' 구호를 외치며 시청 쪽으로 내달렸다.

당시 시청 주변에는 공수부대가 배치되어 있었으므로, 시위대는 2백 여 명의 공수부대와 정면으로 부딪혔다. 공수부대는 시위대를 향해 '차 렷 총' 자세로 돌진해 오면서, 시위대의 전면에 최루탄과 사과탄을 발사 하고 대검을 꽂은 총을 휘두르며 구타 가격했다. 결국 공수부대의 무지 막지한 폭력에 버티지 못한 시위대는 광복동과 남포동 쪽으로 뿔뿔이 흩어지기 시작했다. 그럼에도 공수부대는 달아나는 시위대를 쫓는 동시 에 시위대와 행인을 구별하지 않고 무차별적으로 구타하며 폭력 진압을 계속했다. 이 때문에 공수부대의 개머리판에 맞아 심각한 부상을 입는 시민들이 연이어 발생했던 것이다. 비 내리는 도심의 거리를 빠져나가 며 시위대는 계엄령 담화문과 포고문을 찢어내며 저항을 이어갔다.

비슷한 시각 서면로터리의 부산탑 주변에도 군중들이 몰려들기 시작 했다. 서면은 동래와 사상 등으로 갈라지는 교통 요지였기 때문에 귀가 차량과 인파가 몰려 엄청난 혼잡을 빚고 있었다. 서면에는 부산탑 주변에 해병대가 총을 메고 정렬하여 주둔하면서, 이 일대의 차량을 통제하고 있었다. 8시 30분을 넘기면서 모여든 군중은 1만 5천여 명에 이르렀다.

이런 가운데 학생들이 '계엄 철폐' '유신 철폐' 구호를 외치며 시위를 벌이기 시작했다. 군중들도 시위대에 호응하여 해병대에 야유를 보내면 서 분위기는 자못 고조되었다. 해병대는 시위대와 군중을 향하여, '돌격 앞으로'를 외치고 제스처를 취하면서 위협을 가했다. 시위대는 시민들 속에 섞여 있으면서 구호를 외치다가, 해병대가 쫓아오면 골목으로 뛰어 달아나기를 반복했다. 해병대는 시위대와 밀고 당기기를 거듭하는 와중 에서도, 도로를 침범한 시민은 무조건 구타하고 체포하여 연행했다.

그러던 중 지원군 트럭이 도착하면서, 대대적인 폭력 진압이 시작되었다. 해병대의 진압은 강력했고, 시위대는 견디지 못하고 흩어지고 말았다. 하지만 시위대가 흩어지고 난 뒤에도 시위를 지켜보던 시민은 물론, 귀가 길의 행인에 대한 계엄군의 무차별적 폭행은 계속되었다. 이 때문에 서면에서도 폭력 진압으로 인한 시민 피해가 속출했다.[12]

■ 서면의 시위는 최근에 와서 존재가 확인되었다. 해병대의 폭행으로 부상당한 시민들과 시위 목격자의 구술 증언으로 알려지기 시작한 것이다. 서면 시위는 도심과는 별개로 독자적으로 시위가 벌어진 사례로는, 현재까지 유일하게 알려진 곳이어서 중요한 의의가 있다. 그럼에도 서면 시위는 주도집단과 규모 그리고 구체적인 양상이 아직 파악되지 않고 있어서 추가 조사가 반드시 필요하다.

■ 서면 시위에는 도심 시위에 참여한 학생도 참여한 것으로 확인되지만, 서면과 가까운 부산여대와 동의공전(현 동의과학대) 학생이 참여했을 가능성이 높다. 1979년 당시 부산여대와 동의공전의 학생회 임원과 주요 서클 구성원을 상대로 한 탐문과 확인이 필요하다. 특히 부산여대와 관련해서는 동아대 김호진, 동의공전과 관련해서는 동아대 박재율의 관련 구술이 있다. 이 구술에 대한 추가 조사와 함께, 부산여대와 동의공전 학생회 임원을 중심으로 하는 탐문 작업이 진행되어야 할 것이다.

■ 서면 시위의 또 다른 의의는 해병대가 폭력 진압을 하지 않았다는 그간의 언론보도(서정근, 2007)와는 상반되는 내용이라는 점에 있다. 이와 관련한 사실 확인이 필요한 대목이다. 당시 포항 주둔 해병대의 일원으로 부산에 계엄군으로 차출된 이들의 구술을 확보하는 작

12) 서면시위는 최근에 와서 참여자, 목격자, 피해자의 구술을 통해 알려졌다. 해당 구술은 민주주의사회연구소(2013), 김영·전병진 구술 ; 이병환 구술, 차성환 면담, 2008년 1월 11일, 2008년도 부마항쟁 관련인사 구술사료수집사업 참고.

2장 : 부산의 항쟁 - 저항, 진압, 피해 127

업이 기초적 사실을 보완하는 데 도움이 될 것이다.

■ 조방 앞과 사직동 버스터미널 등지에서 시위가 벌어졌다는 소문을
  들었다는 구술이 있다. 두 곳은 모두 시외버스 정류장이 있던 곳으
  로, 부산의 항쟁 소식을 시외로 알리기 위한 시위가 벌어졌을 개연성
  이 있다. 관련 사실의 광범한 확인이 필요하다.

이후 부산에서 시위와 항쟁은 종지부를 찍은 것으로 알려져 있다. 하
지만 18일 이후에도 부산에서는 저항이 계속되었다. 21일 오후 1시 30분
북구 학장동(현 사상구)에는 벽보가 나붙었는데, 그 내용은 다음과 같았다.
"자유당 복사판이 부산에 있나니 정의의 불꽃들이여 활활 타올라라,
시민들이 침묵으로 후원하노라." "오늘의 사태를 어떻게 수습하느냐에
따라 박대통령의 역사가치가 좌우될 것이다." "시민의 소리를 경청하라.
학생들을 다치지 말라, 역사가 있다. 박 대통령은 명예로운 길을 가라."
벽보의 내용은 박정희의 유신정권을 이승만의 자유당정권에 빗대어
서 비판하고, 유신체제에 저항하는 학생시위를 지지하는 것이었다. 학
장은 시위가 주로 벌어진 도심과는 멀리 떨어진 곳이다. 서면과 가깝기
는 하지만, 시위가 벌어진 서면로터리와는 연동관계가 없는 지역이다.
따라서 학장의 벽보는 시내 중심가의 시위가 시내 전역으로 영향을 파
급시키고 있는 양상을 보여주는 사례라고 할 것이다.[13]
오후에는 중구 광복동에서 시위가 벌어졌다. 오후 2~3시 경 대각사
인근에서 시위가 벌어졌고, 진압을 위해 계엄군이 출동했다. 이날 계엄
군은 시위대를 압송하기 위해 군용트럭을 동원했는데, 시위를 진압하는
과정에서 계엄군은 시위대는 물론이고 주변의 행인까지 포함하여 다수
의 시민을 무차별적으로 트럭에 실어 연행했다.[14]

13) 군사편찬연구소(1982), 28쪽.

이처럼 부산에서는 계엄령 하에서도 21일까지 시위와 벽보 살포가 있었다는 것이 확인된다. 따라서 부산지역의 항쟁 기간을 16~18일의 3일간으로 잡는 인식은 재검토 되어야 할 것이다.

■ 학장의 벽보는 살포자가 붙잡히지 않았기 때문에, 이 사건은 오랫동안 알려지지 않았다. 따라서 그 실행자가 누구인지. 나아가 다른 곳에서는 유사한 사례가 없는지에 대한 조사가 필요하다.

■ 대각사 인근의 시위 역시 최근에 와서 목격자 구술이 확보되면서 알려지게 되었다. 목격한 시각이 시위가 거의 진압될 무렵이어서, 전체적인 시위 규모와 내용을 알기는 어렵지만, 계엄군이 군용트럭을 동원할 정도의 규모를 가진 시위였다는 것은 명확하다. 이 시위는 부산에서 시위가 종료되었다고 알려진 21일에 벌어진 것이어서 특히 중요한데, 관련 내용에 대한 확보가 매우 시급하다.

■ 21일의 시위와 벽보 살포가 확인되었기 때문에, 19일과 20일 동안의 시위 또는 유인물 살포와 관련한 사실 여부를 확인하는 것이 중요하다. 이를 위한 광범한 탐문 조사와 자료 수집이 반드시 필요하다. 이와 관련하여 계엄군의 청년층 체포 연행을 주목할 필요가 있다. 계엄 기간에 부산에서는 계엄군이 젊은 행인을 무차별적으로 구타하고 트럭 등의 차량으로 압송한 사실이 다수의 목격자에 의해 확인되고 있다. 이를 단서로 하는 추가 조사가 필요하다.

3) 부마항쟁의 확산 : 진주, 통영, 대구, 서울

부마항쟁이 다른 지역의 유신반대투쟁에 어떤 영향을 미쳤는가 하는 것은, 이 사건이 지닌 역사적 위상과 관련해 중요한 의미를 지닌다. 최

---

14) 민주주의사회연구소(2013), 최운수 구술.

근 드러나고 있는 바에 따르면, 부마항쟁은 진주와 통영, 나아가 대구와 서울에 이르기까지 호응과 파장을 일으켰다. 따라서 부마항쟁의 범위를 어떻게 인식할 것인가 하는 문제는 향후 부마항쟁의 의의와 관련하여 가장 귀추가 주목되는 부분이다.

부산에서 시작된 유신반대투쟁이 마산으로 확산되었던 18일과 19일 진주에서도 대학생과 고등학생의 학생시위에 시민들이 참여한 시위가 벌어졌다. 시위의 선두에 섰던 것은 경상대와 대동기계공고 학생이었다. 19일에는 시위대의 규모가 1천여 명에 이르기도 했고, 대동기계공고의 경우 전교생이 학교를 나와 대로변까지 약 1km에 이르는 거리에서 가두시위를 벌이기까지 했다.15)

26일에는 통영의 통영수산전문대학(현 경상대 해양과학대학) 학생 4~5백 명이 가두시위를 전개했다. 부산의 학생시위 소식을 전해들은 학생들이 술렁이기 시작했고, 학도호국단을 중심으로 시위가 진행되었다. 학생들은 유인물을 살포하고, '유신철폐' '수산인의 권익을 보장하라'는 구호를 외치며, 남망산공원까지 4km 이상 가두시위를 벌였다. 3·1운동 이후 처음이라는 통영의 학생시위는 시민들의 지지를 받으며 진행된 뒤, 경찰과 큰 충돌 없이 해산되었다.16)

서울에서도 부마항쟁에 호응하는 학생시위가 벌어졌다. 20 또는 21일 한양대 학생들은 '유신철폐'를 외치며 시위를 벌였다. 25일 연세대에서도 부마항쟁 소식을 전하고 시위를 주장하는 책자가 배포되고, 부마항쟁 관련 토론모임이 진행되었다. 그리고 16일에 시위를 벌인 바 있는 이화여대와 함께, 29 또는 30일에 시위를 벌이기로 결정했다. 26일 박정희

15) 경상대 시위는 본서에 수록된 지주형의 글, 3절 참고. 대동기계공고는 김성만 구술(2016) 참조.
16) 민주주의사회연구소(2013), 최종태 구술.

의 죽음으로 연세대와 이화여대의 시위는 불발되었지만, 25일 대구 계명대에서는 2천 명이 참여한 시위가 벌어졌다. 이외에 서울대, 전남대, 대구 등지에서도 반정부 유인물이 살포되었다.[17]

부마항쟁의 영향이 다른 지역으로 확산되는 것은 유신정권을 매우 곤혹스럽게 만들었다. 계엄령과 위수령으로 부산과 마산을 봉쇄했음에도, 유신반대투쟁은 경남북과 전남 서울 등 지역과 중앙을 가리지 않고 거의 전국으로 확산되는 양상을 보였기 때문이다. 이러한 양상은 기시감이 들게 하는 것인데, 대구와 마산에서 발원하여 전국을 포괄하며 서울로 북상하여 드디어 이승만 정권을 붕괴시킨 4월혁명의 도정을 연상케 하기 때문이다. 따라서 부마항쟁의 전국적 확산이 가지는 현실적 파장을 파악하는 것은, 서울에서 학생시위가 발생할 경우 계엄령을 선포하고 수방사 병력을 투입한다는 정보와 관련하여, 김재규의 최후진술 가운데 이른바 시위대에 대한 발포 운운의 진실을 가리는 일과도 무관하지 않다고 할 것이다.

■ 경상대, 대동기계공고, 통영수전의 시위는 학생회(당시 학도호국단)의 주도로 이루어진 것으로 보인다. 따라서 당시 학생회의 간부들을 상대로 자료 조사를 시작할 수 있을 것이다. 경상대의 경우에는 동아대 김호진의 관련 구술이 확인되므로, 이를 참고로 하는 관련 조사가 필요하다. 동시에 대동공고 외에 다른 고등학교의 움직임이 없었는지에 대해서도 확인이 필요하다. 경상대와 대동공고는 유인물의 제작 여부와 구호의 내용 등을 확인하고, 통영수전은 시위의 계획과 실현 과정, 주도자 및 유인물의 내용과 작성 경위 등에 대한 구체적인 파악이 추가되어야 할 것이다.

---

17) 이상 서울, 대구 등지의 시위와 유인물 살포는 본서 지주형의 글 참고.

■ 연세대와 이화여대의 시위 계획은 이번 학술발표 과정에서 지주형 교수의 CIA 자료 발굴로, 한양대 시위는 관련자의 제보로 알려지게 되었다. 서울의 학생시위 가운데 부마항쟁과의 관련성이 가장 깊은 사례이다. 따라서 세 학교에서 시위 계획을 주도한 그룹, 연세대에 배포된 책자의 내용과 부마항쟁을 둘러싼 토론의 내용 등에 대한 자세한 검토가 뒤따라야 할 것이다. 이를 통해 부마항쟁이 서울지역 대학가에 미친 파장의 정도를 규정할 수 있을 것이다. 서울대, 계명대, 전남대 등에 살포된 유인물에 대해서도 부마항쟁과의 연관성 여부를 중심으로 하는 검토가 필요할 것이다.

4. 진압 - 경찰과 계엄군의 폭행 압송과 사건 조작

군경은 부마항쟁과 관련된 일차적이고 직접적인 공권력의 주체로서 이 사건의 주요 당사자이지만, 관련 자료는 거의 공개하지 않고 있다. 군경이 생산한 자료를 확인하고 수집하는 작업이 필요하다. 이 글에서 정리된 군경과 관련한 자료의 대부분은 피해자 또는 피해 목격자에 의해 생산된 것이어서 큰 한계를 지니고 있다.[18]

1) 경찰의 고문과 사건 조작

부마항쟁 시기 경찰의 활동 가운데 눈에 띠는 대목은 고문과 사건 조작이다. 부마항쟁이 발생하자 경찰은 시위대 주변에 사복경찰을 배치하여 시위 양상을 관찰하고 시위 참가자를 색출하는 방식을 구사했다. 이

---

18) 상세한 논의는 본서 이은진의 글로 돌리고, 여기서는 간단한 문제제기에 그치기로 한다.

는 다수의 당사자 구술 증언으로 확인된다.

이렇게 체포된 일부에 대해서 사건 조작을 시도했다. 대표적인 경우
가 남포파출소 방화사건이다. 남포파출소는 16일 시위대에 의해 가장
먼저 습격을 받고 파괴된 곳이고, 이후에도 반복해서 공격을 받았다. 이
에 경찰은 황상윤, 황창문, 옥상렬 세 사람을 지목하고, 가혹한 고문을
자행하면서 거짓 증인까지 내세워 사건 조작을 강행했다. 고문에 못 이
겨 허위자백을 한 두 사람과 달리, 황상윤의 경우 끝까지 혐의를 부인했
음에도 실형을 면치 못했다. 7년에 걸친 만기출소 이후에도 황상윤은
무죄를 주장하고 있는 실정이다. 이외에 간첩 조작의 대상이 되었지만,
운 좋게 모면한 사례도 있다.[19]

이 과정에서 경찰은 무자비한 폭행과 물고문을 비롯한 온갖 가혹한
고문을 일삼았다. 허위자백을 강요하고, 이를 바탕으로 허위 조서를 작
성했다. 심지어 수감생활을 마칠 때까지 자신의 공소장과 판결문을 보
지 못한 사례도 다수에 이른다. 어떤 기준으로 고문 조작의 대상이 선택
되는지에 대해, 사회적 지위가 낮고 지역 연고가 약한 사람이 주로 타겟
이 되었다는 증언이 다수의 구술에서 반복적으로 확인된다.

- 남포파출소 이외에도 수십 개의 파출소가 파괴되는 등 경찰 피해가
  컸으므로, 다른 파출소의 경우에도 방화 또는 파괴사건에 대한 조작
  사례가 있을 수 있다. 확인과 수집이 필요한 부분이다.

- 사건 공소장과 판결문은 가장 기초적인 공문서이고, 사건 당시의 증
  거물이다. 고문과 허위자백을 기반으로 조작된 경우라도, 관련자 구
  술과 대조가 가능하다. 더욱이 조작과 인권유린의 증거물이라는, 전
  혀 다른 가치를 가질 수도 있다. 최우선적으로 수집 정리해야 할 자

---

19) 민주주의사회연구소(2013), 황상윤·강의식 구술.

료이다.

■ 경찰의 연행자 체포자 수와 내용구성 및 이후 처리과정에 대한 온전
한 기록이 확보되어야 한다. 현재까지 알려진 것은 개별 경찰서 또
는 특정 일자의 단편적인 기록이어서 전체 상황을 규명하는 데 한계
가 크다. 특히 계엄 선포 이전에 체포된 이들은 계엄군 진압 시기에
비해 구성이 다양할 것으로 생각되므로, 부마항쟁 참여자를 분석하
는 데 더욱 효과적일 것이라 생각된다.

2) 계엄군의 폭력과 압송 및 사건 조작

부산에 공포된 비상계엄령은 10월 17일 밤 11시 30분에 열린 국무회
의에서 의결되었다. 하지만 국무회의 의결에 앞선 9시 30분 경 차지철
대통령 경호실장은 부산군수기지사령관 박찬긍 중장에게 전화를 걸어,
계엄의 선포와 계엄사령관 임명을 통고했다. 더욱이 이 보다 앞서 2관
구사령부 소속의 계엄군이 시청을 향해 이동을 시작했다. 18일 0시를 기
해 부산에는 계엄령이 선포되었다. 경찰의 시위 진압 업무는 계엄군의
수중으로 넘어갔다.

18일부터 시작된 계엄군 진압의 가장 큰 특징은 무차별 폭행과 압송,
그리고 사건 조작이었다. 폭력 진압은 백주대낮에 큰 길에서 시민들이
지켜보는 것에 개의치 않고 벌어졌으며, 장총의 개머리판으로 진압 대
상의 머리를 집중적으로 가격한 것이 두드러진 양상이었다. 이는 폭력
진압을 벌이면서도 다분히 시민들의 시선을 의식했던 경찰과도 뚜렷이
차별되는 양상이었다.

계엄군이 대로변에서 연행된 이들의 윗도리를 벗겨 무릎을 꿇리거나
원산폭격 시키는 것은 공공연한 일이었다. 시위 여부와 상관없이, 시위

대 주변에 있었다거나, 심지어 젊어서 학생으로 보이거나, 계엄군에 불
손한 태도를 취했다는 이유로 폭력 진압의 대상이 되기도 했다. 체포한
시민들은 트럭에 실어 어디론가 압송했는데, 이 역시 다분히 무차별적
이었다. 계엄군이 진주한 이후 사망자가 발생했다는 소문이 곳곳에서
생겨났는데, 비록 와전된 것이라 할지라도 사망으로 여겨질 정도로 무
자비한 폭행이 횡행했음을 반증하는 것이다.

　계엄군의 폭력은 박정희 사후 현저한 변화를 보였다. 계엄군 장성이
부상자를 위로 방문하고 위로금을 전달할 뿐 아니라 치료비도 지원했
다. 이는 박정희 정권 자체가 폭력의 근원임을 증명하는 것으로, 박정희
가 사망하자 폭력의 원인이 제거된 것을 의미한다.

　계엄군의 사건 조작으로 대표적인 것은 부마항쟁을 남조선민족해방
전선준비위원회사건(10월 9일 발표. 약칭 남민전사건)과 연계하여 용공
사건을 조작하려 한 것이다. 부산지역의 민주인사들을 지도부로 하고
운동권 학생들을 그 아래 배치시켜, 학원가와 지역사회를 포괄하는 대
규모 용공사건을 기획한 것이다. 이 과정에서 부마항쟁과 직접적인 관
련이 없거나, 심지어 학생시위의 발생 자체를 알지 못했던 부산지역 민
주인사들이 다수 체포 구금되어 곤욕을 치렀다. 남민전과의 연계 조작
은 26일 박정희의 사망으로 중단되었다.

　부마항쟁 당시 부산지역 보안부대장을 지낸 권정달은 최근 자신의 회
고록에서 부마항쟁을 남민전과 연결하는 조작을 주도한 것이 중앙정보
부였다고 증언했다. 하지만 보안사가 이 조작과 무관할지는 알 수 없다.
권정달 자신의 증언에 따르면, 보안사는 부산지역 대학생의 움직임과
여론을 파악하는 임무를 특정 군무원에게 부여했으며, 그와 관련한 결
과를 1주일에 2번 정도 보고받았다고 한다. 그 결과 권정달은 부마항쟁
의 양상이 대체로 4월혁명 직전의 상황과 유사하다는 판단을 내렸다는

것이다.[20] 보안사가 일상적으로 학원을 사찰한 사실을 스스로 진술한
것이다.

■ 부산에 실시된 계엄령은 결정 이전에 계엄사령관이 임명되고, 그 전
에 계엄군이 이동 배치되기 시작했다. 계엄사령관도 부산지역의 작
전책임을 맡고 있는 2관구 사령관이 임명되는 통례를 벗어나 군수기
지사령관이 임명되었고, 이 또한 얼마지 않은 계엄 기간 중에 2관구
사령관으로 교체되는 등 온통 의문투성이다. 따라서 계엄령의 결정
부터 실행에 이르는 과정, 그리고 계엄사령관이 교체된 시기와 과정
등에 대한 일목요연한 규명이 필요하다.

■ 계엄군이 총의 개머리판으로 시민의 머리를 타격해서 두부가 파열했
다는 증언이 많은데, 이와 관련한 계엄군 내의 지침이 있었는지 확인
이 필요하다. 계엄사령관을 지낸 박찬긍은 '진실·화해를 위한 과거
사 정리위원회'(이하 '진화위')의 조사에서 착검 사실조차 모른다고
증언하는 등 불성실한 대응을 보이고 있다.[21]

■ 계엄군에 폭행당한 부상자에게 치료비를 지원했는가에 대한 당사자
와 부산시 관계자의 증언이 불일치하다. 당사자는 치료비와 위로금
을 받았다고 구술하고 있지만, 부산시 관계자는 '진화위'의 조사에서
그런 사실이 없다고 진술했기 때문이다.[22] 이는 계엄군의 책임 인정
과 관련되기 때문에 부마항쟁 진압의 정당성과도 연결되는 중요한
문제이다. 책임 있는 단위의 조사가 필요하다.

■ 남민전과 부마항쟁의 용공사건 조작을 총괄 지휘한 컨트롤 타워가

20) 권정달, 「권정달 회고록 1·2」, 『일요신문』 2013년 9월 2·10일.
21) 진실화해위원회, 「부마항쟁 과정에서 발생한 인권침해 사건」, 2010년 상반기
    조사보고서-진실화해위원회 제9차 보고서, 2010, 431쪽.
22) 민주주의사회연구소(2013), 전병진·김종길 구술 ; 진실화해위원회(2010), 431쪽.

어딘지, 기획의 의도와 구체적인 실행 과정 등이 밝혀져야 한다. 비록 박정희의 사망으로 중단되었지만, 관련 내용과 인물을 밝히는 일은 매우 중요한 일이기 때문이다.

5. 피해 - 사망, 실종, 부상, 인권 침해

1) 사망

지금까지 부산에서 사실로 확인된 사망사건은 없다. 하지만 무시하고 넘길 수 없는 증언과 목격이 여럿 존재하므로, 여기에 대해서는 가부간 확인이 필요하다. 사례를 들면 다음과 같다.

일본 방송이 방영한 부마항쟁 관련 영상화면으로, 시청 앞에서 택시가 탱크에 깔린 장면이다. 당시 부산의 해안에서는 일본 TV가 수신되고 있었으므로, TV를 통해 이 장면을 목격한 사람이 있다. 목격자에 따르면, 승용차 안의 사람이 살아남기 어려웠을 것으로 보였다고 한다. 반면 이 사건에 대해 계엄사는 택시와 전차가 부딪친 사고가 와전된 것으로 설명했다.

유사한 이야기가 양정에서도 있었다. 양정의 헌병대에서 탱크를 밀고 나와 사람이 죽거나 다쳤다는 소문이 파다했다고 한다. 외신에 실린 '3사람 사망설'도 확인이 필요하다. 10월 22일 아사히신문은, 19일 부산역전에서 김종민과 이희산이라는 시민이 군중을 상대로 '부산 데모로 한 사람이 죽고, 두 사람이 자살'했다는 이야기를 하다가 계엄군에 체포된 사실을 보도했다. 이 경우 초량동 주민인 김종민과 덕포동 주민인 이희산을 찾아 확인할 필요가 있다. 이희산은 구포여상 학생들에게 사망 소식을 전하면서 시위를 독려했다고 하는데, 학장 벽보 사건과는 무관할까.

이외에 부산여대 학생이 데모 중 장갑차에 깔려 사망했다는 소문, "우리는 정확한 정보를 가지고 있지 않고 소문은 무성하지만, 아무도 사망하지 않았다고는 장담할 수 없다"는 부산일보 편집자 김송훈의 판단(뉴욕타임즈 10월 19일) 역시 확인이 필요하다.[23]

이러한 사망 관련 소식은 비록 사실로 확인되지 못할지라도, 계엄군의 폭력이 사망을 유발할 정도로 무자비했음을 반증하는 것이기도 하다.

2) 행방불명

10월 21일(일) 오후 2~3시 세탁노동자 제종○는 광복동 대각사 인근에서 계엄군의 트럭에 끌려간 뒤 종적이 묘연하다. 당시 제종○은 서면의 세탁기계기구상(세탁노동자 중개소 겸업)을 근거지로, 날품을 팔던 세탁기술자였다. 제종○는 시위와는 무관하게 근처에 거주하는 지인을 기다리고 있다가, 계엄군이 시위대를 연행하는 와중에 휩쓸린 사례이다.

제종○의 압송 장면을 목격한 후배 최운수는 제종○와 마찬가지로 세탁업에 종사하는 노동자였다. 두 사람은 모처럼 한 달에 두 번 있는 휴일(일요일)을 맞아, 또 다른 지인을 만나기 위해 대각사 근처에 당도했다. 마침 대각사 인근에서는 계엄군이 시위를 진압하면서 시위대를 트럭에 실어 압송하고 있었다. 제종○는 이 와중에 시위대와 함께 계엄군 트럭에 실린 것인데, 지인을 데리러 갔다 오던 최운수가 목격한 것이다. 이후 최운수는 부산의 세탁업계에서 제종○의 소식을 들을 수 없었다.

제종○는 세탁업계에서 고급기술자에 속했고, 자영업자가 아니고 날

---

23) 사망자와 관련한 증언은 민주주의사회연구소(2013), 전병진·류장현 구술 ; 「군대 투입으로 소요 진정화—부산, 마산」, 『朝日新聞』 1979.10.22 참고.

품을 파는 노동자였다. 부산에는 이런 세탁업 기술자들이 모이는 노동력 시장이 형성되어 있기 때문에, 제종○가 부산에서 생활하는 한 이들이 만날 가능성은 매우 높다. 따라서 제종○의 경우는 행방불명 상태라고 볼 수 있다.

- 제종○의 경우 고급기술자이기 때문에, 생존해 있다면 이후에도 세탁업에 종사했을 가능성이 높다. 세탁노동자의 노동력 시장을 중심으로, 수소문한다면 실마리를 얻을 수도 있다.

- 이외에도 계엄 기간에 부산에서는 많은 이들이 계엄군의 차량에 실려 압송되었다. 그럼에도 이들이 어디로 실려 갔는지, 이후 어떤 법적 절차를 밟았는지 등에 대해서는 알려진 바가 없다. 이와 관련한 조사와 확인이 필요하다.

3) 부상

부마항쟁 시기 시민의 부상은 모두 경찰과 계엄군에 의해 발생했다. 계엄사 발표에 따르면, 부상당한 시민은 학생 9명, 일반인 41명이고, 이 가운데 중상은 학생 2명, 시민 10명이다. 하지만 구술에서 확인되듯이, 계엄군의 폭행으로 심각한 부상을 입었지만 도망에 성공해서 집계에 포함되지 않은 사람도 상당하다. 따라서 계엄군 발표에 얼마나 누락되었는지는 예측하기조차 어렵다. 그나마 경찰과 계엄군의 폭력으로 발생한 부상의 구체적 실태는 지금까지 조사 발표된 적도 없다. 이 부분은 심각한 인권 유린이자, 불법적인 시민권 침해로서 구체적인 실태 분석이 반드시 필요한 대목이다.

다음 표는 매우 한정된 사례이지만, 현재까지 확인된 심각한 부상자

가운데 구술을 통해 구체적인 상황을 확인한 부상자만을 정리한 것이다.

표 〈군경의 사건조작과 고문 및 폭행 양상〉[24]

이름	일자	가해자	내용
황상윤	16일	경찰	경찰트럭에 실리면서부터 무차별 폭행당함. 중부서에서 남포파출소 방화범으로 조작하기 위해 가혹한 고문을 자행함. 자정이 지난 시각에 손발을 묶고 눕히고 한 사람이 배 위에 올라탄 상태에서, 오물을 섞은 물을 주전자에 담아 얼굴에 부으며 물고문 실시. 이외에 가혹한 폭행을 박정희가 사망하던 26일까지 계속했고, 거짓 증인(방범대원)까지 내세워 사건을 조작함.
박승민	16일	경찰	연행 당시 형사 3~4명이 집단폭행. 부산진서에서 양 팔에 수건을 감고 수갑을 채운 뒤, 철봉을 끼우고 양쪽에서 들어올려 머리가 뒤로 처지게 하고, 주전자로 물을 부어 물고문. 아령처럼 생긴 쇠뭉치로 뺨을 때리며 밤새 고문 계속. 배후를 대라면서, '김일성이 시켰냐'고 추궁하며 고문. 폭력에 굴복하여 허위조서를 작성함.
강의식	17일	경찰	중부서에서 조사 전에 이미 A급으로 분류하고 짜맞추기 조사로 사건 조작. 조사 전에 무차별 폭행한 뒤, 돌을 던진 사실을 시인할 때까지 폭행. 얼굴이 부어 음식을 먹을 수 없을 정도가 됨. 밤마다 배후를 추궁하며 간첩으로 조작하려 시도함. 지하실로 끌고 가서 얼굴에 봉지를 씌우며, '너 같은 새끼는 죽여야 된다'며 죽음의 공포를 느끼게 하는 고문을 자행함.
한영식	17일	경찰	서부서 입구에서 5~6명의 경찰에게 1시간 동안 집단폭행을 당함. 데모주동자로 몰려 3일 동안 무차별 폭행과 물고문을 당함. 얼굴에 수건을 덮고 그 위로 물을 붓는 물고문으로 실신한 뒤 허위 자백. 부산진서로 넘어와 허위조서 작성.
곽동효	18일	계엄군	시청 앞에서 시위 하던 중, 군용 탑차로 도착한 계엄군의 곤봉에 머리를 맞아 찢어진 두피 사이로 두개골이 튀어나온 상태에서 피를 흘리며 도망쳐, 버스를 타고 귀가함. 버스 승객 다수가 목격. 경찰 추적이 두려워 병원을 가지 못하고, 머리에 된장을 발라 구급 처치한 후 계속하여 자가 치료함.
김종길	18일	계엄군	시청 앞 육교(자갈치 방면)에서 계엄군의 진압봉과 개머리판에 맞아, 머리가 깨지고 급성 장파열 상태가 됨. 복음병

24) 조갑제(1987)와 민주주의사회연구소(2013)의 관련부분을 정리한 것이다.

			원으로 이송되어 5시간이 넘는 장시간 수술을 받은 뒤, 3차에 걸쳐 수술을 거듭함.
전병진	18일	계엄군	서면로터리에서 계엄군에 에워싸여 집단폭행 당함. 개머리판에 맞아 이가 부러지고 두개골 함몰됨. 서면 한태일병원에서 2차에 걸쳐 뇌수술을 받아 치료.

4) 기타 피해

이외에도 대로변에서 무차별 폭행, 옷 벗기기, 무릎 꿇리기, 원산폭격, 압송, 잠 안 재우기 고문, 언어폭력 등 불법적인 인권유린을 공공연히 자행했다.

특히 경찰은 사건 조작, 허위 자백 강요, 허위 조서 작성과 더불어, 재판정에서 판사에게 일절 함구하고 아무런 대꾸도 하지 말 것을 종용하기도 했다. 이는 명백한 사법권 침해이다. 물론 구류재판소의 판사 역시 신문조서의 내용에 관심을 가지지 않고 피고의 얼굴을 쳐다보지도 않는 등 매우 의례적으로 판결을 진행했다.

- ■ 당시 경찰과 함께 특히 서면의 구류재판소에서 근무했던 판사 검사의 구술 증언이 반드시 필요하다.

5) '피해자' 문제를 어떻게 다룰 것인가?

부마항쟁 관련자의 조사에서 가장 큰 어려움 가운데 하나가 당사자의 신고율이 낮다는 것이다. 심지어 확인된 당사자가 구술 증언을 꺼리는 경우도 있다. 그 원인 가운데 일부를 현재 증언 내용 가운데서 찾을 수 있다.

먼저 증언자 가운데 상당수는 현재까지도 시위에 대한 부정적인 시각을 가지고 있다. 이는 아직도 우리 사회가 시위와 집회를 시민의 기본적인 저항권, 주권 행사의 한 형태로 인식하지 못하는 현실이 반영된 것이다. 또한 이유 여하를 막론하고 체포 수감된 경력을 수치스럽게 여기고, 심지어 죄의식을 가지기도 한다는 점이다. 이 때문에 가까운 가족, 심지어 배우자에게까지 이 사실을 숨기기도 한다. 이런 경향은 특히 사회적 지위가 낮은 사람의 경우에 많이 확인된다. 권리 의식에 약하고, 자신의 행동이 미치는 사회적 파장이 적다고 인식하는 경우에 더욱 그러하다. 이런 인식들은 자신의 경험을 구술 증언하는 데 부정적으로 작용한다.

따라서 부당한 현실에 대한 저항을 주권자의 보편적인 권리로 인정하는 사회 분위기가 필요하다. 이를 위해서는 헌법에 보장된 시위 집회에 대한 국민의 권리를 적극적으로 교육 홍보하는 교육행정의 변화가 절실하다. 더불어 이러한 국민의 권리를 폭력적으로 억압한 공권력의 사죄가 선행되어야 한다. 즉 부마항쟁 관련 피해자를 국가폭력의 피해자로 규정하고, 이를 통해 피해자의 자긍심과 명예를 회복시키고, 인권의 이정표 세우는 계기로 삼아야 한다.

이러한 과정은 부마항쟁 진상규명의 결과로서 기대할 수 있는 효과이지만, 동시에 부마항쟁의 진상을 규명하는 데 반드시 필요한 전제조건이기도 하다.

6) 양서협동조합의 강제해산

부마항쟁으로 인한 부산지역의 대표적인 피해 가운데 양서협동조합의 강제해산이 있다. 1978년 4월 창립된 부산양협은 지역사회의 지적 풍

토를 쇄신함으로써 민주적 사회 기반을 형성하고자 하는 시민운동 단체였다. 민주화운동의 새로운 유형을 개척한 모범 사례라고 할 수 있다. 부산양협은 지역사회의 다양한 사회문화적 수요에 부응함으로써 대중적 성공을 거두면서 시민사회에 착실하게 뿌리를 내렸다. 그 결과 마산 서울 대구 등지로 양협운동이 확산되는 등 매우 중요한 사회적 의의를 지닌 활동이었다.

그런데 계엄당국이 양협을 부마항쟁의 배후로 몰아 해산을 강요한 것이다. 이사장을 겁박하여 해산을 위한 이사회 개최를 강요하고, 기관원을 임석시켜 이사들의 자유로운 의사진행을 억압하는 방법으로 해산 결의를 강제했다. 그 결과 양협은 11월 19일 강제 해산되고 말았다.[25] 양협의 강제 해산은 지역사회의 진보적 성장의 기반을 허무는 폭거라고 할 것이다. 따라서 양협의 강제 해산 과정에 대한 진상 규명이 반드시 필요하다.

- ■ 양협 해산을 주도한 기관이 어디인지 밝혀야 한다. 또한 양협을 부마항쟁의 배후로 판단한 근거가 무엇인지, 그와 무관하게 민주세력의 거점이라 판단하여 싹을 자르려 한 것인지 확인이 필요하다.
  양협 해산을 실행하기 위한 기획의 실행 과정, 이사장을 겁박한 윤 형사, 이사회에 임석한 기관원이 누구인지 조사가 필요하다.

6. 맺음말

하나의 지역사회를 포괄하는 거대한 대중투쟁은 어떻게 실현되는가.

---

25) 이흥록 구술, 차성환 면접, 2012년 11월 10일 ; 민주주의사회연구소(2013), 최준영 · 김희욱 구술.

부마항쟁은 구체적으로 다른 동기를 가진 다양한 집단이, 구체적인 동기들을 포괄하는 큰 틀을 중심으로 하나가 될 때 대중투쟁이 현실이 된다는 것을 보여준다. 부마항쟁은 다양한 사회인식의 편차를 가진 여러 집단이, 하나의 지향 아래 맞물리면서 전개되었기 때문이다.

즉 학생과 지역주민 간에, 그리고 더 세부적으로 들여다보면, 학생 내부에도 선도적 그룹과 학생 대중, 조직화된 학생그룹과 개인 등은 정치적 민감성과 인문적 수준에 따라 상당한 편차가 존재한다. 지역주민 내에는 사회적 존재양태에 따른 더욱 다양한 차이가 존재한다.

이 때문에 부마항쟁에 참가한 동기는 한국사회의 구조적 모순을 척결하기 위해, 억압적인 통치체제를 타도하기 위해, 의회민주주의 파괴를 두고 볼 수 없어서, 지지하는 정치인이 박해받는 것에 분노하여, 약탈적인 행정에 저항하여 등등 그 층위가 참으로 다양했던 것이다.

이런 복잡 다양 차별성에도 불구하고, 그 모든 불의를 가능케 했던 단 하나의 근원이 이들 모두를 묶어세웠던 것이다. 따라서 부마항쟁은 결정적인 계기가 없더라도, 구체적 양상을 관통하는 하나의 대의가 있다면 거대한 대중투쟁이 가능하다는 사례라고 할 수 있다.

민주화운동으로 점철된 한국 현대사 속에서 부마항쟁의 이러한 특징은 매우 주목되는 부분이다. 따라서 부마항쟁의 진상을 규명하기 위한 자료의 확충은 한낱 부마항쟁에 국한된 것이 아니라, 한국사회를 해명하는 데 기여하게 될 것이다. 이 글이 부마항쟁 연구의 내실 있는 진행을 위한 전제조건을 확인하는 데 일조하기를 기대한다.

참고문헌

군사편찬연구소, 『계엄사』, 1982.

권정달, 「권정달 회고록 1·2」, 『일요신문』 2013년 9월 2·10일.

김선미, 「부마항쟁 참가자들의 민주화 열정」, 부산역사문화대전, 2012.

민주화운동기념사업회 연구소 엮음, 『한국민주화운동사』 2, 돌베개, 2009.

박철규·신은제 정리, 『부마항쟁 자료집』(동아대편), 민주공원, 2003.

박홍환, 「부마사태 – 그 후 14년. 박찬긍 씨 증언」, 『뉴스피플』 제2권 40호 (통권91호), 1993.

부마민주항쟁기념사업회 엮음, 『부마민주항쟁 증언집 마산편 – 마산, 다시 한국의 역사를 바꾸다』, 불휘미디어, 2011.

부마민주항쟁기념사업회·부마민주항쟁 십주년 기념사업회, 『부마민주항쟁 10주년 기념 자료집』, 건양기획, 1989.

부산대학교 민주화추진위원회, 『새벽함성』, 1984.

부산대학교 총학생회, 『거역의 밤을 불사르라』, 1985.

부산민주운동사편찬위원회, 『부산민주운동사』, 부산광역시, 1998.

부산민주항쟁기념사업회 민주주의사회연구소, 『부마민주항쟁 증언집 부산편 1·2. 치열했던 기억의 말들을 엮다』, 전망, 2013.

서정근, 「부마(釜馬)민주항쟁 투입 해병대의 '아름다운 휴가'」, 『신동아』 2007년 11월.

조갑제, 『유고!』 1·2, 한길사, 1987.

진실화해위원회, 「부마항쟁 과정에서 발생한 인권침해 사건」, 2010년 상반기 조사보고서 – 진실화해위원회 제9차 보고서, 2010.

3장
마산의 항쟁
– 쟁점을 중심으로

박영주

1. 들어가는 말

그동안 부마항쟁의 정신을 기리고 역사적 과제를 실천하고자 하는 노력이 다양하게 이뤄져 왔다. 마산의 경우에도 80년대 중반부터 부마항쟁을 기념하는 활동이 시작되었고 1989년에는 10주년기념사업회가 만들어져 여러 가지 사업을 펼쳤다. 1999년에는 20주년 기념사업으로 기념 조형물을 설치하는 등의 사업을 추진하였다. 이후 기념사업회가 상설조직으로 꾸려지면서 지금까지 많은 활동을 해 오고 있다.

또한 부마항쟁의 진상을 밝히고 역사적 의미를 재조명하고자 하는 학술적 조사연구 활동도 꾸준히 이어졌다. 여러 차례 학술 심포지엄이 열리고 연구논문도 많이 발표되었다. 부산과 마산의 기념사업회가 1989년에 펴낸 10주년 기념 자료집, 2003년 민주공원에서 묶어낸 『연구논총』, 2008년 군법회의 자료를 상세히 분석한 이은진 교수의 『1979년 마산의 부마민주항쟁』, 2011년의 증언집 마산편, 2013년 증언집 부산편(전 2권) 등은 그 주요한 성과이다.

이런 활동과 연구를 통해서 부마항쟁의 역사적 의미도 보다 분명히 정립되었고 항쟁을 둘러싼 여러 사실적인 관계도 상당한 정도로 밝혀졌다. 하지만 아직도 당시 정부기관의 기록이 완전히 공개되지 않고 있는 등의 사정으로 항쟁의 객관적 실체에 대해서 정확하고도 풍부하게 이해하지 못하고 있다. 항쟁의 진상이 제대로 규명되지 못하고 있는 실정이다.

마산의 항쟁과 관련해서도 규명해야 할 사안이 많이 남아 있다. 이 글에서는 그중에서도 고 유치준 씨 사망사건, 위수령 발동 전에 군대병력을 투입해 시위를 진압한 것, 사제총기가 발견되었다는 경찰의 주장, 관계기관 대책회의, 시위 참여자에 대한 남민전 사건 관련 조작 의혹 등의 쟁점사항에 대해서 그동안의 자료를 토대로 간략히 정리하기로 한다.

또 그동안 거의 알려지지 않았던 사실로 '부산에서 넘어온 일단의 청년
들'이 마산 항쟁의 과정에 참여한 사례를 정리하였다.

2. 고 유치준 씨 사망사건의 진실

노상에서[1]

- 고 유치준 씨

우무석

한 사내 길바닥에 쓰러져 있었다

일어서다 버티지 못해 반 토막으로 꺾인 몸
뒤통수 뻐끔한 구멍 밖으로
달아나는 검붉은 피

방금 시위대 쫓아 경찰특공대 지나갔다

머리 들 수 없는지 연신 끄덕거리던 고개
숨길 들이고 풀던 순간까지
계속되는 비릿한 구토

살벌한 거리엔 오가는 행인도 드물었다

깜깜하게 흩어지는 정신줄
불가능해진 몸뚱이 간신히 기어가다 멈춘 곳

---

1) 『신생』 봄호, 전망, 2016.

새한자동차 앞 노상
가마니로 덮은 시신 한 구
행려사망자로 만들어 가족 몰래 가매장하였다

　지난 8월, 고 유치준 씨 유족들은 지난 2014년 11월 부마민주항쟁 진상규명 및 관련자명예회복심의위원회(이하 위원회)에 했던 관련자 인정 신청을 철회했다. 유족들은 증거와 정황을 더 확보해서 차기 위원회에 다시 신청서를 제출하기로 했다고 한다.[2]

　지난 2011년 8월, 고 유치준 씨의 유족들이 마산의 부마민주항쟁기념 사업회를 찾았다. 유족들과 기념사업회 사람들은 1989년에 나온 '10주년 기념자료집'을 함께 살폈다. 거기에는 다음과 같은 내용[3]이 들어 있었다.

　* 사망 추정자
　1) 18일 하오 6시 대진백화점 앞에서 경남대 2년 이명수 군이 경찰 곤봉에 맞아 제일병원에 실려 갔다 하나 행방묘연, 생사불명
　2) 공화당사 앞에서(한강주유소 옆) 하오 9시 50분 학생으로 보이는 청년 1명이 전투경찰대원 2명에게 맞아 실신. 남영운수 택시 1753호에 실려 시내 쪽으로 갔음. 신원 생사 불명
　* 변사자 발생
　－대림여관 앞 도로변(새한자동차 영업소 앞)에서 50여 세로 보이는 노동자 풍에 작업복 차림의 남자가 왼쪽 눈에 멍이 들고 퉁퉁 부은 채(코와 입에서 피를 흘린채) 죽어 있었음.
　－민방위 모자. 얼굴 둥근 편. 키 160cm 가량.
　*정황으로 판단, 타살체가 분명.

2) 『경남도민일보』 2016.8.19.
3) 부마민주항쟁기념사업회 외, 『부마민주항쟁10주년기념자료집』 1989.(이하 10주년기념자료집)

이 자료를 본 유족들과 기념사업회 관계자들은 너무나 놀랐다. 그중 '변사자 발생' 부분이 유족들이 가져온 유치준 씨의 제적등본의 인적사항과 사망일시, 장소 등의 기록과 일치할 뿐 아니라 유족들이 당시에 들었던 내용과 같았기 때문이다. 이로써 오랫동안 묻혀 있던 부마항쟁 의문사의 한 당사자가 처음으로 확인된 것이었다. 이 자료는 경남매일(현 경남신문) 사회부 기자들이 1979년 10월 19일 작성한 '마산 경남대학교 소요사건 1차 발생 보고서'라는 제목의 취재노트의 말미에 들어있는 내용으로 기자들이 입수한 경찰서 내부 자료였다.

이후 유족들과 기념사업회, 부마민주항쟁특별법 제정을 위한 경남연대(이하 경남연대) 등 관련 단체들은 당시 부검의를 찾아 면담하고 추모문화제를 갖는 등 사건의 진실을 밝히기 위해 다각도로 노력했다. 그러다가 2014년 10월에 부마민주항쟁 진상규명 및 관련자명예회복심의위원회(이하 위원회)가 출범했고 유족들은 관련자 신청을 하게 됐다. 그 후 '검시사건부'가 발견되었고 부마민주항쟁기념사업회 등 3개 단체는 '고유치준 씨의 죽음은 은폐 조작되었다'는 기자회견을 가졌다.

위원회의 조사가 진행 중인 가운데 2016년 5월 '사실조사결과서[4]'가 나왔다. 고 유치준 씨에 대한 관련자 인정여부 최종결정을 앞두고 나온 일종의 중간보고 격이다. 이 보고서는 사실조사 결과를 종합한 의견을 두 측면에서 언급하고 있다. 우선 '확인된 사항'으로는 "사망장소 및 사망신고 일시(제적등본), 사체발견 장소 및 사망원인(검시사건부)"을 들고 있다. 그리고 '확인하지 못한 사항'으로 "사망시간 및 사인으로 기재된 지주막하출혈의 원인, 공사현장에서 사망장소에 이른 시간과 이동동선 및 시위와의 관련성, 사체 발견 경위 및 처리 과정" 등을 지적하고

---

4) 위원회, 관련자 및 유족신고 사실조사결과서, 2016.5.23.

그림 1. 2011년 9월 1일 경남도청에서 열린 기자회견에서
고 유치준 씨의 영정을 들고 있는 유족들. (사진: 오마이뉴스 윤성효)

있다. 조사결과 제적등본과 검시사건부로 확인되는 사항 외에는 아무
것도 확인하지 못한 것으로 결론 내리고 있다. 조사의 현실적 어려움을
감안한다고 해도 조사의 부실을 지적하지 않을 수 없다.

그리고 같은 보고서에는 '진상조사실무위원회 의견 및 지원단 종합의
견'이 들어 있다. 여기에는 조사결과에 대한 실무위원회와 지원단의 의
견을 관련자로 인정할 근거로 이용될 수 있는 긍정적 측면과 그렇지 않
은 부정적 측면으로 정리해 놓았다. 그동안 위원회의 조사과정에서 드
러난 세부적인 쟁점사항을 살펴볼 수 있다. 그 내용은 다음과 같다.

1. 긍정적 측면

○ 사망과 시위와의 시간적 공간적 근접성

○ 변사체 소지품 수색을 통한 신속한 신원확인이 가능했음에도 뒤늦게 도시락 속에서 주민등록증을 발견하였다는 경찰의 이례적 설명(유족 및 단체의 주장)
○ 부마민주항쟁 10주년 기념자료집 기재사항(경찰보고)
○ 유족진술(부검의 및 이발사 상대 확인 내용)

2. 부정적 측면

○ 사망원인 및 사망자 발견 당시의 상태에 대한 객관적 자료 및 증언 부재
 −사망 사실만으로는 부마민주항쟁의 내용적 관련성 인정 불능
 −사망원인 및 상황에 대한 부검의 및 이발사의 진술은 객관성 담보할 증거가 없는 유족의 전문 진술
○ 공사현장에서 사망 장소에 이르기까지 과정 및 행적 확인 불능
○ 경찰 및 검찰의 정상적 변사사건 처리
○ 공화당사 및 그 주변에서 체포된 시위자가 없는 사실
○ 공화당사 앞 간선도로에서 시내버스 등 대중교통 전면 또는 일시적 운행 정지 여부 불분명 및 운행 장애와 사망과의 인과관계 확인 불능
○ 공화당사에서 흩어지는 시위대 등 다수의 목격자 존재 가능성에 비해 목격담을 비롯한 유언비어가 전혀 없는 사실
○ 유족이 이발사로부터 전문한 목격담과 시위 상황과의 불일치
○ 위원회 및 유족이 이발사로부터 시위 당시 최루탄 냄새로 산에 올라 바람을 쐰 사실 외에 기억하지 못한다는 내용의 진술 확인
○ 1979.10.20. 사망 현장을 확인 내용에 대한 남부희의 진술 변경
○ 당시 마산경찰서에서 근무한 다수의 경찰관이 변사사건에 대한 인식이 없는 사실
○ 2011.9. 경남연대 기자회견, 2011.10.18. 추모제 및 2015.11. 검시사건부 관련 언론보도 이후 지역사회 및 관련자의 제보가 전혀 없는 사실

부마항쟁과 관련되었다고 볼 수 있는 몇 가지 긍정적 측면이 있지만,
사망 원인 및 사망자 발견 당시의 상태에 대한 객관적 자료 및 증언이
없기 때문에 사망 사실만으로는 항쟁과의 관련성을 인정하기는 어렵다
는 것이다.

이에 대해서 위원회의 진상조사 실무위원으로 오랫동안 유치준 씨 사
망 사건을 추적해 온 정인권 위원이 이 사건의 의혹에 관하여 쓴 글[5]이
최근에 발표되었다. 이 글은 유치준 사망 사건의 전말, 진상조사 기획,
주요 증거 및 쟁점들, 사망에 이르게 된 과정의 유추 등에 대한 상세한
정리와 분석을 하고 있고 마지막으로 피해자 단체와 진상규명위원회의
역할과 의무에 대한 나름의 생각을 정리하고 있다.

아래에서는 위의 '종합의견'과 대비되는 또 하나의 의견으로서, 주요
쟁점에 대한 정 위원의 정리를 소개한다. 아래 내용은 위의 글 중 '사망
사건의 주요 증거 및 쟁점들'을 요약한 것이다.

사망 통보 및 사망자 처리상의 주요 쟁점

1) 11월 초순경에야 경찰이 유족에게 사망 사실 통보하고 주민증과
  사망 당시 사진과 부검 사진 등을 교부한 것은 매우 의문스러운
  사항.
2) 고인은 항상 지갑 안에 교통비와 주민증 넣고 다녔다는데 지갑
  과 돈은 분실.
3) 주민증만 밥 먹고 난 후의 지저분한 도시락 속에 넣는다는 것은
  상식적으로 납득 어려움.
4) 주민증으로 변사자 신원 확인했다면 유족에게 통보하고, 부검시
  유족을 입회시켜야 하는데 그리하지 않았다는 점.

5) 정인권, 「부마항쟁 유치준 사망사건을 추적한다」, 『성찰과 전망』 22호, (사)부
산민주항쟁기념사업회 부설 민주주의사회연구소. 2016.

5) 변사체, 행려사망자 처리 규정 따르지 않고 임의 처리하여 비밀리 가매장.

6) 가매장시 얼굴을 천으로 동여매어 후두부 함몰 등 외상을 확인할 수 없었던 점.

7) 검시사건부가 상식적으로 앞뒤가 안 맞는 점. 신원 일체 불상의 남자로 기재해 놓고, 처리 지침에는 유족에게 인도하라고 지시하고 있다는 점. 같이 기재된 당일 발견된 다른 신원 미상의 변사체는 사체를 당국에 인도하라고 지시. 이는 사전에 신원 파악하고 있었음을 반증하는 강력한 암시.

8) 또한 다른 신원미상 사체는 외상없이 병사가 확실하므로 '검시'하여 사망원인 확인하라고 지시하는 데 반해, 유치준 건은 '사체를 부검' 하도록 지시하고 있다는 점. 변사자처리지침에 따르면 사체 검안 시 외상없이 질병사가 확실하면 '검시'만 하고, 외상이 있어 사망원인을 정밀조사할 경우에는 '부검' 하도록 규정. 따라서 경찰의 변사체발견보고서를 통해 외상 등이 있음을 표시하였다면 사망원인 정확히 파악하도록 부검을 지시하였다고 판단. 그런데 사망 원인으로는 뇌출혈(지주막하출혈)이라고 단순 기재하고 사망의 간접 원인인 후두부 함몰이나 왼쪽 눈 부위 부상 등은 기재하지 않은 점은 매우 의심스러운 부분. 사체부검서에 따르면 부검을 하였다면 사망의 직접 원인과 간접 원인을 기재하도록 되어 있으며, 의사들은 반드시 직접 원인이 뇌출혈이면 뇌출혈을 발생시킨 간접 원인으로 후두부 함몰 등을 기재하도록 되어 있음. 부검서를 보고 지휘서 작성하였는데도 사망의 간접원인 기재하지 않았다는 점에서 모순 발견.

위원회의 '종합의견'과 정 위원의 의견을 비교하면 무엇보다 사건을 대하는 기본적인 입장에서 차이가 많다. 위원회의 종합의견은 현재 드러나 있는 사실만을 가지고 판단하고 있는데 비해 정 위원의 의견은 합리적 의심을 바탕으로 규명해야 할 의문점을 중심으로 사건을 바라보고

있다. 또 큰 차이점 중 하나는 경찰의 변사체 처리를 위원회의 종합의견
은 '정상적 처리'라고 본 데 비해 정 위원의 의견은 '규정을 따르지 않은'
비정상적 처리라고 판단하고 있는 것이다.

왜 이런 입장과 판단의 차이가 발생한 것일까. 그 이유의 일단을 정
위원 글의 결론 부분에서 볼 수 있다. 정 위원에 의하면 위원회의 실무
지원단에 심각한 문제점이 있다는 것이다. 그들은 "이미 결론을 정해 놓
고 진압경찰에 의해 사망한 증거가 없다는 등 사유를 들이대며 이 사건
을 국가책임이 없는 것으로 결론을 유도"하고 있다는 것이다. 그 책임이
어디에 있건 사건의 실체를 밝혀서 관련자들의 명예를 회복시키는 것이
위원회의 역할이다. 정 위원은 "결국 위원회의 이러한 행위를 신뢰하지
못한 유족이 마침내 신청을 철회" 하였다며 유족들이 위원회의 최종 결
정을 앞두고 관련자 신청을 철회한 이유를 밝히고 있다.

정 위원은 사건의 진실을 밝히는 구체적인 과제로 '변사사건 발생보
고 및 지휘품신서' 등의 문서를 추적해 나가는 일을 우선으로 제시하고
있다. 또 목격자를 찾는 플래카드도 부착하고 참고인들을 찾아 면담조
사를 계속하는 것도 중요하다고 한다. 또한 최창림 경찰서장이 공화당
사와 새한자동차 인근지역 시위 진압시 39사 포병부대 군병력의 지원을
요청하여 진압에 가담시켰는지 여부 등은 중요한 과제라고 보고 있다.
그러나 "이 정권 하에서 사건의 진실을 규명하기는 어려울 것으로 판단"
된다며 "참으로 개탄스러운 일이 아닐 수 없다"고 탄식하고 있기까지 하다.

유치준 씨 사망 사건이 국가 공권력의 폭력에 의해 발생한 무고한 시
민의 사망 사건인지 아닌지 진실을 밝혀내는 것은 부마항쟁이 '시민항쟁'
으로서 우리 역사 속에 자리 잡는 데 중요한 역할을 할 것이라고 본다.

3. 위수령 발동 전에 군병력 투입, '계엄령 없는 계엄 행위'

마산항쟁 첫날인 10월 18일. 이날 밤 10시를 전후해서는 마산 전역으로 시위가 확산되었다. 또 이 무렵부터 이슬비가 약하게 내리기 시작했다. 마산 시가지를 뒤흔들었던 시위 군중들의 함성도 밤이 깊어가면서 조금씩 잦아들었다.

이즈음 북마산파출소 일대에서 시위를 벌이던 일단의 시위대는 남성동파출소 방향으로 내려가던 중이었다. 이들은 중앙극장 앞에서 뜻밖에, 장갑차를 앞세우고 착검한 총을 든 채 행군해 오는 군인들과 맞부딪혔다. 얼추 밤 11시경이었다. 사람들은 주춤했다. 지금까지 맞부딪혔던 전경들이 아니었다. 총검을 번득이며 다가오는 군인들이었다. 사람들은 "군바리다. 도망가자!"고 소리치며 흩어졌다. 일부는 군인들을 향해 돌멩이를 던지면서 도망갔다.

당시 창원의 보병 제39사단의 1개 대대 정도의 병력이 트럭에 분승하여 밤 10시 30분경 마산으로 이동하였다. 군인들은 일단 양덕동의 한일합섬 구내로 들어갔다가 밤 11시경부터는 시내 주요 공공건물의 경비에 들어갔다. 19일 새벽에는 군인 1명, 경찰 2명이 한 조가 되어 골목골목을 돌아다니며 청년들만 보이면 무조건 연행해 갔다. 다음 날인 19일에는 당시 부산에 파견되어 있는 공수부대 중 5공수여단 25대대 병력이 수십 대의 트럭과 지프에 분승하여 마산으로 급파되어 왔다. 오후 5시경 마산에 도착한 공수부대 병력은 시내 요소요소에 배치되어 공포분위기를 조성했다.

이와 같이 위수령이 내려지기 훨씬 이전인데도 이미 군인들이 투입되어 시위 진압과 주요 건물 경비에 나서고 있었다. 실제로 위수령이 내려진 것은 하루 반, 시간으로는 거의 37시간 이후인 10월 20일 낮 12시였다.

그때는 사실 시위사태가 일단락되고 난 뒤의 일이었다.

당시 마산에서 10월 18일, 19일 이틀간 격렬한 시위가 벌어지자, 군당국은 20일 김성주 도지사의 요청에 따라 이날 12시를 기해 마산시와 창원출장소 지역에 위수령을 발동했다. 군당국은 위수작전사령관으로 육군 제39사단장 조옥식 소장을 임명했다.6)

위수령은 당해지역의 행정관서장의 요청에 의해 그 지역의 위수사령관이 질서유지를 위해 군병력을 출동시키는 것이다. 위수사령관은 당해지구에 주둔하는 헌병대 이외의 군대의 장(長) 중 상급선임자가 되는데 평소 때 이미 지역별로 위수사령관이 지정돼 있다. 위수령이 비상계엄과 다른 점은 계엄의 경우 그 지역의 행정 및 사법업무까지 계엄사령관이 행사하지만 위수사령관은 행정이나 사법에 관한 권한은 없이 단지 질서유지를 위한 경비와 군기감시 및 육군에 속하는 건축물 기타 시설물의 보호만을 목적으로 하고 있다.7)

참고로 이날 발표된 담화문 전문8)은 다음과 같다. 그런데 단순히 '질서유지를 위한 경비'와 '시설물 보호'만을 목적으로 위수령을 발동한 것이 아니라는 게 드러난다. 시위 진압에 보다 큰 목적이 있음이 분명히 드러난다. 심지어 '모든 군중을 시위 군중으로 판단하고 전원 체포 구금'하겠다는 대시민 협박을 하고 있기까지 하다.

---

6) 『경남매일』 1979.10.21.
7) 위수령 [시행 1970.4.20.] [대통령령 제4949호, 1970.4.20, 전부개정]
제1조(목적) 이 영은 육군 군대가 영구히 1지구에 주둔하여 당해 지구의 경비, 육군의 질서 및 군기의 감시와 육군에 속하는 건축물 기타 시설물의 보호에 임함을 목적으로 한다.
제12조(병력출동) ①위수사령관은 재해 또는 비상사태에 즈음하여 서울특별시장 부산시장 또는 도지사로부터 병력 출동의 요청을 받았을 때는 육군참모총장에게 상신하여 그 승인을 얻어 이에 응할 수 있다.
8) 『경남매일』 1979.10.21.

친애하는 마산시민 여러분.

마산시 일원에 일부 학생과 불순분자들의 난동 소요로 우리 군은 마산시의 안녕과 질서를 유지하고 시민의 생명과 재산을 보호하기 위해 마산시 일원에 오늘 낮 12시를 기해 위수령을 발동하였습니다. 시민 여러분들께서는 필요 없이 시위 군중에 휩쓸려 구경함으로써 주동자 체포와 질서확립에 지장을 초래케 하고 데모 군중으로 오인돼 체포되는 피해를 당하지 않도록 해주시기를 바랍니다.

우리 군은 데모대 주위의 모든 군중을 시위 군중으로 판단하고 전원 체포 구금하겠습니다.

시민 여러분들께서는 특히 통행금지시간을 엄수해 주시기를 바라며 마산시의 질서가 하루속히 회복되고 시민의 안정한 생활이 될 수 있도록 적극 협조해 주시기를 바랍니다.

1979년 10월 20일
마산지역 작전사령관 육군소장 조옥식

위수령 발동과 함께 군병력을 동원해 즉시 작전에 들어가야 하지만, 이미 마산시 일원에 투입된 군은 시청, 언론기관 등 공공건물에 대한 경계에 들어가 있는 상태였다. 위수령 발동 이전에 군병력을 투입한 사실은 군법회의 자료 등 여러 기록에 나타난다.

마산경찰서에서 1979년 10월 20일자로 작성한 '실황조사서'에 의하면 "(1979.10.18.부터 10.19.까지) 본 소요사건의 진압을 위하여 자서 병력 및 경남경찰국 관내 경찰관 689명, 부산시경 기동타격대(전경대요원) 155명, 39사단 병력 859명, 총 1,703명이 동원 진압 및 주모자 등 505명을 검거"하였다고 기재되어 있다.[9]

---

9) 육군고등군법회의, 군법회의재판기록 부마사건(제36-7호) 3171쪽, 1980.(이하 군법회의자료)

또한 부산지방경찰청의 『부산경찰사』에는 "마산지역의 경우 1979. 10. 18. 13:20경 군부대와 경찰의 검거작전으로 시위는 종결되었다."고 기술되어 있다.[10]

당시 마산에 있던 경남매일(현 경남신문)의 특별취재반 기자들이 1979년 10월 19일에 작성한 '마산 경남대학교 소요사건 1차 발생 보고서'라는 제목의 취재노트[11]에는 다음과 같은 기록이 있다.

그림 2. 경남매일(1979.10.21)

1979.10.18.
하오 10시 45분
 −군인(39사단) 6트럭 240~250명이 경찰서에 도착
하오 11시 30분
 −데모대 잠적하기 시작 시내에 투입된 2개 중대(240명)의 군인들
  이 군가를 부르며 닥치는대로 데모대 잡아 차에 실음
 −장갑차 3대 경찰서 도착
 −39사단장 조옥식 소장이 경찰서 도착
하오 12시 40분
 −1백여 명 역전파출소를 지나 합성삼거리까지 진출, 군인들과

10) 부산지방경찰청, 『부산경찰사』, 2000, 694쪽.
11) 10주년기념자료집.

대치 투석전 중 20명이 연행, 나머지는 분산

투입병력
－밤 11시께 군인 투입 전차 3대 차량 7대 인원 592명(10/18)

또 같은 경남매일 기자들이 10월 20일 작성한 '마산지방 대학생 소요
사건 2차 발생 보고서[12]'는 10월 19일의 상황을 담고 있다. 군이 언급된
부분은 다음과 같다.

－1차 소요사태(1979.10.18)와의 비교
  1차 때보다 규모가 훨씬 적고 피해상황 많지 않음. 이는 동원된
  데모수가 적어진 데 반해 경찰력 증강과 군인병력이 투입된 때
  문인 것 같음.
－데모 진압을 위해 시내에 직접 투입된 병력 총 1,484명
  군인 486명 부산기동대 158명 마산기동대 129명 지파출소 차출
  611명
－인명피해(진압대 측)
  군인 1명 부상 전경대 1명 중상(부산에서 지원) 계 2명
－하오 6시 부산 방면에서 무장군인 1,500여 명 마산 도착(이는 전
  방 공수부대 5,000여 명이 긴급 부산에 투입되었다는 정보가 들
  어온 후인만큼 그중 일부로 판단됨)
－하오 6시 35분 경찰서 앞에 군 장갑차 3대 배치
－하오 9시 5분 경남연탄 쪽에서 시청 쪽으로 4~500명이 상당히 과
  격한 언동으로 뛰어올라옴. 시청 경비 군인들이 직원들 소개시킴.
－하오 10시 50분 MBC 뒤쪽 철교 부근에서 투석전으로 39사단 포
  병대대 일병 정만호가 날아온 돌에 맞아 부상. 시청 경비 군인들
  장갑차 2대 몰고 북마산 쪽으로 이동.
－데모의 양태 2. 요소요소에 배치된 군인과 경찰의 강력한 저지로

---

12) 10주년기념자료집, 56쪽.

그림 3. 마산시내에 진입하고 있는 특전사 병력(1979.10.19. 경향DB)

행동반경이 제한되어 신마산 쪽은 진입이 안 되었음.

경남매일의 특별취재반이 직접 작성한 취재노트로 상당히 구체적인 내용을 담고 있다. 이 보고서 작성에 참여했던 기자들은 부마항쟁 31년 후인 2010년, 진실화해위원회의 조사에 응해 당시 상황에 대해 진술하였다.

당시 특별취재반을 이끌었던 사회부 부장은 진실화해위원회 조사에서 "(10월 18일) 신문사 앞으로 군인들이 지나가는 것을 직접 보았다. 중요한 취재내용을 확인도 하지 않고 함부로 보고서로 쓰지 않는다. 마산은 3 · 15의거가 있었던 곳이다. 이러한 이유로 마산에서 시위가 확산되면 정권의 위기가 닥친다는 상징적 의미가 있기 때문에 초기에 강경 진압하는 쪽으로 방향이 잡힌 것으로 알고 있다. 더욱이 39사단 병력이 시내로 진출하기 위해서는 합성동 시외버스터미널 앞에 있던 우리 신문사

를 지나가야 했기 때문에 기자들이 직접 군인들의 이동을 목격하였고 6
대 트럭의 병력이 경찰서에 도착했다는 것을 현장 취재기자로부터 보고
받은 바 있다13)"고 하였다.

또 현장 취재를 맡았던 한 사회부 기자는 "당시 취재내용은 사실이다.
내가 기억하기로는 위수령 발동 이전 공수부대 1개 대대가 오동동 일대
에 배치되었던 것으로 기억한다. 이후에 39사단이 각 관공서에 배치된
것으로 기억한다. 내가 공수부대를 기억하는 것이 오동동 사거리의 고
려호텔 부근에서 시내 중심인 창동 일대까지 100미터 간격으로 총을 무
장한 공수부대가 도열하고 있는 것을 목격하였기 때문이다. 내가 공수
부대가 투입된 것을 직접 확인하였는데 39사단 병력이 직접 시위를 진
압한 과정은 목격하지 못했다. 시민들과 군인이 시비가 있기는 했던 것
으로 기억한다."고 진술하였다.14)

당시 시위 과정에서 연행되어 조사를 받았던 이들의 진술을 통해서도
사전 병력 투입 상황을 확인할 수 있다.

마산수출자유지역에 다니던 한 직업훈련생(17세)은 1979년 11월 13일
제2관사 계엄보통군법회의 1차 공판에서 "1979년 10월 18일 산호동 육교
앞에서 시위에 참여하였다가 지나가는 트럭을 타고 마산역에 가서 내렸
는데 군인들이 오므로 도망가다가 잡혔다."고 진술하고 있다.15)

경남공업전문대학 기계설계과 1학년 학생(19세)은 1979년 10월 20일
마산경찰서의 피의자 신문조사에서 "1979년 10월 19일 23시 경 데모에
가담하기 위하여 음주 후 마산시 남성동 방면으로 가다가 제일여고 정

---

13) 진실화해를위한과거사정리위원회, 부마항쟁 과정에서 발생한 인권침해 사건,
  2010년 상반기 조사보고서, 2010.(이하 진실화해위 2010년 상반기 보고서)
14) 진실화해위 2010년 상반기 보고서.
15) 군법회의자료(제36-1호), 456쪽.

그림 4. 마산세무서 앞을
통과하는 공수부대(출처
미상)

문 앞에서 경비 중인 정복 군인들에게 붙들려 경찰서에 왔다"고 진술하
고 있다.[16]

경남대학교 불문과 1학년 학생(17세)은 1979년 10월 20일 마산경찰서
의 피의자신문조사에서 "19일에도 데모를 한다는 말을 듣고 북마산 방
면으로 가다가 군인들에게 잡혔다."고 진술하고 있다.[17]

경남대학교 독어독문과 1학년 학생(20세) 역시 같은 날 작성된 '진술
서'에서 "10월 19일 당구를 치고 친구들과 소주 3병을 나누어 마시고 10
시 30분쯤, 불문과 학생들이 시위행진을 한다고 하기에 통금이 10시인
지 알면서 영웅심리로 산북도로를 걷다가 제일여고 조금 넘어서 군인들
에게 체포되었다."고 진술하였다.[18]

한 자동차 정비공(17세)은 진실화해위원회 조사에서 "10월 18일 마산
역전파출소에 투석하는 도중에 두두두둑 하면서 땅이 울리는 소리가 들

---

16) 군법회의자료(제36-2호), 155쪽.

17) 군법회의자료(제36-2호), 64쪽.

18) 군법회의자료(제36-2호), 139쪽.

렸고 잠시 후에 탱크 내지 장갑차 위에 기관총을 잡고 사격 자세를 취하고 있는 군인을 보았다. 나는 겁이 나서 피신하였다. 당시 내가 군인을 본 것은 사실이고, 마산에서 시위를 했던 다른 사람들도 그날 저녁에 군인들이 투입되는 것을 보았다고 말하는 것을 들었다."고 진술하였다.[19]

다음으로 지난 2010년 진실화해위원회에서 당시 계엄사령관, 위수사령관, 경남도지사, 수사관 등에 대해 진행한 조사의 진술 내용이다. 아래 내용은 진실화해위의 '2010년 상반기 보고서'에서 가져온 것이다.[20]

"당시 공수부대가 들어온 것으로 알고 있는데 대열을 지어 시내를 행진한 것을 본 적이 있다. 공수부대가 시내행진을 하는데 시민들이 야유하면 즉시 검거되었다."(당시 마산경찰서 수사과 모 순경의 진술)

"39사단에서 병력이 투입된 것은 기억한다. 검거보고서에 있다면 군인들도 시위자들을 연행하였을 것이다."

"군인들이 탱크 등을 도열하며 위력시위를 한 것을 본 적은 있다."(당시 마산경찰서 수사과장, 수사과 순경, 고성경찰서 수사과 경장 등의 진술)

"위수령은 법에는 비상사태시 지방자치단체장의 요청이 있어야 발동하도록 되어 있으나, 당시는 지사가 부재 중 중앙정부에서 위수령을 발동하고 사후에 지사가 요청한 것처럼 요식을 합법화한 것으로 당시 지사인 본인은 사후에 승낙을 하였던 것이다."

"병력 출동을 요청하도록 상부로부터 강요나 지시를 받은 일이 없고, 경찰로부터 병력출동을 요청 받은 사실이 없다. (위수령 발동 이전 군부대 투입은) 소요 사태 확대를 예방하기 위하여 위수병

19) 진실화해위 2010년 상반기 보고서.
20) 진실화해위 2010년 상반기 보고서. 이하 진술은 이 보고서에 수록된 것이다.

이 순찰하고 동시에 주요시설을 보호를 겸한 병력동원이었다고 생
각하는데, 소요진압은 경찰이 주도하였다고 생각한다."(당시 경남
도지사 김성주는 서면답변 진술)

"마산에서 시위가 발생한 날 39사단장이 시위대를 진압하기 위
해 병력과 장갑차를 몰고 마산으로 들어오기에 39사단장에게 시위
대가 격렬하게 시위를 하였으므로 병력이 다칠 가능성이 많아 병
력을 투입하지 않았으면 좋겠다고 하였으나 사단장은 상부의 명령
이니 어쩔 수 없다고 하며 병력을 투입하였다."(당시 마산 보안부
대장 진술)

"부산 시위가 조용해질 무렵인 1979년 10월 19일 5공수여단을 국
방부 장관의 지시로 마산으로 이동시켰다."(부산지역 계엄사령관
박찬긍은 진실화해위원회 조사 진술)

"내가 도지사로부터 병력 요청을 10월 18일 오후에 받고 2군사령
관에게 보고하자마자 병력출동(약 200여 명)을 예하 부대 연대장에
게 지시하였고, 그 시간이 약 18시경이었다. 2군사령관의 승인은
없이 바로 출동명령을 내렸다. 위수령 발동은 승인사항이 아니고
보고사항이었기 때문에 승인받은 사실은 없다. 육군참모총장의 승
인을 받도록 되어 있었는지 몰랐다. 내가 알기로는 위수령 발동이
승인 받은 일은 아닌 것으로 알고 있다."고 진술하였다. 또한 "시민
들이 시위대에 합류하지 못하도록 병력과 경찰을 시위대가 이동하
는 길 양쪽 가에 세워서 시위대를 고립시키는 작전을 하였고, 5공
수 부대에게는 주간에 트럭에 승차시켜 시내를 순회하면서 위력시
위를 하도록 지시하였다."(마산지역 위수사령관(39사단장) 조옥식
진술)

이상의 여러 자료와 진술을 통해서 부마항쟁 당시 마산지역에 위수령

그림 5. 마산시가지를 지나는 공수부대 병력을 구경하는 시민들
(자료출처: The Baltimore Sun, Oct.21.1979)

이 발동되기 이전에 군부대가 투입되었음이 분명히 드러난다. 공식적인
발표와는 달리 경남지사의 요청이 없는 상태에서 위수령이 발동되었고
병력이 투입되었다. 경남지사는 사후에 승낙을 한 것으로 드러나고 있
다. 이처럼 위수령이라는 합법적 절차 없이 군대를 투입시키고 부산에
있던 공수부대의 일부를 이동시켜 마산에 투입한 것도 상부의 지시, 국
방장관의 지시라고 하는 진술은 주목할 만한 것이다. 19일 오후 5시경에
공수부대 1개 여단이 마산에 투입된 것은 사실 청와대의 지시에 따른
것이었다. 조갑제의 『유고』에 따르면, 박정희 대통령은 부산지구 계엄
사령관인 박찬긍 중장에게 두 번이나 직접 전화를 걸어 '마산은 당신 책
임 지역이 아니지만 현지 부대장과 의논해 자네 책임 지역으로 생각하
고 도와줘라'고 말했다[21]. 그 후 박찬긍은 부산에 내려온 공수특전사 여

3장 : 마산의 항쟁 - 쟁점을 중심으로 167

단 중 1개 여단을 마산으로 급파했다.

결과적으로 39사단 병력이 18일에 이미 출동하여 시위 진압에 나섰고 19일에는 부산에 파견된 공수여단이 이동하여 진압에 투입되는 등 실제로는 '계엄령 없는 계엄 행위'가 행해졌다. 이것은 심각한 초법적 행위였다. 위수령 발동 이전의 군 병력 투입, 군인들에 의한 민간인 연행과 체포는 위법 부당한 공권력의 남용이었음이 분명하다.

4. 사제총기 발견 주장

마산과 창원출장소 일원에 위수령이 발동된 1979년 10월 20일. 같은 날 오후 4시 30분경 마산경찰서 회의실에서 최창림 서장이 기자회견을 열었다. 최 서장은 "지난 18일과 19일 이틀간 일부 학생들과 불순분자가 합세, 소요를 일으켜 공공건물을 방화, 파괴하고 공용장비는 물론 상가와 점포까지 파괴하는 난동을 일으켰다"며 "이번 소요의 특징은 단순한 시위가 아닌 폭동에 가까운 소요"라고 규정하고 "화염병과 각목 등을 사용했는가 하면 사제총기까지 사용했다"고 주장하며 '사제총기'의 실물까지 제시했다. 당시 최 서장의 발표문은 다음과 같다.

> 지난 18일과 19일 양일간 일부 학생들과 불순분자들이 합세해서 소요를 일으키고 공공건물을 방화 파괴하고 공용장비를 파괴하고 상가점포를 파괴하는 등 난동을 일으킨 바 있다. 이번 소요의 특징은 단순한 시위가 아닌 폭동에 가까운 소요였고 방화, 파괴 등을 자행했으며 화염병, 각목 등을 사용하고 사제총기를 사용한 것이

---

21) 조갑제, 『유고』, 한길사, 1987.

다. 사제소형총기 발견 경위는 18일 밤 10시 마산시 창동 황금당골목 소요현장에서 불순분자가 총기를 발사, 도주하는 것을 보고 이것을 목격한 시민이 추격하자 현장에 유기하고 도주한 것이다. 이총기의 성능은 스프링 식으로 탄환 1발씩 발사가능하고 인명살상용으로 사용할 수 있고 한손에 쥐고 발사할 수 있으며 사정거리는 50m이고 탄환을 교체할 때는 계속 사용이 가능하다. 사용목적은 소요군중 속에 섞여 소요가담자를 배후에서 사격, 살상하여 군중을 흥분시켜 사태를 악화시키고 발포 책임을 당국에 전가하려는 것으로 보인다. 이번 소요 배후에 조직적 불순세력이 개입된 징후가 농후하고 따라서 부화뇌동 등 경거망동을 삼가고 질서유지에 적극 협조해 줄 것을 당부한다.

경찰의 발표대로 시위 현장에서 '총기'가 발견되었다면 예삿일이 아닐 것이다. 이날 경찰이 실물까지 제시한 '사제총기'는 어떤 모양이었을까? 당시 여러 신문에 '사제총기'를 들고 있는 최 서장의 모습과 그림까지 실렸다.

경찰이 제시한 '사제총기'의 실물 사진은 동아일보에 실려 있는데, 그 기사에 의하면 "소형사제총기 실물은 사인펜 크기 정도의 원통형으로 군에서 사용하는 휴대용 신호탄 발사기와 원리가 같고 모습도 흡사"하다며 "손잡이는 없고 총신뿐으로 실탄을 장전한 후 스프링 고리를 젖히면 발사되는 원리를 이용한 것"으로 보인다고 보도[22]하고 있다.

제시된 '사제총기'의 실물은 사인펜 크기로 작고 상당히 조악한 형태였음을 알 수 있다. 이는 당시 기자회견에 직접 참석했던 기자들의 증언에 의해서도 확인된다.

당시 경남매일 사회부 기자 공○○은 2010년 진실화해위원회 조사에

22) 『동아일보』 1979.10.22.

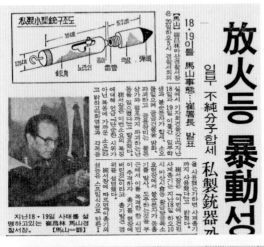

그림 6. 마산경찰서장의 기자회견(『경향신문』 1979.10.22)

그림 7. 당시 신문에 보도된 '사제총기' 실물 사진(『동아일보』 1979.10.22.)

서 "당시 마산서장의 사제소총 기자회견을 내가 직접 취재하였는데 발견되었다는 사제소총이 쉽게 말해서 딱총 수준이었다. 우리가 어렸을 때 딱총에 화약을 넣어 못을 발사하도록 하는 것 같은 그 정도 수준이었다. 총신이 15센티미터 정도였는데 완전 장난감 수준이었다. 당시 서장은 불순분자가 사용하였다고 했지만 사용한 사람이 누구인지도 확인되지도 않았다. 시위 진압의 명분을 찾기 위해 조작한 것이라고 당시 취재 기자들이 모두가 생각했다."고 진술하였다.[23]

또 당시 경남매일 사회부장 남○○는 2010년 진실화해위원회 조사에

---

23) 진실화해위 2010년 상반기 조사보고서.

서 "느닷없이 사제소총이 발견되었다고 신문사로 연락이 왔다. 그러면
서 발표를 불순불자가 사용한 사제소총이라고 했다. 취재기자 보고에
의하면 순 엉터리라는 것이었다. 한마디로 총이라고 볼 수 없다는 것이
었다. 취재기자들이 모두 어이가 없다는 것이었다. 발표를 하라고 했기
때문에 어쩔 수 없이 발표하기는 했지만 엉터리였던 기억이 있다."고 진
술하였다.[24]

그 기자회견에 참석했던 또 다른 기자의 질문은 날카로웠다.

> "이것이 한 개만 발견됐습니까? 아니면 여러 개 발견된 것 중의
> 하나입니까? 라고 물었을 때 한 개만 발견되었다고 했습니다. 시위
> 대가 의도적으로 만들었다면, 다량으로 만들었을 것인데, 왜 한 개
> 만 발견이 됐을까요? 라고 의문을 제기했거든요. 또 경찰에서 이걸
> 마타도어 식으로 시위대를 음해하기 위한 수단으로 삼은 것은 아
> 닌지요? 라고 질문을 해버렸어요. 정곡을 찔렀죠. 무언가 의도가
> 있다, 급작스럽게 날조를 했다는 느낌이 직감으로, 직감뿐만 아니
> 라 상식적으로도 들었던 거예요. 그러니까 최창림 서장이 얼굴을
> 붉히고 당황을 하더라고요. 그렇게 질문을 하고 나니깐 주변에 배
> 석했던 정보과 형사들이 좀 웅성거리고 그랬어요. 그래 기자회견
> 이 끝났는데 방송에는 사제총기가 발견되었다고만 방송이 됐지
> 요.[25]"

'사제총기'가 발견되었다는 경찰의 주장은 당시에도 이미 설득력을 얻
지 못하고 있었음을 알 수 있다. 더구나 '불순세력'이 개입되었다는 결정
적 증거의 하나가 될 수도 있는 상황에서 경찰은 이후 수사과정에서 별
다른 수사를 하지 않았다. 경찰의 발표대로라면, 총기를 발사하고 도주

---

24) 위와 같은 자료.
25) 부마민주항쟁기념사업회, 부마민주항쟁증언집 마산편, 2011.

하는 것을 목격하고 추격한 시민이 있었는데, 그에 대한 목격자 조사 등 최소한의 기초 조사라도 한 흔적이 없다. '사제총기'와 관련한 경찰의 조사는, 기자회견 이틀 뒤인 10월 22일 마산경찰서에서 이뤄진 정성기(당시 경남대 경제학과 3년)에 대한 2차 피의자신문에서 처음 있었던 걸로 나타난다. 조사를 맡은 경찰관은 아무런 맥락 없이 단발성으로 단 한 마디의 질문을 하고 있다.26)

  문 : 사재총27)은 누가 재작을 하였느냐
  답 : 거런 것은 전연 모릅니다

  사제총기가 발견되었다는 18일 밤의 마산시내 시위와는 아무런 관계가 없는 사람에게 느닷없이 질문을 하고 있다. 군법회의 자료를 살펴보면, 정작 마산시내 시위 때 연행되어 온 이들에게는 이와 관련한 아무런 질문이 없었던 것으로 나타난다.
  다만 북마산파출소 방화 사건에 대한 목격자 진술조사에서 두 건의 질문이 있었던 것으로 나타난다. 1979년 10월 26일에 있었던 한 목격자(49세, 건축업, 마산 성호동 거주)와의 조사에서 오간 문답이다.28)

  문 : 그날 저녁에 사제 총기를 가지고 있는 것을 보았는가요
  답 : 그때는 그런 사람을 보지 못했습니다

  같은 날 이뤄진 또 다른 목격자(41세, 여, 상업, 마산 상남동 거주)의

---

26) 군법회의자료(제36-4호).
27) 사재총의 오기로 보인다. 다음에 나오는 '재작', '거런' 등도 '제작', '그런'의 오기로 보인다.
28) 군법회의자료(제36-3호) 1835쪽.

진술조서에는 다음과 같은 내용이 나온다.[29]

> 문 : 그날 저녁에 사제 공기총 같은 것을 쏘았다는데 들었거나 본
> 일이 있는가요
> 답 : 신문에는 총이 나왔다고들 하나 북마산파출소를 방화할 때는
> 보거나 들은 일이 없읍니다 기동대가 와서 캐스총[30]을 쏘았는
> 지 냄새가 나고 했읍니다

당시 경찰에서 이와 관련해 실제적인 조사가 이뤄지지 않았을 가능성
은 다음의 진술을 통해서도 짐작할 수 있다. 2010년 진실화해위원회의
조사에서 당시 마산경찰서 수사과장 안○○은 "총이 발견되었다는 이야
기가 있는데 기억나지는 않는다. 수사과에서는 사제소총관련 수사를 한
사실이 없다. 현장에서 총이 발견된 것이었다면 수사기록에 관련 수사
내용이 편철되어 있을 것인데 없다면, 수사가 없었던 것이다."라고 진술
하였다.[31]

마산경찰서에서 제2관구 계엄보통군법회의 검찰부로 송치한 신문조
서와 종합수사보고 등의 수사기록에도 사제총기에 대해 특별히 조사한
내용은 보이지 않는다. 또한 합동수사단이나 군법회의 검찰의 신문조사
와 군법회의 공판 과정의 신문에서도 조사한 내용은 찾기 어렵다.

또 하나 지적하고 싶은 점이 있다. 경찰은 기자회견에서 시위대가 "화
염병, 각목 등을 사용"했다고 밝혔다. 당시 시위현장에서 시위대들이 돌
멩이나 빈병, 각목 등을 던지거나 휘두르기는 했지만 화염병을 사용한
경우는 없는 것으로 안다. 만약 시위과정에서 화염병이 실제로 사용되

---

29) 군법회의자료(제36-3호) 1843쪽.
30) 개스총의 오기로 보인다.
31) 진실화해위 2010년 상반기 조사보고서.

었다면 경찰의 조사과정에서도 당연히 이에 대한 신문이 이뤄지고 종합
수사보고에도 반드시 기록되었을 것이다. 하지만 경찰조사나 재판기록
에도 이에 대한 기록이 전혀 없다. 어떤 근거로 화염병이 언급되었는지
는 알 수 없지만 시위대의 폭력성을 부각시키려는 의도가 있었음을 짐
작할 수 있다.

사제총기가 발견되었고 불순세력이 조직적으로 개입한 징후가 농후
하다는 경찰의 기자회견 내용은 결국 사실에 근거한 주장이 아닐 가능
성이 높다. 어느 기자도 이미 지적했듯이 시위대에게 불순세력의 딱지
를 붙이려고 한 시도라는 의심을 받을 수밖에 없다. 정치적 반대세력을
용공조작을 통해 제거하던 당시의 시대상황에서는 오히려 더 자연스런
시도였는지도 모른다.

5) 관계기관 대책회의

부마항쟁 기간 동안 부산에서 관계기관 대책회의가 운영되었다고 한
다. 마산에서도 이와 비슷한 관계기관 대책회의가 있었던 것으로 보여
진다. 1989년에 발간된 '부마민주항쟁 10주년기념자료집'에는 당시 경남
매일 사회부 기자들의 취재노트가 실려 있다. 그중 '마산 경남대학교 소
요사건 1차 발생 보고서[32]'를 보면 다음과 같은 내용이 기재되어 있다.

1979.10.18.
하오 12시 40분
－1979.10.19. 상오 1시 30분에 경찰서에서 비상회의 개최
　박종규 의원, CIA 장, 경찰국장, 도교육감, 시장, 경찰서장, 사단장

---

32) 10주년기념자료집, 45쪽.

* 결과 미확인
김성주 도지사는 10월 19일 아침 마산 도착

10월 19일 상오
－금일 시내 고교생 소풍날이었으나 무기 연기하고 학교에서 정
 상수업 하려 했다.
 그러나 비상대책회의에서 자극을 주지 않기 위해 그대로 시행
 함(무학산, 무학농원 등)
－마산대 19일부터 1주일 동안 추계 가정실습
－경남대, 경남전문대 18일 하오 2시부터 무기한 휴교

그 외
－박의원 새벽 1시께 본부 다녀감
－도경국장 밤 9시께 도착
－교육감
－39사단장
－새벽 2시 대책회의

위의 취재노트를 통해서 몇 가지 사실을 확인할 수 있다. 마산 시가지
에서의 격렬한 시위가 거의 끝날 무렵인 이날 늦은 밤, 시간적으로는 19
일 상오 1시 30분경, 마산경찰서에서 관계기관장들이 모인 가운데 '비상
회의', '비상대책회의'가 열렸다. 이 회의의 참석자들은 당시 박종규[33]
국회의원, 김재규 중앙정보부장, 경남도경국장, 경남도교육감, 마산경찰
서장, 39사단장 등이었다. 당시 경남도지사는 타지로 출장 중이었던 모
양으로 19일 아침에야 마산에 도착함으로써 이 회의에는 참석하지 못했

33) 박종규는 민주공화당 소속으로 1978년 12월에 실시된 제10대 국회의원 선거
 경남 제1선거구(마산시 진해시 창원군 일원)에서 신민당의 황낙주와 함께 당선
 되었다. 당시는 각 지역구에서 1구 2인의 국회의원을 뽑는 중선거구제였다.

던 것 같다. 중앙정보부장을 비롯해 경남, 마산지역의 정치, 정보, 치안, 교육 분야의 기관장들이 모인 자리였다.[34]

한편 이 때 열린 회의는 확대회의였고 그 이전인 18일 하오 11시경에 이미 마산시청에서 김재규 중정부장, 박종규 의원, 39사단장 등이 비상 회의를 했다는 증언(공봉식, 당시 경남매일 기자)[35]도 있다. 이날 대책 회의에서 논의되고 결정된 사항은 무엇인지는 알 수가 없지만, 시위 사태와 관련한 상황 보고와 사후 대책을 논의하였을 것으로 보여진다.

이날 논의된 내용의 일단이 다음 줄에 보인다. 10월 19일은 원래 마산 시내 고등학교의 가을 소풍날이었는데 일단 연기하고 정상수업을 함으로써 학생들을 단속하려 했던 것 같다, 그러나 오히려 자극을 줄 수 있다는 지적이 비상대책회의에서 나와 그대로 시행했던 것 같다. 경남대와 경남공업전문대는 18일 하오 2시부터 무기한 휴교 상태에 있었고 추가로 마산대학도 이날부터 1주일 동안 추계 가정실습에 들어감으로써 학생들의 집결을 막으려고 했던 것 같다.

한편 내무부는 19일부터 마산시와 창원출장소 일원에 야간통행금지 시간을 밤 10시부터 다음 날 새벽 5시까지 연장한다고 발표했다. 통금이 연장되면서 19일 밤에는 통금위반으로 체포된 사람들이 많았다.

또한 마산시는 매달 25일 실시되던 반상회를 앞당겨 이날 하오 6시부터 일제히 열고 부산 마산 사태에 대해 '불순분자들의 폭동'이라고 왜곡 설명하는 등 시위 사태의 재발 방지를 위해 안간힘을 쓰기도 했다. 날짜를 변경해 반상회를 실시한 것이 대책회의의 결정인지 내무부의 결정인

---

34) 이 자료에는 마산시장이 언급되어 있지 않은데 참석하였을 것으로 보이지만 확실하지는 않다.
35) 정인권의 「부마항쟁 유치준 사망사건을 추적한다」(『성찰과 전망』 22호)에서 재인용.

지는 분명하지 않다.

부마항쟁 기간 동안 관계기관 대책회의가 몇 번이나 열렸으며 어떤 사항들이 결정되고 집행되었는지는 앞으로 밝혀져야 할 과제 중의 하나이다.

참고로 당시 부산 보안부대장이었던 권정달의 회고록에 부산지역의 대책회의와 계엄령 선포에 대한 언급이 있어 아래에 소개한다.[36]

> 들끓는 부산지역 민심은 결국 그해 10월 15일 부산대학교에서 민주선언문이 배포되고, 다음날인 16일 부산대에서 동아대로 시위가 터져 나왔다. 여기에 시민들까지 합세해 40여만 명이 거리로 쏟아져 나오는 사태로 확대됐다. 부마사태의 시발점이었다.
>
> 이에 주요 기관장들은 최석원 부산시장실에 모여 대책을 논의했다. 당시 나와 함께 이수영 부산시경국장, 현지를 관할하는 울산 출신 정성만 2관구사령관도 함께 있었다. 그날 박찬긍 군수사령관은 대만에서 원로장성들이 부산으로 들어오는 바람에 같이 술을 마셔 많이 취해 있던 상태였다.
>
> 이날 부산지역에 계엄령을 선포할 것이라는 박 대통령의 사전 지시를 들었다. 몇 시간 뒤 저녁 차지철 경호실장은 부산지역 주요 기관장들이 다 함께 모여 있던 시장실로 전화를 걸어 비상계엄령을 선포할 것이라고 통보했다. 참석자들은 당황한 낯빛으로 "경비계엄이 아니냐"고 되물었지만 차 실장은 다그치듯 다시 한 번 비상계엄이라고 말했다.

6) 남민전 관련 조작 의혹

YH 사건, 김영삼 총재 의원직 제명 등 정치적 파장이 큰 사건들이 연

---

36) 고동석, 「권정달 회고록 5共비화(秘話) 1」, 『일요서울』 2013.09.02.

그림 8. 남민전 사건이 처음 보도된 당시의 신문(경향신문 1979.10.9)

이어 터지면서 박정희 정권에 대한 민심이반이 가속화되던 1979년 가을. 10월 9일에는 '남조선민족해방전선 준비위원회(남민전) 사건'이 신문의 머리기사로 일제히 보도됐다.

　　당시 보도37)에 의하면, 구자춘 내무부장관은 "북괴의 대남기본전략인 폭력에 의한 적화통일 혁명노선에 따라 대한민국을 전복하고 사회주의 국가건설을 위해 학생 지식인 및 긴급조치 위반 수형자들을 포섭, 대정부투쟁을 선동조종하며 도시게릴라 방법에 의한 납치 강도 등으로 학원 및 사회혼란을 조성, 민중봉기에 의한 국가변란을 기도해오던 반국가단

───────────

37)『경향신문』1979.10.9.

체인 소위 남조선 민족해방전선을 적발, 일당 74명 중 20명을 반국가단
체 조직 및 간첩혐의로 검거하고 54명을 같은 혐의로 수배했다"고 발표
했다. 남민전 사건은 이후 10월 16일과 11월 13일, 두 차례 더 수사결과
가 발표되면서 박정희 정권 말기 최대의 공안사건으로 떠올랐다.

이런 상황에서 10월 16일 부산에서 예상을 뛰어넘는 사태가 터졌고
공안기관은 그 배경의 소위 '불온세력'을 조작해 내려고 악랄한 '고문수
사'를 서슴지 않았다. 부산지역의 민주인사들에 대한 배후 조작이 어떻
게 시도되었는지에 대해서는 당시 부산 보안부대장으로서 합동수사단
장을 맡았던 권정달의 증언이 있다.[38]

> 부산에서 계엄령이 선포된 이후 군중 시위가 마산까지 들불처럼
> 번져나가자 전국적인 민심 동요를 우려해 망미동 보안부대에 합동
> 수사단이 차려졌다. 합수단은 시위 현장에서 시민 1000명 이상을
> 연행했다. 시위가 얼추 가라앉자 중정 8국장이라는 사람이 부마사
> 태의 주동자가 미리 설정돼 있는 수사체계도를 합수단으로 가져왔
> 다. 그런데 중정의 문건에는 김영삼(YS) 총재와 추종세력, 남민전
> 사건 관련자, 인권운동을 주도했던 김광일 변호사가 중심이 된 양
> 서조합 등이 부마사태의 주동자로 꾸며져 있었다. 하지만 부마사
> 태 합동수사단장(대령)이었던 나는 중정의 요구를 받아들일 수 없
> 었다.
> 보안사 이학봉 수사과장도 부산에 파견 나와 있었는데 내가 이
> 과장에게 중정 문건을 건네주면서 철저히 따져보라고 했다. 이 과
> 장 역시 연행한 사람들을 조사한 뒤에 "중정에서 작성된 문건은 현
> 실과 맞지 않습니다"라고 보고했다.
> 중정은 YS와 그 추종세력이나 남민전, 양서조합 사람들을 부마사태
> 발발의 책임을 전가할 희생양으로 몰아가려고 했다. 하지만 난 "합수

---

38) 고동석, 「권정달 회고록-5共비화(秘話) 2」, 『일요서울』 2013.09.10.

단은 군인으로서 명예를 걸고 짜 맞추기식 수사는 할 수 없다"며 거부
했다.

당시 중앙정보부의 '짜맞추기식 수사'에 대해 자신의 합수단은 거부했
다는 해명이다. 하지만 수사의 결론에 대해 거부했을지는 몰라도 적어
도 조사과정에서는 그들도 중정과 별반 다르지 않았던 것으로 보인다.
마산 출신으로 부산에 갔다가 우연히 부산 항쟁의 현장에 뛰어들었던
황성권에 대한 신문 과정이 그랬다. 황성권은 당시 외국어대 휴학생으
로 1978년 6월의 광화문 시위, YMCA회관 앞 시위 등에 참여한 경험이
있는 학생운동가로 부산 항쟁의 현장에서 체포되었었다. 그는 경찰, 중
앙정보부, 보안대 등 여러 수사기관으로부터 신문을 받았는데 아래 내
용은 그의 증언 중 일부이다.[39]

부산 중부서에 가자마자 바로 물고문을 당했어요. 내 신원을 중
부경찰서 옆 반도호텔로 옮겨졌죠. 처음에는 북한과의 연계, 그 다
음에는 남민전과의 관련, 이런 쪽으로 계속 조사를 했어요. 나는
계속 아니라고 하니까, 계속 고문하고… 그런데 부마항쟁 일어나
기 한 달 전쯤에 같은 운동권으로 친하게 지낸 박미옥이 남민전 사
건으로 잡혔어요. 나도 그 당시 보도를 보고 깜짝 놀랐죠. 박미옥
이가 그런 조직원이었는지 전혀 몰랐으니까요.

내가 설사 남민전이라 해도 조직이 연결이 안돼요. 자기들도 어
느 정도 물어보면 알거든요. 내가 조직원이다 그러면, 자기들이 조
사한 고유의 연락 방법, 예를 들어서 번호 등 내부의 체계가 있는
데 내가 그런 거 전혀 모르니까요. 그쪽에 박미옥이랑 몇 사람 내
가 아는 사람이 있어도 그 사람들이 그런 조직을 한 것은 나는 생
각도 못했어요.

39) 부마민주항쟁증언집 마산편, 2011.

내가 이틀 동안 계속 고문을 당한 이유는 자기들 요구대로 그림이 안 맞춰지니까… 불순한 의도를 가진 외부인이 들어와서 이 시위를 조작했다, 이렇게 그림을 한번 그려보려고 그랬지요. (중략)

부산 보안대로 보내져 거기서 합동조사단의 조사를 받았어요. 거기서도 역시 북한과의 연계, 남민전과 관련 내용으로 조사를 받았어요. 잠을 한 삼 일인가 사 일 안 재우고 계속 고문을 했어요. 그때 나하고 관련된 사람들이 한 70여 명 불려왔어요. 그 지하실로. 거기에 주대환 씨도 나중에 왔고… 내 친구들하고 내가 갖고 있던 수첩에 적혀 있던 사람들이 대부분 그 당시 많이 연행돼 왔어요. (중략) 거기서는 물고문은 안하고, 전기고문 한다고 협박은 해도 안했고, 구타는 많이 했죠. 특히 고무신으로 얼굴, 뺨을 많이 얻어맞았어요. 졸면 서라 하고 서서 졸면 걷게 하고, 또 뛰게 하고… 백열전구를 눈앞에 대놓고 잠을 못 자게 그랬죠.

그들 수사기관들은 처음부터 '그림'을 가지고 그에 맞춰 수사를 한 것을 알 수 있다. 인간의 육체와 정신을 쥐어짜는 극심한 고문을 당했지만 황성권은 그들의 조작 시도에 휘말리지 않고 굴복하지 않았다고 한다.

황성권과 동창으로 10월 18일 마산 항쟁의 현장에 참여했던 주대환의 경우에도 조사과정에서 남민전과의 연계 등에 대해 집중적인 조사를 받았다. 체포된 이후 신문과정에 대한 그의 증언을 들어 본다.[40]

본인을 김종철—황성권으로 연결지어 남민전과 관련시켜 보려고 노력했던 것 같다. 그것은 분명히 안기부 중앙의 요구였으나 일선 수사관들은 그것이 아니라는 것을 알았던 것 같다. 황성권이 남민전 사건의 학생 조직책 김부섭(서울공대 74학번)의 애인 박미옥(외대 불어과)과 아는 사이라는 것이 건덕지였으나 그리고 실제는 박미옥 쪽에서 황성권에 접근을 시도하기는 했으나 아직 조직(남

40) 10주년기념자료집(1989).

민전)에 대해서 이야기하는 데까지는 관계가 발전하지 않았다. 그리고 남민전은 당시 이미 거의 대부분의 성원이 검거되어 있는 상태였다.

우연의 연속이었을 뿐이다. 황성권과 김종철이 김종철 군의 병역문제 해결을 위해 부산에 갔다가 부산 시위에 가담하게 되고 황성권이 거기서 붙들렸으며 다시 김종철이 마산으로 왔는데 거기서 마산 시위에 가담하게 되고 본인과 우연히 만나 같이 다닌 것뿐이다. 본인과 김종철 군은 부산 보안대에 차려졌던 합동수사본부에 끌려가 조사를 받았으며 김종철 군은 구타를 엄청나게 당했다. 김종철 군을 맡은 자가 술을 잔뜩 처먹고 들어와 무조건 구타를 한 것이다. 그러나 사실 조사할 내용이 뻔했기 때문에 지속적인 고문은 할 필요도 없었다. 본인은 참여 군중 가운데 가장 동작이 느린 참여자였고 구경꾼에 불과했다. 그런데 잡혀온 500여 명이 모두 순진무구한 시민이었기 때문에 본인에게 엉뚱한 명예를 안겨 주려고 했던 것이다.

또 김종철은 병역 문제 상담을 위해 10월 16일 부산에 있던 경남지방병무청을 방문했다가 황성권과 함께 우연히 부산 항쟁의 현장에 참여하게 된다. 시위 현장에서 황성권과 헤어지게 된 그는 마산으로 돌아왔고 18일 마산시내에서 일어난 마산 항쟁에도 참가했다가 체포된다.

(부산) 보안대 지하로 옮겨졌다. 그곳에서 옷을 벗기고 허름한 군복으로 갈아 입혔다. 구타가 시작됐다. 한참 구타 후 밥을 가져왔는데 뒤에 알고 보니 짠밥이었다. 밥을 먹고 나자 구타했다. 나중에 화장실을 가려고 일어나다 현기증이 나 쓰러지자 한 사람이 물을 쏟아 부어 정신을 차렸다. 바지를 내리자 온 몸이 피투성이였고 살과 옷이 뒤엉켜 있었다. (중략) 수사팀이 바뀌었다. 그들은 치안본부 남민전 수사팀이었다. (중략) 나중에 차라리 구타당하는 것이 나았다는 것을 알게 되었다. 그들은 잠을 못 자게 하였다. 계속

해서 질문을 해댔다. (중략) 엄청난 양의 조서를 쓰도록 했다. 최근
석 달 동안의 행적을 하루도 빠짐없이 적으라는 것이었다. (중략)
　그런데 만약 그때 10.26이 일어나지 않았다면 우리들의 운명도
또 어떻게 달라졌을지 모른다. 즉 본인을 비롯한 몇몇 사람은 시위
주동자로 특히 황성권 씨 같은 경우는 운동권 학생 출신과 함께 각
종 경력으로 우리를 조사한 남민전 수사팀은 그를 시위 주동자의
보스로 만들고 남민전 사건과 연관시킴으로 해서 당시 부마항쟁을
북한의 지령을 받은 빨갱이의 행위로 왜곡시켜 이것을 이용하여
부산, 마산을 쓸어버리려 했다. 그러니 김재규의 총 한 방은 이를
물거품화시켰고 이것은 부산, 마산시민을 살렸다는 것을 의미하기
도 한다.[41]

　김종철 역시 조사받는 과정에서 엄청난 구타와 고문을 당했다. 하지
만 애초부터 아무런 관련이 없었기 때문에 고문을 한들 소용이 없었다.
일단 그들의 '그림' 그리는 일은 10·26으로 더 이상 진행시키지 못하고
끝났다. 그러나 정말 10·26이 없었다면 어떻게 되었을까.

　역사에 대한 가장 유명한 경구 중의 하나가 역사에 가정은 없다는 말
일 것이다. 한편 그와 함께 역사에는 언제나 만약이라는 질문이 따른다
는 또 다른 유명한 말도 있다. 그렇다. 만약 김종철의 말처럼 10·26이
없었다면 어떤 일이 펼쳐졌을까. 만약 그때 김재규가 '유신의 심장'을 쏘
지 않았더라면 역사는 어떻게 전개되었을까. 당시 궁정동 만찬장에서
차지철과 박정희가 했다는 그 발언들은 단순히 그냥 한 말이었을까. 그
들은 분명 말로만 그치지 않고 정치적 반대세력들을 무자비하게 제압하
고 말았을 것이다. 당시 박정희 정권이 보여 주었던 유례없는 반민주적
폭정을 행태를 보면 그것은 단순한 의심이 아니라 차라리 합리적 추론

41) 10주년기념자료집(1989).

에 가까울 것이다.

7) 드러나지 않았던 한 장면, 부산에서 넘어온 청년들

부산 항쟁의 소식은 곧바로 언론에 보도되지 않았다. 언론에 통해 일
반 국민들에게 알려진 것은 18일 아침, 부산에 비상계엄령이 선포되었
다는 소식과 함께였다. 부산과 가까운 거리에 있고 통학생과 일반 시민
들의 왕래가 많은 마산에는 그 소식이 빨리 전해졌다. 부산에서 반정부
시위가 일어났다는 소문은 넓게 퍼져나갔다. 자세한 상황을 알 수는 없
지만 뭔가 엄청난 일이 일어난 것만은 분명했다. 그 소식은 특히 학생들
의 마음을 뒤흔들었다.

> 경남대학 내에서도 부산에서 통학하는 일부 학생들을 통해서 부
> 산 시위의 소식이 전해진 17일 부터는 학내 분위기가 술렁이기 시
> 작했다. 다음 날 18일 목요일 아침, 학교 정문 앞에는 부산 항쟁의
> 소식과 비상계엄령 선포가 보도된 한국일보 100여 부가 누군가에
> 의해 배포되어 있기도 했다.[42]

그렇게 해서 경남대학의 교내 시위가 시작됐고 학생들이 시가지로 진
출하면서 일반 시민들이 참여하여 시민 항쟁으로 발전해 나갔다. 이처
럼 이웃 도시의 영향을 받는 것은 자연스러운 상황이었다. 마산에 살던
사람이 부산에 갔다가 우연히 부산 시위에 참여하게 된 것처럼 외지인
이 마산에 왔다가 시위에 동참한 경우도 있고 그중 몇몇은 체포되기도
했다.

---

42) 박영주, 「10·18 마산민중항쟁의 전개과정」, 『마산문화』 제4권, 1985.

그림 9. 당시 경남대 정문에 뿌려졌던 『한국일보』 10월 18일자

당시 마산의 시위에 타지의 학생들이 어떤 연계를 가지고 있지 않을까 하는 생각 역시 자연스런 것이었다. 특히 경찰서 정보과 등 정보기관은 더 촉각을 곤두세우고 있었던 것 같다, 10주년기념자료집에 이와 관련된 언급이 나타나는지 찾아보았다.

하오 11시 : 재부 마산 출신 대학교 20명과 재경 마산 출신 대학교 30여 명이 마산 경남대학 학생들과 사전접선이 이뤄져 거사 모의했다는 정보 입수43)

10월 18일의 상황을 기록한 '마산 경남대학교 소요사건 1차 발생 보고서'에 나오는 경찰 내부의 정보보고이다. 다음 날인 19일의 '마산지방 대학생 소요사건 2차 발생 보고서'에도 부산과 진주의 학생들이 마산으로 올 것이라는 정보이다.

> 하오 6시 35분 : 마대는 제외, 부산대 동아대생이 마산에 잠입 진주 경상대생들도 마산으로 간다는 정보가 있다 함(마산 데모 주역은 역시 경남대) 집결장소는 3.15의거탑이라 하나 만일의 경우 제3의 장소를 물색 중에 있다 함
> 하오 8시 30분 : 진주 경상대생들이 기차를 타고 마산에 오고 있다는 정보 들어옴(그 후 정보 분석결과 유언비어임이 판명[44])

그리고 이날 19일 상황의 특징으로, '데모 주동은 부산 서울 등지의 대학생과 접선한 경남대학 및 산업전문대생들인 것으로 추정'하고 이들이 '게릴라 전법, 주택가에 침입, 데모 권유'하는 특징을 보였으며 '부산 서울 등지 외부학생 다수 포함'되어 있다고 경찰은 분석하고 있다.

이중 '부산대학과 동아대생이 마산에 잠입'했다는 것과 19일 시위의 특징 중의 하나로 '게릴라 전법, 주택가에 침입, 데모 권유'를 들고 있는 것은 주목할 만하다.

마산 항쟁 이틀째인 10월 19일. 저녁이 되면서 창동 일대에서 시작된 시위는 남성동, 어시장, 오동동으로 번져나갔다. 시위대는 부림시장, 분수로터리, MBC, 구 시외버스 터미널, 3·15의거탑, 마산시청 방면으로 이동하면서 진압경찰과 맞부딪혔다. 밤이 깊어가면서 시가지 중심의 주력 시위대가 흩어지면서 오동동다리, 산호동, 자산동, 학생과학관, 북마

---

43) 10주년기념자료집(1989), 44쪽.
44) 10주년기념자료집(1989), 58~59쪽.

산파출소 등 외곽에서 산발적인 시위가 이어지고 있었다.

비슷한 시각. 당시 마산 모 고등학교 3학년 학생 몇몇은 학교를 마치고 성호동에 있는 친구 집에서 모여 놀고 있었다. 밤 11시경 큰 함성 소리가 들렸다. 이미 시위 소식을 들어 알고 있던 이들은 호기심에 밖으로 나왔고 어두운 길거리에서 일단의 군중들과 마주치게 된다. 이들은 어둠 속에서 만난 청년들과 성호동 철길, 구 북마산역, 북마산파출소 일대를 몰려다니며 노래 부르고 돌을 던졌다. 경찰의 진압이 거세지면서 이들은 흩어졌고 이 중 한 학생은 지붕 위로 올라가 도망치다가 슬레이트 지붕이 꺼지면서 체포되었다. 체포된 고등학생들은 모두 4명으로 이들은 고문을 당하며 취조를 받고 고등학생임이 감안되어 즉결심판에 넘겨져 구류 7일을 받고 석방되었다.

그런데 이들이 조사과정에서 받은 신문에는 이들이 어둠 속에서 만났던 '청년들'에 대한 이야기가 나온다. 먼저 한 학생의 자술서와 피의자신문조서[45]를 본다.

··· 집에 있다가 11:30에 함성 소리가 들려 나가보니 부산대학교에 다니는 학생이 여러 사람들을 선동하여 북마산파출소를 습격하여 소장님을 인질로 하여 이미 잡혀있는 부산대학교 학생과 교환을 하러 협조를 하십시오 했읍니다 우리는 빠질려고 해도 뒤에서 가자고 밀고 했읍니다 그래서 내려가다가 경찰들에 의해서 저지되고 해산되어 주모자가 끼인 무리는 성호골로 가고···

문 : 언제 어디서 누구와 데모를 하였는가요
답 : 1970.10.19. 23:00경부터 00:20경까지 마산시 상남동 소재 구 북

---

45) 군법회의자료(제36-6호). 이하 옮겨 적은 피의자신문조서 및 자술서의 내용은 모두 같은 자료이다. 맞춤법이 틀린 단어가 있지만 원문 그대로 옮겨 적는다.

마산역 앞과 마산시 성호동 소재 성호동사무소 앞과 북마산파
출소 옆 성호골 입구 등에서 저의 친우 이○○ 박○○ 서○○
등과 부산대학생 5~6명과 그외 젊은 청년들 등 100여 명이 데
모를 하였읍니다

(중략)

문 : 피의자는 왜 북마산파출소장을 인질로 검거코져 하였는가요

답 : 부산대학생들이 데모하다가 검거되었기 때문에 북마산파출소
장을 인질로 검거하여 검거된 학생을 교환하자고 하여서 그렇
게 하였습니다

문 : 피의자는 언제 어디서 부산대학생 누구를 만났는가요

답 : 1979.10.19. 23:10경에 구 북마산역 앞에서 어디 사는 누군지는
이름은 모러겠으나 5~6명을 만났습니다

문 : 피의자는 어떻게 부산 대학생이라는 것을 알았는가요

답 : 저와 친우 3명이 함께 데모하는 데 나가니 젊은 청년 5~6명이
자칭 부산대학생이라고 하며 검거된 학생을 석방코져 북마산
파출소장을 검거하자고 하여서 말만 듣고 부산대학생인줄 알
았습니다

자칭 부산대학생이라고 하는 청년들이 북마산파출소를 습격해 파출
소장을 인질로 잡아 검거된 학생과 교환하자고 선동을 하였다는 것이
다. 또 다른 학생의 진술서와 피의자신문조서이다.

10시 30분경 그때 와 하는 소리에 박○○ 이○○과 함께 철길에
나갔다 여러 사람들이 웅성거리고 있었다 그때 부산대학교 학생이
라면서 시민을 선동하였다 그래 구름다리에 같이 가자고 하였다
우리는 가지 않았다 조금 있다가 심심해서 그쪽으로 갔었다 그런
데 대학생은 북마산파출소를 가서 앞에 잡힌 학생들을 살리기 위
해 소장님을 납치하자 하였다 우리는 집 가는 방향이고 해서 그쪽
으로 같이 갔다 100명가량 되는 시민들은 애국가를 부르면서 나갔

다 우리는 얼떨떨한 기분에 휩쓸려 밀려나갔다 가니까 순경 아저
씨께서는 완전무장을 하고 올라왔다 우리는 도망을 가면서 돌을
던졌다

답 : 데모한 날짜 시간은 1979.10.19. 22:40분경부터 10.20. 01:30까
    지이고 장소는 마산시 성호동 철길 부근과 도로변이었습니다
(중략)
문 : 부산대학생이란 사람들이 데모시에 어떤 구호를 외치던가요
답 : 부산 왔다는 그 사람들이 약 5명 가량인데 그 사람들이 데모군
    중을 앞에 세워놓고 저의들은 부산서 온 대학생들이다 부산대
    학생이 100여명 올라왔다 그리고 우리 학생이 15명 가량 경찰
    서 잡혀 있다 우리가 힘을 합하여 데모를 하여서 북마산으로
    가서 북마산파출소장을 잡아 인질로 하여 교환조건으로 구출
    하자고 하고 북마산파출소로 가자고 외치고 애국가를 부르길
    래 저의들도 따라 부르고 했습니다
문 : 피의자들과 시위를 한 군중은 주로 어떤 사람들이었으며 몇명
    가량이었던가
답 : 부산서 왔다는 대학생 약 5명 가량과 젊은 청년들 논팽이 같은
    사람과 여자들도 모여 있고 하였으나 그때 눈치를 보니까
    여자들도 대학생(부산) 같았습니다 약 100명 가량 되었습니다

역시 부산에서 왔다는 학생이라면서 학생들을 살리기 위해 파출소장
을 납치하자고 선동했다는 것이다. 그들은 파출소를 향해 애국가를 부
르며 행진하다가 완전무장한 경찰을 피해 도망을 쳤다고 한다. 또 부산
에서 왔다는 젊은 청년들은 '논팽이' 같은 사람과 '여자들'도 있었으며 눈
치로 보아 여자들도 대학생 같았다는 진술이다. 아래 세 번째 학생의 진
술도 같은 내용으로 그 청년들은 23세가량으로 보였다고 한다.

문 : 누구와 같이 불법 시위를 하였나요

답 : 부산에서 왔다는 대학생 5명가량과 학생 시민 합하여 100여 명과 같이 데모를 하였습니다

(중략)

답 : (중략) 구름다리에 가니 군중이 약 100여 명이 모여있고 부산에서 온 대학생이라 하면서 5명가량이 모여 있는 군중 앞에서 지금 부산에서 대학생들이 넘어오고 있고 우리가 여기에서 힘을 합쳐 잡혀간 우리 학생을 구하려면 북마산파출소에 쳐들어가서 소장을 인질로 하여 교환 조건으로 바꾸자고 하니 그 청년들이 앞에 서서 철길을 따라 전 군중이 갈 때 저도 따라서 내려 가서 그 주동 청년들과 군중은 성호동사무소를 통하여 북마산파출소 앞까지 내려가고 저의들은 겁이 나서 성호동사무소 앞에 있으니…

문 : 피의자의 데모 대원 중 부산에서 왔다는 선동 대원을 아는가요

답 : 전혀 모르는 청년인데 연령 23세 가량의 청년 5명이었읍니다

아래는 네 번째 학생의 진술로 부산에서 왔다는 그들 대학생들은 100명 정도 올라 왔다고 했으며 그들은 경상도 말씨를 쓰고 있었다고 한다.

문 : 피의자들과 시위한 군중은 어떤 사람들이며 몇명이 되었는가

답 ; 네 부산대학생이란 젊은 사람과 젊은 청년들과 여자들 일부 모두 약 100명 가량 되였읍니다

(중략)

문 : 부산대학생이라고 자칭하던 데모 대원은 어떤 구호를 외치던가요

답 : 네 그 젊은 청년들이 데모군중을 모아놓고 하는 말이 부산서 온 대학생인데 그 사람들 일행이 100명 정도 올라왔는데 북마산으로 가자 하고 우리들 학생이 5~6명 가쳐 있다 북마산파출소 가서 데모하여 친구들을 구출해 내자 하였습니다

(중략)

문 : 부산에서 왔다는 자칭 대학생이란 사람의 인상착의를 말해 보겠는가

답 : 저가 눈도 나쁘고 밤이고 어두워서 보지는 못하고 말소리만 들었

는데 보통 말소리고 경상도 말소리였읍니다

학생들의 진술은 표현에서 약간 차이가 있지만 모두 같은 이야기를 하고 있다. 부산에서 넘어온 대학생이라고 하는 5명가량의 청년들이, 학생들을 구출하기 위해 파출소를 습격해 파출소장을 인질로 잡아 교환하자고 사람들을 선동했으며 군중들은 노래를 부르며 파출소로 향했다는 것이다. 이틀 동안 격렬한 시위가 벌어져 파출소가 불타고 시가지가 암흑천지가 되고 군인들까지 투입되어 많은 사람들이 잡혀가던, 당시의 상황을 감안한다고 해도 다소 놀라운 이야기가 아닐 수 없다.

그 당시 이들 고등학생들이 보고 들었던 대로 그들이 부산에서 온 대학생이 맞는다면, 부산에서 양일간의 시민 항쟁이 일어나 비상계엄이 내려졌고 마산에서도 그 전날인 18일 큰 시위가 벌어진 상황에서 부산의 대학생들, 청년들이 집단적으로 마산으로 와서 시위에 참여 했다고 하는 사실은 놀라운 일이 아닐 수 없다. 또 그들이 붙잡힌 학생들의 구출 방안으로 파출소장을 인질로 잡자는 이야기도 당시의 정황을 고려한다면 쉽게 납득이 가지 않는다.

현재까지의 자료로는 이들 부산에서 왔다는 청년들에 대해서는 더 이상 알려진 바가 없다.[46] 이들이 경찰에 연행되었는지 여부도 알려진 게 없다. 부산에서 왔다는 그들의 이야기대로라면 당시 항쟁이 지역 단위로 머물지 않고 지역을 넘어 확산되고 있는 양상을 보여준다고 볼 수 있다. 또한 부산 청년들이 마산으로의 연대의식을 보여주었다고도 해석할 수 있다는 점에서 큰 의미가 있는 항쟁의 사례가 아닌가 싶다. 부마항쟁의 다양한 측면을 보여주는 이러한 사례는 앞으로 자료를 더 수집하고

---

46) 추가적인 이야기는 부마민주항쟁증언집 마산편(2011)에 수록된 이창곤의 증언 참조.

연구해야 하는 과제임에 틀림없다.

5. 맺는 말

이상에서 살펴본 바와 같이 마산 항쟁의 쟁점사항들의 진실을 밝히고 의혹을 해소하기 위해서는 관련 위원회의 적극적인 조사 활동과 정부기관의 자료 수집이 무엇보다 중요하다. 또한 항쟁 참여자들의 폭넓은 증언 청취를 통해서 항쟁의 전개과정을 보다 깊이 이해하는 것이 필요하다고 본다.

부마항쟁이 어느덧 37년째를 맞는다. 당시 항쟁에 앞장섰던 이십대 청년은 어느새 예순을 바라보는 나이가 됐다. 그 사이 우리 사회도 엄청난 격변을 겪어왔다. 당시에는 상상도 할 수 없을 만큼 많은 것들이 변했다. 한국사회는 당시와는 정치, 경제, 문화 등 사회의 모든 면이 완전히 다른 사회로 변모한 것처럼 보인다. 하지만 그 변화의 이면에는 또한 본질적으로 거의 변하지 않은 면이 많은 것도 사실이다. 특히 정치권력의 민주화라는 면에서 보면 더욱 그렇다. 정치사회적으로 민주주의를 뿌리내리고 발전시키기 위한 그동안 지난한 투쟁에도 불구하고 우리 사회에서의 민주주의는 아직 토대가 약하다는 현실 또한 인정할 수밖에 없다. 기왕에 힘든 노력 끝에 사회적 합의가 이뤄진 의제조차도 정치적 상황에 따라 무효로 돌려버리려는 정치권력의 횡포를 목도하기도 했다. 사회 여러 분야에서 말 그대로 시계바늘을 거꾸로 돌리려는 퇴행적 움직임까지 있는 게 또한 오늘의 현실이다.

이런 현실을 타개해 나가기 위해서는 부마항쟁을 보다 풍부하게 이해하고 그 역사적 의미를 재정립시켜야 한다. 박정희 유신독재정권의 폭

정에 맞서 싸웠던 부산 마산 시민들의 그 엄청난 에너지의 원천을 발굴
해 나가야 한다.

참고문헌

육군고등군법회의, 『군법회의재판기록 부마사건』 1~7, 1980.

박영주, 「10 · 18 마산민중항쟁의 전개과정」, 『마산문화』 제4권, 1985.

조갑제, 『유고』, 한길사, 1987.

부마민주항쟁기념사업회 외, 『부마민중항쟁10주년기념자료집』, 1989.

이행봉 외, 『부마민주항쟁 연구논총』, 민주공원, 2003.

이은진, 『1979년 마산의 부마민주항쟁 – 육군고등군법회의 자료를 중심으로』,
　　　민주화운동기념사업회 부마민주항쟁기념사업회, 2008.

차성환, 「참여 노동자를 통해서 본 부마항쟁 성격의 재조명」, 부산대학교
　　　박사학위논문, 2009.

민주화운동기념사업회 연구소, 『한국민주화운동사2 – 유신체제기』, 돌베개,
　　　2009.

진실화해를위한과거사정리위원회, 『부마항쟁 과정에서 발생한 인권침해
　　　사건 – 2010년 상반기 조사보고서』, 2010.

부마민주항쟁기념사업회, 『부마민주항쟁증언집』 마산편, 2011.

고동석, 「불안한 유신 말 정국」(권정달 회고록 5共비화(秘話) 1), 『일요서울』
　　　2013.9.2.

정인권, 「부마항쟁 유치준 사망사건을 추적한다」, 『성찰과 전망』 22호,
　　　(사)부산민주항쟁기념사업회 부설 민주주의사회연구소. 2016.

『경남도민일보』 『경남매일(경남신문)』 『경향신문』 『동아일보』 『한국일보』

4장
부산민주항쟁 진압의
법적 정당성 및 지휘체계

이은진

1. 들어가는 말

이 글은 1979년 10월 16일에 발생한 부산민주항쟁을 대상으로 국가의
계엄령발동의 정당성, 그리고 경찰과 계엄군 진압의 지휘방침과 진압의
특성을 밝히려는 것이다. 따라서 10월 18일에 발생한 마산민주항쟁은
논의에서 제외되며,[1] 시위 참가자의 입장이 아니라, 국가 진압체계상의
특징을 주로 다루게 된다.[2] 부산민주항쟁은 실체적 진실과 더불어 규범
적 판단(또는 역사적 판단)이 동시에 진행되는 사건이다. 즉 실체적 진
실에 관련된 사실이 드러나지 않은 상황에서 규범적 판단을 하는 것이
올바른 순서라고는 생각되지 않지만 그렇다고 실체적 진실을 마냥 기다
리기도 어렵고, 규범적 판단이 오히려 실체적 진실을 이끌어 줄 수 있다
는 점에서 조금 대담하게 이 글의 논리를 전개하겠다.

막스 베버는 국가를 '폭력을 독점한 조직'이라고 정의하였다. 또한 헌
법의 역사는 우선 공화정, 즉 절대 권력을 견제하기 위해 등장하였고,
프랑스 혁명 이후에 헌법에 기본권(인권)이 포함되었다. 우리의 헌법도
역시 이와 맥락을 같이하여, 헌법의 앞부분에 국민의 기본권을 규정하
였고, 후반부에 3권분립을 포함한 국민을 지배하는 방식에 대한 규정을
나열하고 있다. 그러나 헌법의 기능을 일시적으로 정지시킬 수 있는 비상
상황(비상사태, emergency state)에 대한 규정 역시, 부산민주항쟁의 진압
과 인권의 문제에 대해서는 핵심적인 이슈를 제공한다. 즉 비상사태 시에
어느 정도까지 헌법을 정지시킬 수 있는가의 문제이다. 이에 대해서는
생명권·민주적 절차·사법적 절차·가족과 같은 태생적 소속집단에 대한
권리에 대해서는 인정하여 다른 권리는 유보할 수 있다는 것이 헌법적

---

1) 마산의 위수령에 대해서는 본서 박영주의 글 참조.
2) 부산시위자들의 탄압 경험을 근거로 체계적인 분석은 본서 김선미의 글 참조.

규범의 세계적인 추세라고 소개하고 있다. 우리는 1979년 부산민주항쟁의 논의에서 바로 이 점에 주목하여 논의를 진행한다.

우선, 계엄령 선포의 내용적 절차적 정당성을 검토하고, 부산지역의 계엄령 선포가 가져온 헌법 기능의 일시 정지가 어느 범위에서 허용되고 어느 범위는 허용될 수 없는가, 인권침해가 이루어졌는가의 문제를 다룰 것이다.

이와 같은 과제는 홍순권[3]이 제시하는 부산민주항쟁의 향후 진실 규명의 과제에서도 지적되었다. 즉 이와 관련하여 계엄령 선포, 그리고 진압의 행태에 대한 평가가 부족한가 하는 것이다. 이 두 가지 이슈 모두, 지배층의 부산민주항쟁에 대한 인식을 기반으로 법적 근거와 진압행태의 근거를 밝히고자 하는 시도이다.

① 부산의 계엄령 선포 및 마산의 위수령 발동과 관련하여 이를 공포하게 된 배경 및 명령계통, 그리고 지휘계통상의 각 책임자를 밝히고 명시해야 한다. 이는 단지 진압에 대한 책임을 묻기 위해서라기보다는 부마항쟁에 대한 당시 정부의 인식과 진압과정에서의 인권 침해 및 이로 인해 발생한 여타사건과의 인과관계를 밝히기 위해 필요한 문제이다.
② 계엄군과 기타 진압부대, 경찰의 배치 현황과 진압행위, 그리고 이로 인한 시위자 및 시민의 피해 상황 등을 가능한 한 정확히 밝힐 필요가 있다. 지금까지 많은 연구나 보고서에서 경찰력 및 군부대 동원과 관련된 대체적인 상황은 밝혀놓고 있으나, 여전히 많은 문제들이 불확실한 상태로 남아 있다. 이 문제의 해결을 위해서는 군과 경찰로부터의 자료조사 협조가 선결과제로

---

3) 홍순권, 「부마항쟁 진상규명의 현황과 평가」, 『부마민주항쟁 진상규명의 쟁점과 과제』(부산민주항쟁기념사업회 주최 학술심포지움 자료집), 2016년 10월 15일, 17쪽.

남아 있다.[4]

계엄령 선포와 이를 이행하는 시위진압에 대한 실태를 파악하기 위해서, 국가기록물이 필수적인 일차 자료가 된다. 그러나 필자는 1차 자료는 직접 활용하지 못했고, 1차 자료를 활용한 2차 자료를 주로 활용했다. 또한 민주화운동 관련자 명예회복 및 보상 심의위원회 자료, 그리고 이를 포함하여 추가 참고인 조사를 행한 진실화해를 위한 과거사 정리위원회를 참조하였다.[5] 물론 당시의 상황을 비교적 1차 자료에 근거하여 작성한 것으로 추정되는, 부산대 학생회 자료, 언론 기자들의 취재를 기반으로 작성된 자료들, 참가 당사자들의 증언들이 주요한 자료로 들 수 있다.[6] 진실 화해를 위한 과거사정리위원회에서 조사한 참고인은 가해자로서 20명의 증언을 청취하려 기록하였다: 경남도지사, 마산보안부대장, 마산경찰서 수사과장 포함 4명, 고성결찰서 수사과 1명, 마산지역위 수사령관, 부산시장, 부산시청소속 3명, 부산보안부대 대공과 근무자 3명, 합동수사단장(부산보안대장), 합동수사단 파견 1명, 부산지역 계엄사령관, 해병대 소대장 외 해병대원 1명. 그러나 공수여단과 관련된 인사, 그리고 부산지역 경찰관계자 조사가 없다.[7] 이 글에서 진압의 핵심적 축으로 부산경찰이 등장하고(3절), 그리고 계엄군 중에서는 공수부대의 진압이 가장 핵심적인 논쟁거리를 제공하는 것에 비추어 보면(4절), 핵심적인 자료가 부족함을 알 수 있다. 그럼에도 불구하고, 현재 진행 중인 정부의 부마민주항쟁 조사위의 정보가 가용하지 않고, 앞으로도

---

4) 홍순권(2016), 18쪽.
5) 2009.12.29 조사 개시, 「부마항쟁과정에서 발생한 인권침해 사건」(라-8645, 8688).
6) 홍순권(2016), 11쪽.
7) 홍순권(2016), 12쪽.

가용하지 않을 것으로 예측되므로, 1차 국가기록 문서 자료의 한계를 인식하면서, 본문을 작성하였음을 고백한다.

2. 계엄령의 법적 정당성

1979년 10월 16일부터 시작된 시위에 대해 정부는 10월 18일 자정을 기해 부산지역 일원에 계엄령을 선포한다. 계엄령 선포는 박정희 대통령의 담화, 계엄사령관 임명, 계엄포고문 발표로 이루어져 있다. 또한 외교사절에 대해 브리핑을 통해 계엄령 선포의 배경을 설명하였다. 계엄령의 발포는 국가 비상사태에 일시적으로 국민의 기본권을 제한하고, 군대가 경찰이 전담하고 있는 치안활동을 담당하는 것을 의미한다.

계엄령 선포의 법적인 정당성은 내용적 정당성과 절차적 정당성으로 나누어서 검토한다. 내용적 정당성이란 과연 당시 비상사태에 대한 정의의 문제, 그리고 절차적 정당성이라 계엄령 선포과정의 절차가 정당하였는가를 검토하는 것이다.

1) 계엄령 선포의 내용적 정당성

내용적 정당성을 검토하기 위한 자료는 계엄령과 위수령 선포 당시의 박정희 대통령의 담화문, 위수령을 선포할 당시의 배경 담화문, 국무회의 심의 중에 검토한 내용, 국무위원들의 의견 개진, 또는 부마항쟁 사건의 목격한 인사들의 증언을 중심으로 판단한다. 내용은 법적 근거의 검토, 비상계엄의 원인이 되는 대내외적 상황 검토, 공공질서 파괴의 문제, 경찰의 질서유지 능력 평가, 그리고 타 지역으로의 확산 우려 등에 대한 항목을 평가함으로써 비상계엄 발포의 형식상, 그리고 실질적 원인을 분석한다.

계엄령은 군대가 경찰을 대신하여 치안책임을 맡는 것은 물론이고, 헌법에 보장된 기본권이 일시적으로 정지되는 것을 의미한다. 기본권의 정지는 계엄 포고문 1호에 적시되어 있다.

> 자료: 계엄 포고문 1호[8]
> 모든 집회와 시위 등 단체활동 금지(관혼상제와 의례적인 비정치
>   적 행사는 허용),
> 언론출판 보도 방송은 사전 검열,
> 대학 휴교
> 유언비어 날조와 국론분열 언동은 엄금
> 사업장이탈 태업금지,
> 야간통행금지 연장(22:00~04:00).
> 이 포고를 위반하는 자는 영장 없이 체포 구금, 압수 수색한다.

포고문 1호는 단체활동 금지, 언론 출판의 사전 검열, 반정부적인 정치적인 견해의 표명 금지, 노동자의 단체행동권 행사 금지, 영장 없이 체포와 구금 가능이 핵심적인 법률 유보사항이고, 이러한 목적 달성을 위해 대학 휴교와 통행금지 연장을 선포하고 있다. 따라서 일반적으로 자연권적으로 불가침의 인권이라고 지칭되는 자유로운 의사표명과 언론의 자유, 이를 통해 정치적인 문제에 대한 공론화의 가능성 봉쇄, 사법적 조치애서 영장 없이 인신구속이나 압수수색이 가능하다는 점이 국제적인 관행과 어긋나는 것으로 판단된다. 그러나 단체행동의 금지는 비상사태에서 취해질 수 있는 조치로 이해되고 있다. 이를 좀 더 법적

---

8) 『동아일보』 1979.10.18.

근거를 기반으로 분석해 보자.

(1) 법적 근거

계엄령의 선포는 1949년에 제정된 계엄법에 근거하고 있다.

계엄령 선포의 헌법상의 근거는 당시 헌법 제54조 "전시 사변 또는 이에 준하는 비상사태에 있어서 (3) 병력으로써 군사상의 필요, 또는 공공의 안녕질서를 유지할 필요가 있을 때에는 대통령이 계엄을 선포할 수 있다"로 되어 있다. 비상계엄은 전쟁 또는 전쟁에 준한 사변에 있어서 적의 포위공격으로 인하여 사회질서가 극도로 교란된 지역에 대통령이 선포하는 계엄령(계엄법 1장 4조)으로서 경비계엄보다 더욱 중요한 사태에 선포되는 것이다. 국회에 통고하고, 국회가 폐회 중일 때는 즉시 국회에 집회를 요구한다. 헌법상 근거에 따르면 당시의 상황이 ① 전시 사변에 준하는, 사회질서가 극도로 교란된 상황이 부산에서 발생하였다는 점, ② 동시에 병력을 동원하여 공공의 안녕질서를 유지할 필요가 있었던 상황이라는 요건을 충족시켜야 비상계엄 선포의 법리적 요건이 충족된다고 볼 수 있다.

계엄이 선포되면, 행정, 사법 업무를 계엄사령관이 집행하게 된다. 따라서 부산민주항쟁 시기에 계엄이 선포된 부산시 일원은 계엄법 11조에 따라, "계엄사령관이 모든 행정 사무와 사법 사무를 관장하며, 계엄사령관은 영장제도, 언론출판 결사의 자유, 정부나 법의 권한에 관하여 특별조치를 할 수 있다"로 되어 있다. 계엄지역에서 계엄사령관은 군사상 필요할 때에는 체포·구금·수색·거주이전·언론·출판·집회 또는 단체행동에 대하여 특별한 조치를 취할 수 있으며 군법회의에 회부되는 죄, 내우외환, 국교 등 25종의 죄에 대해서 군법회의에 회부. 국방부장관의 지휘를 받는다.

즉 계엄령은 헌법 질서의 근간인 3권 분립, 사법절차, 기본권을 일시적으로 정지시킬 수 있는 권한을 가진 셈이다. 따라서 적어도 비상사태는 일반적인 국제적인 권고 사항은 충분한 논의와 합의를 전제로 이루어져야 한다고 지적하고 있다. 그리고 사법절차를 정지시킨다고 하여도 사법절차는 자의적으로 진행하는 것을 허용하는 것은 아니라고 규정하고 있다. 이런 면에서 계엄령 선포 자체는 정당성이 부족하였다고 판단하는 것이 논리적 귀결이다.

박정희 대통령은 18일 0시를 기해 부산에 비상계엄을 선포하고 공수부대를 투입했다. 공수부대를 투입한 것에 대해서는 공수부대이외의 전투병력은 한미연합사의 작전통제를 받고, 공수부대는 한미연합사가 아닌 육군참모총장의 지휘만으로도 이동이 가능하기에 취한 조치로 이해한다. 18일 0시를 기해 계엄이 의결되었지만, 발표는 18일 아침에 공표되었다. 중앙청에서 최규하 국무총리 주재로 국무회의가 개최되었고, 여기에서 의결되었으며. 정부대변인 김성진 문공부 장관이 발표[9]한 것이다. 부산지역 계엄이기는 하지만, 타 지역에서도 부산의 시위에 대해 보도하는 것을 검열하는 것도 같은 계엄령의 일환으로 공표되었다. "비상계엄지역이 아닌 서울 등 여타지구라 하더라도 부산일원에서 발생하는 사태에 대해언론출판 각종 도서는 검열을 필한 것만 보도해야 한다…검열을 필하지 아니할 경우, 소정의 법에 위배되므로 법의 처벌을 받게 될 것이다."

자료 : 의안번호 911, 국방부, 1979.10.18, 비상계엄 선포(안)[10]
　　　의안번호 912, 총무처, 1979.10.18, 정부인사 발령 (안)을 상정하여,

---

9) 『동아일보』 1979.10.18.
10) 국방부가 발송시간을 13시로 날인.

처리 된 것은 1979.10.18, 오전 7시 10분으로 접수처리. 78회 국
무회의로 표기(아마도 자정이 넘어서 회수가 바뀐 것으로 추정),
'구두 발의 후 사후 보완' 한 것으로 기록되어 있다. 따라서 문서
화된 발의 내용은 없고, 구두로 발의가 이루어졌고, 사후에 문서
로 보완할 것이라는 점을 밝힌 것으로 이해한다. 그러나 사후에
문서로 보완이 이루어졌는지는 확인되지 않고 있다.

제안 이유: "'79.10.16 - 17(2일간)에 걸쳐 부산직할시 일원에서 학생
들의 소요사태가 발생하여 중요한 공공시설의 파괴 및 인명 피
해발생으로 시일원의 치안질서가 극도로 교란되어 일반 행정기
관으로서는 사태 수습이 곤란하므로, 즉시 군병력에 의하여 공
공안녕질서를 유지하고 나아가 시민의 생명과 재산을 보호하기
위하여 헌법 제54조 및 계엄법 제1조, 제4조의 규정에 의거 비상
계엄을 선포하고자 하는 것임.

비상계엄, 부산직할시 일원, 1979년 10월 18일 00시부터 평상사태
로 회복시까지.

　　　　　　　　　계엄사령관: 육군 군수사령관 육군중장 박찬긍

비상 계엄사령관을 지역 작전 업무를 맡고 있는 부산 주둔 2관구 사
령관이 아닌 지원업무인 군수사령관을 임명한 것에 대해서는 이유가 분
명히 확인할 수는 없다. 다만 현재까지 자료로 추정이 가능한 것은 ①
2관구 사령관은 비상계엄을 하여 군을 투입시킬 상황이 아니라고 판단
하고, 이를 청와대에 보고하였다는 점. 따라서 청와대의 입장에서는 유
화론자로 비추어져 비상업무가 요하는 시위대에 대한 선제적 공포심을
유발하는 강력한 타격을 가할 수 없다고 판단했을 가능성이 가장 높고,
② 혹자는 군수사령관이 김재규 중앙정보부장과 친분이 많으므로, 군수
사령관을 계엄사령관으로 임명했다는 점을 지적한다. ③ 또 하나의 가
능성은 2관구 사령관은 소장이고, 군수사령관은 중장이므로, 계급이 높

은 사람을 임명했을 가능성이다. 이에 대해서는 필자도 군의 지휘관행에 대해 무지한 상황이라 판단을 유보하면서 가설로서 제시한다.

　자료: 계엄사령관 임명 문제점[11]

　　계엄사령부, 『계엄사』[12]에 의하면, "부산지역 작전책임을 맡고 있는 2관구 사령관이 계엄사령관으로 임명되지 않은 점"을 교훈으로 삼아야 할 것으로 정리하고 있다.[13] 조갑제는 박찬긍과 김재규의 개인적 친분(김재규가 3군단장 시절 휘하의 사단장)과 동시에 차지철이 박찬긍에 계엄사령과 임명을 통고한 사실을 서술하고 있다. 그러나 무엇이 잘못되어 교훈을 삼아야 하는지에 대해서는 좀 더 확실한 자료 검토가 이루어져야 한다.

(2) 대내외적 위협

　박정희 대통령의 담화문은 국가 현실의 엄중함을 지적하고, 시위가 난동으로 바뀌어서 공공질서를 파괴하였다는 점을 지적한다. 이때 국가 현실의 엄중함이란 국제정세, 북한의 무장 강화, 무장스파이의 남한 침투를 가리킨다.

　① 아마도 국제정세라 함은 중국과 미국의 유화적 국면으로의 진입, 카터 미국정부의 인권중시 외교정책을 의미하고,

　② 북한의 무장 강화, 무장스파이의 남한 침투는 뚜렷한 근거를 찾기는 어렵지만, 방증을 찾을 수는 있다. 즉 당시 북한 역시, 시장경제체제의 도입, 남한에 대한 무장 도발의 약화, 스파이 침투의 약화가 진행되

---

11) 김선미, 「부산의 항쟁: 저항, 진압, 피해」, 『부마민주항쟁 진상규명의 쟁점과 과제』(부산민주항쟁기념사업회 주최 학술심포지움 자료집), 2016년 10월 15일.

12) 민사군정감실 계엄사 편집위원회, 『계엄사: 10.26 사태와 국난극복』, 육군본부, 1982.(이하 『계엄사』로 표기)

13) 『계엄사』(1982), 14쪽.

고 있었다. 다만, 무장 스파이의 남한 침투는 당시 남민전 사건에 대한
수사가 대대적으로 진행되고 있었던 점에 비추어 보면, 이를 가리킨 것
으로 추측할 수 있다. 그러나 남민전 사건에 대해서는 미국 대사관이나,
사후적 실체적 조사결과에서도 알 수 있듯이 자생적 조직이었고, 북한
연계가 적었던 점만은 분명하게 드러난 것으로 판단된다. 이 점에 비추
어 보면, 박정희 대통령의 담화문은 국제정세와 북한의 위협을 과장하
여 계엄령을 선포한 것으로 판단할 수 있다.

남민전 사건에 대한 10월 16일 발표:
구자춘 내무장관은 10월 16일, 남민전 사건 추가 수사결과를 발표.

남민전 사건에 대한 자료:
1976년 2월, 이재문, 신향식, 김병권 등이 대한민국의 민주화와
민족해방을 위해 남조선민족해방전선준비위원회(남민전)를 비밀
리에 조직한다. 1977년 1월, 유신체제를 비판하는 유인물 민중의
소리를 여러 차례 배포하는 등 반유신투쟁을 전개하고, 민청학련
등 학생운동가들을 중심으로 청년학생위원회를 조직한다.
무장혁명을 목표로 하였으며, 김일성에게 충성편지를 보내고,
예비군 훈련장에서 총기를 밀반출해 비축하고, 사제폭탄을 제작하
던 중 민투위 강도 사건으로 수사를 받게 된다.
1978년부터 1979년 4월 동아건설 회장 최원석의 자택 등 서울 강
남 일대에서 벌어진 강도, 절도 사건을 수사하는 과정에서 확대됐다.
1979. 10 17일 한국 언론은 남민전 관련 25명을 구속했다고 보
도. 수배자 76명 중 45명을 체포했다.
1979년 10월 4일부터 11월까지 이재문, 이문희, 차성환, 이수일,
김남주 등 84명의 조직원이 구속되었다. 공안기관은 이를 '북한공
산집단의 대남전략에 따라 국가변란을 기도한 사건', '북한과 연계
된 간첩단 사건', '무장 도시게릴라 조직' 등으로 발표, 국가보안법

및 반공법 위반 등으로 처벌하였다.

2006년 3월, 노무현 정권에서, 민주화운동보상심의위원회가 남민전 사건 관련자 29명을 민주화운동 관련자로 인정했다. 반면에 경찰청 과거사 진상위원회는 법원판결을 인용하였다.

당시 주한 미국 대사 Gleysteen은 "조작되었는지 확인되지 않고 있다"고 보고(미 국무부에 1979. 10. 17 전문)하나, 그렇다고 한국 정부의 신뢰도를 믿지는 않는다(한국 정부의 credibility는 low).

그러나 정세 인식에 대해서는 당시에 정보 관련 총 책임자였던 김재규 중앙정보부장의 증언이 공식적으로 체계적이고 종합적인 판단을 한 것이라고 볼 수밖에 없다. 왜냐하면, 중앙정보부가 부산 민주항쟁에 대한 종합보고서를 작성하고 이를 10월 22일(월요일) 국무회의 석상에서 보고한 주체이기 때문이다. 물론 보안사나 경찰, 행정기관, 교육부 등도 자신들의 관할 업무에 관련하여 보고서를 작성한 것으로 파악되고 있으나, 정부 전체적으로는 중앙정보부가 종합 상황 평가의 최고 책임부서였다는 점만은 분명하다. 김재규가 부산에 내려간 시점에 대해서는 17일 밤과 18일 밤 등 2회 정도 내려온 것으로 파악된다. 그러나 김재규의 정보는 자신이 직접 목격한 것만을 토대로 했다기보다, 종합정보수집과 판단을 위한 조사 권한을 가졌으므로, 광범위하게 정부기관을 상대로 정부수집을 한 결과를 판단한 것으로 보는 것이 정확할 것이다.[14]

계엄사 합동수사단의 여론조사 결과, 국민 저변에는 정치적, 경제적 불만과 정부에 대한 불신풍조가 도사리고 있음이 확인하였다.[15]

김재규 중앙정보부장의 판단은

14) 김재홍,『박정희 살해사건 비공개진술 전 녹음 (하)-대통령의 밤과 여자』, 동아일보사, 1994, 339쪽.
15) 한용원,『한국의 군부정치』, 대왕사, 1993, 348쪽.

정부가 근본적인 수습책을 내놓지 않으면 부마항쟁이 전국 5대 도시로 확산될 것"이었다. 즉 부마사태의 원인은 "상세하게 조사하여 본 바 있습니다만, ⋯ 민란의 형태. 불순세력이나 정치세력의 배후조정이나 사주로 일어난 것이 아니라 순수한 일반 시민에 의한 봉기로서, 시민이 데모 대원에게 음료수와 맥주를 날라다 주고, 피신처를 제공하여 주는 등, 데모하는 사람과 시민이 완전히 의기투합하여 한 덩어리가 되어 있었고, 수십 대의 경찰차와 수십 개소의 파출소를 파괴하였을 정도로 심각한 것이었습니다. ⋯ 체제에 대한 반항, 정책에 대한 불신, 물가고 및 조세저항이 복합된 문자그대로 민란이었습니다.16)

요약하면, 부산민주항쟁의 원인은 외부의 사주가 아닌 내부에서 스스로 일어난 것이며, 이는 체제에 대한 저항, 즉 국내적인 요인에 의한 것이었다고 지적하고, 따라서 이러한 소요사태는 전국적으로 확산될 것이라고 예측한 것이다.

당시 주한 미국 대사인, Gleysteen은 "부산의 시위는 이전과 다르다. 시민이 합세. 그리고 정부가 공식 성명을 내고, 이를 보도케 했다. ⋯ 오늘은 유신 7주년 기념일"이라고 보고했다.17) 즉 유신 7주년을 맞아 이에 대한 저항으로, 이전의 학생위주의 시위와는 다르게 시민 일반이 참여하여 저항하였다는 점을 강조한다. 그리고 정부의 대응에서도 이를 보도케 했다는 점을 지적한다. 보도하게 하였다는 점은 오해의 소지가 있다. 즉 당시에 보도를 이미 통제하고 있었고, 매우 간략하게만 보도되었기에 그렇다. 보도 통제상태라는 점이다.

박정희 정권의 입장에서는 내적인 요인이 더 강하지만, 외부적인 요인을 나열하면서 상황을 설명하려고 하였다. 내부적인 요인은 유신체제

---

16) 김재규, 「항소이유 보충설명서」, 1980.1.28.
17) 미 국무부에 1979. 10. 17 전문.

그 자체였음을 김재규 중앙정보부장은 공식적으로, 그리고 주한 미 대사는 암시적으로 지적하고 있다.

(3) 질서의 파괴

소요의 원인에 대해서는 세 가지 발표 내용으로 구분된다. 즉 계엄령 선포와 동시에 18일 오전에 발표된 대통령 특별담화내용, 비공식적으로 표현한 박정희 대통령의 견해, 그리고 외교사절에게 해명한 내용이 그 것이다.

① 박정희는 담화문에서 부산의 상황의 원인을 지각없는 일부학생과 이에 합세한 불순분자로 지칭하고 있다.

> 부산에서 지각없는 일부 학생들과 이에 합세한 불순분자들이 이 엄연한 국가 현실을 망각, 외면하고 공공질서를 파괴하는 난폭한 행동으로 사회혼란을 조성하여 시민들을 불안케 하고 있음은 개탄을 금치 못할 것입니다.

> 오로지 악랄한 선동과 폭력으로 사회질서를 파괴하고 국리민복을 해치며 헌정기본 질서를 위태롭게 하는 불순분자들의 일체의 경거망동과 불법행위를 발본색원하자는 데 계엄선포의 목적이 있다.

> 상황에 대한 판단 :
> 정부는 이와 같은 반국가적 반사회적 행동을 국가의 기본질서와 안전보장을 위태롭게 하는 중대한 위협이라고 보고, 우선 질서회복을 위해서 최선의 노력을 다했지만, 사태는 마침내 난동 소요로 화했다고 판단하기에 이르렀습니다.

② 그러나 박정희는 내부적인 비공식석상에서, 김영삼과 이를 추종하는

세력들이 일으킨 소요로 해석하고 있다. 부마항쟁이 자발적인 반정부 민중봉기가 아니라, 신민당의 조종에 의해 일어났으며, 식당보이나 똘마니, 그리고 깡패 등에 의한 단순한 소요로 본 것이다.[18]

　계엄사의 합동수사단의 업무 중에는 야당 인사에 관련한 조사 업무도 포함된 것으로 보아, 야당과의 연관성을 캐려고 한 시도가 있었던 것으로 파악된다. 즉 합동진상조사단 신민당(당시 제1야당) 한의영 사건, 통일당(당시 제2야당, 1978년 총선에서 국회의원 3명 당선) 권상협 사건, 양서조합 사건 등을 처리하는 업무도 맡고 있었다.

　김재규 중앙정보부장도 부산민주항쟁의 요인 중 하나를 야당에 대한 탄압으로 암시하고 있다. 이에 따라 해결책을 제시하면서 야당에 대한 탄압을 완화시킬 것을 주장한다.

　자료:
　　김재규 중정부장은 부산 현지에 내려가 사태를 살폈다. 현지의 공안기관들도 단순히 소수 불만세력의 데모가 아니라고 보고했다.
　　그는 공안기관들의 보고를 종합해 긴급조치를 완화하고 신민당 문제도 풀어주면서 민심을 수습해야 한다는 남산의 대책안을 박대통령에게 올렸다…. 박정희 대통령은 중정부장 김재규에게 김 총재를 구속해야 한다면서 부마사태가 더 악화되면 발포명령을 내리겠다고 말했다.[19]

　③ 또 하나 구분되는 내용은 한국 외무부가 외교사절에게 계엄령 선포

18) 조갑제(1979년 당시 국제신보 기자), 『유고』 2, 1987, 124쪽.
19) 김재홍, 「서울 사태나면 발포명령? 간담이 서늘했다」, 김성태 엮음, 『의사 김재규』, 매직 하우스, 2012, 115쪽.

를 설명할 때, 시위는 약간 조직적, 약간 자발적이라고 표현하였다.[20] 즉 조직적이기도 하지만, 시민들의 자발적인 참여도 이루어지고 있다는 점을 부분적으로 인정하였다. 따라서 박정희 특별담화의 불순분자의 난동은 외교사절 설명에서는 시민들의 자발적 참여로 번역되어 설명되었다.

소요의 주체에 대한 논란보다는 오히려 계엄령의 선포 근거는 공공질서의 파괴 정도에 달려 있다. 이에 대해서는 당시 17일 밤에 이루어진 국무회의 석상의 논란을 인용할 수 있다. 10월 17일 오후 11시 30분에 소집된 국무회의에 참석한 인사들 중, 적어도 문교부 장관, 그리고 내무부 장관은 부산 현장을 방문한 후에 참석한 인사들이었다. 또한 당시 부산지구 계엄사령관을 맡았던 인사 역시 계엄선포에 대해는 부정적인 것으로 판단하고 의견 개진을 하였다고 진술하고 있다. 계엄선포 후에 부산지역을 방문한 김재규 중앙정보부장은 민란이었다고 표현하였지만, 그렇다고 사회질서가 파괴되었다는 점보다는 학생만이 아니라 일반 시민도 가세한 시위였다는 점을 강조하고 있다. 이들은 공공질서의 파괴가 있었다는 점은 인정하지만, 그렇다고 군이 투입될 정도의 계엄령 상황은 아니었다는 점을 지적한다.

자료:
　　헌법 54조, 계엄법 1조, 제4조의 규정에 의하여 국무회의 심의를 거쳐 비상계엄선포에 관한 건을 이에 공고한다. 대통령 박정희. 1979. 10. 18.

　　10. 17. 23:30 - 10. 18. 00:20
　　20명 출석: 국무총리 최규하, 위원 경제기획원 장관 신현확 외 19명 장관

---

20) 미 대사관에서 미 국무부로 1979.10.19 전문.

　　심의환 총무처장관 결석, 대리출석 총무처장관, 배석 법제처장,
원호처장, 서울특별시장, 국무총리비서실장
　　대통령 결석. → 결석 2명. (대리 출석 청와대 김태호 비서관)
　　배석해야 하나 결석: 김계원 대통령 비서실장, 총무처 차관, 김
영옥 국무총리 기획조정실장, 행정조정실장 최창락.
　　간사: 총무처 총무국장 서병기
　　회의록에는 토론 내용 없이 원안대로 의결하다고 기록.

　　16일에 이어 10월 17일 부산의 시위는 더욱 폭력적으로 이루어 졌다.
그리고 이날 시위는 학생과 유동적인 젊은 시민들이 합세한 시위였다는
점에서 가장 격렬하였던 것으로 평가된다. 이는 시위의 규모가 아니라,
시위의 강도를 의미한다. 따라서 관공서와 경찰서, 어용언론 기관들에
대한 이유 있는 공격과 방화가 이루어진다. 그럼에도 불구하고, 이 광경
을 목격한 정부 측 인사들이 군대가 개입하지 않아도, 질서유지가 가능
하다고 본 이유를 추정할 수 있다. 우선 ① 공공기관의 방화가 이루어
졌지만, 무기고의 습격이 이루어지지 않았다는 점, ② 시위가 우발적이
고 즉흥적이고 조직적이지 않아 장기간 지속될 것으로 판단하지 않았다
는 점, ③ 시민들이나 학생들이 시위 중에도 자체 질서유지를 위해 노력
했다는 점을 들 수 있다. 따라서 공공질서의 파괴가 이루어 졌어도 국가
변란수준은 아니었으며, 조직적이지도 않고, 자제하는 분위기가 시위
중에 노출되었다는 점도 고려해야 할 것이다.

　　자료 1:
　　데모의 특이 양상: 20세 전후 사회빈곤 청년들의 대규모 합세[21]

---

21) 부산시경, 「부마민주항쟁에 대한 자체 분석 보고서」(정인권, 「부마항쟁 유치
　　준 사망사건을 추적한다」, 『성찰과 전망』 22호, (사)부산민주항쟁기념사업회
　　부설 민주주의사회연구소. 2016, 104~105쪽 재인용).

자료 2:

　중부경찰서 경찰은 10월 17일 학생시위대를 1,500명으로 파악했다
(실제는 2,500명 선). 그리고 도시 룸펜청년의 시위가담을 보고했다.[22]

(4) 경찰의 질서 유지 능력

　앞서 문교부 장관과 내무부 장관은 경찰의 인력으로 질서 유지가 가
능하다는 점을 강조한 셈이고, 중앙정보부장은 민란을 강조한 점에 차
이가 있다. 따라서 박정희 대통령이 공공질서의 파괴를 이유로 군대 동
원하는 계엄령 선포를 내린 결정은 적어도 현장을 목격하거나 시찰한
국무위원들의 견해와는 상치되는 것은 확실하다. 그렇다면, 박정희 대
통령이 입수한 사회질서 혼란에 대한 정보는 국무위원이 속한 부처가
아닌 다른 정보기관이나, 비선정보원을 통한 정보에 근거했을 것으로
판단할 수 있다. 실제로 비상계엄은 17일 오후 6시 이전에 차지철 경호
실장에 의해 어느 정도 확정된 것으로 추정할 수 있다. 그렇다면, 박정
희 대통령의 판단은 차지철 경호실장의 판단에 의존하였다고 해석할 수
있다.

자료 1:

　10월 17일 오후 3시, 부산 시청에서(현재 롯데 백화점, 부산 제2
롯데), 구자춘 내무부장관이 기자회견, "경찰병력을 충분히 증강시
킬 수 있다"고 강조.

자료 2:

　부산 현지에 있던 2관구 사령관도 군을 투입할 필요가 없다고
보고했지만 소용없었다.[23]

---

22) 부산대 총학생회, 『거역의 밤을 불사르라, 10월 부마민중항쟁사』, 1985, 52쪽.

(5) 타지역으로 확산 우려

당시 대통령, 중앙정보부장, 주한 미국 대사 등이 모두 암묵적으로 합의하고 있는 내용은 부산마산의 시위사태가 심각한 것이 아니라, 이것이 인접 지역이나 다른 지역으로 확산되는 전이현상을 가장 우려했던 것으로 드러난다. 즉 온건하게 진압한다면, 다른 지역으로 확산되므로, 비상계엄을 선포하고, 선제적으로 시위대를 가격하여 다른 지역의 잠재적 시위참여자들에게도 공포심을 갖게 하여 자제케 하려는 의도가 가장 강했다고 볼 수 있다.

김재규 중앙정보부장의 견해:

유신체제가 출범한지 7년이란 세월이 흐르는 동안, 점점 누적된 유신체제에 대한 항거하는 국민의 생각은 온 나라에 아주 팽배하게 되었습니다. 부마 사태는 좋은 증거입니다. 이것은 삽시간에 5대 도시로 번지게 되어 있습니다… 부산사태를 돌아보고 보고를 드렸더니, 각하의 결심을 말씀하셨습니다. 앞으로 만일 서울에서 이런 사태가 발생하면 내가 발포명령을 하겠다.[24]

박정희 대통령의 견해 자료 1:

박정희 대통령은 다른 지역에서 시위가 점화되는 것을 방지하지할 목적으로 부마항쟁을 '선동과 폭력으로 사회질서를 파괴하고, 국리 민복을 해치며, 헌정기본질서를 위태롭게 하는 불순분자들의 책동에 의한 일부 학생들의 경거망동'이라고 보았다.

23) 서중석 인터뷰, 「부산에서 분노 폭발했는데 잔치 벌인 청와대」, 『프레시안』 2016.7.13(http://www.pressian.com/news/article.html?no=139007&ref=nav_search).

24) 마지막 재판정에서 진술한 것(1980.1.24). 김재홍(2012), 167쪽 재인용.

박정희 대통령의 견해 자료 2:
　박찬긍 육군중장, 부산지역 계엄사령관, 진실화해위 심문조서.[25]

　부산지역 계엄사령관은 당시 중앙정보부장 김재규로부터 박정희 대통령의 지침을 전달받았는데, 지침의 내용은 '전국적인 파급효과가 우려되므로 조속한 시일 내에 시위를 종결시켜라.(강경진압) 계엄선포 전까지 학생시민 약 1000여 명이 연행되었는데, 빨리 분류하여 처리하라'는 것이었다.

미국 대사의 자료:
　한국의 국방장관은 미국 대사에게 18일, 상황은 장악했고, 조만간 계엄을 해제할 것이다.[26]

미 대사관의 읽기:
　계엄령은 통제 불가능의 상황에서 선포하였고, 경찰로서는 불가능하다고 판단한 것이다. 그러나 전체적으로 불가능한 것이 아니라, 부산의 사태가 다른 곳으로 번지면, 전체적으로 불가능하다는 뜻이다. 따라서 선제적으로 억제하는 효과를 위해 발동한 것으로 이해한다.

　이만섭(당시 10대 민주공화당 국회의원)은 당시의 상황을 논리적으로 역전시켜, "만약 부마사태를 강경진압했다면, 이는 4·19처럼 서울까지 번졌을 것"이라고 진술한다.[27] 이는 강경진압의 의미를 1980년 광주민주항쟁처럼 군인에 의한 시위대 살상을 의미한다고 해석할 수 있다. 그렇

---

25) 정인권(2016), 117쪽.
26) 미 대사관에서 미 국무부로 전문, 1979.10.18.
27) 최성진, 「김재규가 쏘지 않았다면」, 『한겨레 21』 2009.10.26, 54쪽.

다고 부산민주항쟁이 강경진압이 아닌 것으로 해석하는 것은 오류이다.

2) 계엄령 선포와 발동의 절차적 정당성

계엄령은 1972년(유신선포시기) 이후 처음, 학생시위에 계엄령을 내린 것은 1964년 한일협정반대 투쟁에 이어 두 번째에 불과하기 때문에 계엄령의 결정과정도 규명이 필요하다. 따라서 조갑제의 서술처럼 박정희의 결단이었는지, 구체적인 과정이 어떠했는지 등에 대한 관심이 필요하다.[28]

절차적 정당성은 법적 근거, 이 근거에 기초한 국무회의 회의 의결, 대통령의 선포, 선포 후의 국회 추인 등의 절차를 의미한다. 법적인 근거에 대해서는 앞서 내용적 정당성에서 검토하였다. 국무회의 의결 절차에 대해서는 두 가지 점에 주목한다. 하나는 국무회의 소집과 국무회의 내용, 두 번째는 국무회의 전에 이미 계엄령이 선포될 것이라는 점을 전제하고 군대의 진주, 경찰의 대시민 계엄령 선포 홍보를 개시하였다는 점이다. 우선 국무회의 소집에 대해서는 명백하게 청와대에서 시작하였다. 당시 10월 17일 유신헌법 선포 기념 만찬과 유흥행사에 참석한 대다수의 국무위원들은 만찬 당시만 해도 전혀 정보를 입수하지 못한 상황이었다. 그리고 한두 시간 만에 오후 11시 국무회의 소집을 명하고, 그러나 일부 국무위원들이 국무회의에 참석치 못하여, 11시 30분에 회의를 개시하고, 20분(회의록에는 50분) 이내의 회의 후에 계엄령 선포를 의결하게 된다. 이는 아주 보수적인 추정이므로 실제는 이 보다도 더 요식적으로 진행되었을 가능성이 매우 높다.

---

28) 김선미(2016), 42쪽.

두 번째 점은 부산에 계엄군이 진주하기 시작한 시점은 이미 10월 17일 오후 9시 전으로 추정되고 있다. 이는 시민들의 목격과 경찰의 보고, 시청의 상황보고를 기반으로 한 것으로 확정적이다. 다만 이들 군대가 부산지역 2관구 사령부 산하 군대가 먼저 진입하고, 이후 특전사, 해병대의 순서로 진입한 것으로 판단된다. 명확한 점은 이들 군대 모두 10월 18일 0시 이전에 부대를 출발하여 부산으로 향했다는 점, 그리고 계엄 선포 이전에 군대의 배치가 시작되었다는 점은 분명하다. 다만, 군대가 진압에 참여한 것은 우발적인 것이었거나, 아니면 현장 판단 근거하여 이루어졌을 가능성은 있다. 여기서 분명한 점은 계엄령 선포 전에 군대의 준비를 위한 이동이 시작되었고, 일부는 선포 전에 부산에 진입하였으며, 또한 진압에도 참여하였다는 점이다.

(1) 17일 오후 9시 이전

해병대는 연합사의 예비부대로, 미 8군의 지시를 받는다.[29] 이를 통해 해군 참모총장(2차장 김정호 차장이 해병대 관할)의 지휘를 받는 것이 공식적인 지휘 라인이다. 그러나 이와 같은 공식 라인에 대해서는 추정만 할 뿐 입증할 수 있는 자료는 현재 가용하지 않다.

10월 17일 해병대 출동상황을 역으로 추정한다면, 오후 6시 퇴근시간 이전에 적어도 군지휘계통을 통해 비상계엄 준비가 진행되고 있다고 보여진다. 아마도 16일의 부산시위상황, 그리고 17일 오전의 동아대 시위 상황을 근거로 판단했을 가능성이 높다. 그러나 구체적으로 명령 지휘 계통을 찾기는 현재의 가용자료로는 곤란하다.

당시 최기덕 해병대 1사단의 사단장은 해병대 부대에 10월 17일에 지

---

29) 이재돈(당시 포항 해병사단 상황실장), 「증언」, 민주주의 사회연구소 엮음, 『치열했던 기억의 말들을 엮다, 부산편 1』, 부마민주항쟁기념사업회, 2013, 492쪽.

휘관을 정위치로, 퇴근 못하게 지시하였다. 따라서 상황실에서는 18일 자정(0시) 전부터 준비하고, 1개 연대, 1개 대대는 보내야 할 것으로 예측하였다.[30]

10월 17일 오후 6시 출동명령을 받았는데, 목적지는 부산대학이었다. 대략 8시경 상당히 어두워진 시각에, 포항에서 450명 병력(차량 30대 분량: 앰브란스, 지휘차량, 병력수송차량, 탄약·식량·장비 등 화물 차량)이 선발대로 출발하였다.[31] 부산에 파견된 해병대 병력은 1개 연대 (1,500명 이상)으로,[32] 18일 자정 0시 이전에 도착하였고, 이후 다른 병력까지 모두 도착한 것은 17일 새벽 2시경이었다.

부산에서 주요 기관장들은 10월 16일, 최석원 부산시장실에 모여 대책을 의논했다.[33] 당시 권정달 보안사 부산대장과 함께 이수영 부산시 경국장, 현지를 관할하는 울산출신 정성만 2관구 사령관도 함께 있었다. 그날 박찬긍 군수사령관은 대만에서 원로장성들이 부산에 오는 바람에 같이 술을 마셔 많이 취해 있던 상태였다. 이날 기관장 회의를 통해서 어느 정도 합의된 내용을 2관구 사령관이 청와대에 건의한 것으로 인정된다. 2관구 사령관은 부마항쟁에 군병력을 투입할 필요가 없다고 판단하고, 청와대에 건의. 부산 군수사령관이자 계엄사령관인 박찬긍이 차지철 청와대 경호실장에게 계엄선포가 예정되어 있다고 통보를 받은 시각은 밤 9시 30분 이후이다.[34] 따라서 계엄사령관은 해병대가 이미 출발한 시각에도 계엄선포 사실을 통보받지 못한 상황이었다고 볼 수 있다. 사후적인 통보를 받았다고 보는 것이 정확할 것이다.

---

30) 이재돈(2013), 471쪽.

31) 이재돈(2013), 472쪽.

32) 이재돈(2013), 491쪽.

33) 권정달, 「권정달 회고록, 5공비화 1」, 『일요 서울』 2013.9.2.

34) 조갑제, 『유고』 1·2, 한길사, 1987.

해병대가 계엄출동을 명령받은 시각을 17일 오후 6시로 인정한다면, 같은 시각에 부산 주둔 부대에도 명령이 하달되어 준비한 후에 해병대와 비슷한 시각인 오후 8시에 출동했다면, 오후 8시 30분경에 서면을 거쳐 진입한 후에 시내 시위 진압에 동원된 것으로 이해한다. 그러나 누가 지시하였는가에 대해서는 적어도 육군참모총장을 통한 지시가 아니라, 차지철 경호실장의 지시로 잠정적으로 이루어졌을 가능성이 높다.

자료 1:

10월 17일 밤 8시 20분, 초량 1파출소를 습격한 시위대 1천여 명이 동부경찰서 앞에서 시위 중, 밀려서 고관 입구 KBS까지 왔을 때, 수십 대의 무장한 군 트럭이 시위대를 덮쳤다. 이후 시청 앞에서도 밤 10시경, 정상만 소장이 이끄는 육군 2관구 소속 부대가 투입되었다.[35]

자료 2:

KBS를 확인해주는 기사. "이 병력은 진압을 위해 투입된 것이 아니라, 계엄 선포에 대비하여 시내로 이동 중이었다".[36]
8시 34분, 부산진서(경찰서) 상황실, "무장 군인을 가득태운 군 트럭들이 서면 지하도 근방을 지나 시내로 들어가고 있다". 시내로 들어간 2관구 소속 병력은 부산역에 집결하여 명령을 대기했다.

(2) 국무회의 이전 비상계엄 결정과정

비상계엄 선포에 관한 명령은 모두 차지철 경호실장에게서 나온 것으로 증언들이 일치하고 있다. 비공식라인으로 전해진 출동부대에 대한 차지철 경호실장의 명령은 자료로써 확인되지 않고 있다. 그러나 현재

---

35) 부산민주운동사편찬위원회 편, 『부산민주운동사』, 1998.
36) 조갑제(1987).

까지 가용한 자료를 검토하면, 적어도 오후 6시 이전에 차지철 경호실장은 비상계엄 출동 부대(해병대, 공수부대, 2관구 사령부)에 명령을 내렸고, 이에 따라 오후 8시 30분경에 부산 서면에 2관구 사령부 소속의 군부대가 모습을 드러냈다. 그러나 이후 공식라인인 정승화 육군참모총장, 계엄사령관에게 통보하고, 부산지역 기관장들에게 통보한 것은 9시 30분을 넘어서였다.

비상계엄을 선포하는 과정에서 차지철 경호실실장은 월권을 했다. 차지철 경호실장은 17일 밤 9시 30분이 조금 지나서 육군 군수기지사령관 박찬긍 중장한테 전화를 했다. 계엄 선포에 대비해달라는 내용이었다. 이때 이미 청와대 쪽에서는 계엄 선포를 결심하고 있었다고 할 수 있다. 정승화 당시 육군참모총장은 상반된 문장을 같은 책의 회고록에서 기록하고 있으나, 공식적 권한과 무시당함에 대한 고민이라고 해석되고, 따라서 무시당했다고 해석하는 것이 자연스럽다. 또한 당시 시내의 시위에 참가한 시민들의 증언에서도, 정부의 국무회의 의결과, 18일 아침에 이루어진 비상계엄 공표 이전인 17일 오후 10시 30분경에 관공서와 시민들은 비상계엄이 선포된 것으로 인식하였다.

자료 1:
공수부대는 특수한 부대, 특전 사령관은 가능할 지도, 그러나 공식적으로는 육군참모총장 지휘.[37]

"부마 민중 봉기 때도 그랬다. 밤 11시에 급하게 차지철 경호실장의 전화를 받고 달려간 적이 있었다. 부산 마산 일원에 비상계엄을 내리느냐 마느냐, 내린다면 어떤 절차를 거쳐서 내리느냐 하는 사안이었다."[38]

---

37) 이재돈(2013), 493쪽.

"10·26 사건 직전에 벌어진 부마항쟁에 공수단을 투입한 것은 차지철이었다. 이때 차지철은 당연히 육군참모총장의 명령이 있어야만 병력이동이 가능하도록 되어있는 군령계통을 무시하고, 자기 명령으로 특정병력을 투입하는 월권행위를 저질렀다."[39]

　공수부대 출동을 차지철 경호실장이 지시.[40]

자료 2:
　정승화 육군참조총장은 자신이 박정희 대통령의 결재를 받아 지시했다.[41]

자료 3:
　이날(10월 17일), 부산지역에 계엄령을 선포할 것이라는 박 대통령의 사전 지시를 들었다. 몇 시간 뒤 저녁 차지철 경호실장은 부산지역 주요 기관장들이 다함께 모여 있던 시장실로 전화를 걸어 비상계엄령을 선포할 것이라고 통보했다. 참석자들은 당황한 낯빛으로 '경비계엄이 아니냐'고 되물었지만, 차 실장은 가르치듯 다시 한 번 '비상계엄'이라고 말했다.[42]

자료 4:
　비상계엄령이 밤 11시에 선포될 것이라는 통보가 부산의 경찰, 정보부, 군부대에 떨어진 것은 밤 10시 30분경, 경찰은 밤 11시 이전에 이미 시민들에게 비상계엄령이 11시를 기해 선포되었다고 안

38) 정승화, 『대한민국 군인 정승화: 정승화 자서전』, 2002, 396쪽.
39) 이상우, 『비록 박정희 시대』 2, 1985, 245쪽.
40) 이재돈(2013), 491쪽.
41) 정승화(2002).
42) 박영주, 「마산의 항쟁: 쟁점을 중심으로」, 『부마민주항쟁 진상규명의 쟁점과 과제』(부산민주항쟁기념사업회 주최 학술심포지움 자료집), 17쪽.

내 방송을 했다고 기술.

10월 17일 부산 서면인근, "뭐 탱크로 밀어 붙인다더라"는 갖가지 소문이 빠져나와[43]

차지철 경호실장이 군부대에 지휘명령을 하달할 수 있었던 요인은 단지 대통령의 언로를 차단하고, 대통령의 이름을 차용하였다는 관행을 넘어서는 제도적 조치와 관행이 쌓여 왔다.

자료 1:

차지철은 경호체계를 변화시켰다. 경호목적상 필요한 경우 수경사를 지휘할 수 있다는 대통령령을 제정하여 민간인 경호실장이 군지휘권까지 행사할 수 있게 했다.

자료 2:

3군 참모총장을 비롯하여 재경부대장들을 국기하강식에 참여케 하여 둘러리를 서도록 하고, 경호휘장(친위대임을 표시하는 휘장)을 패용케하며, 중령출신인 차지철 경호실장이 중장을 차장으로 거닐고, 군의 인사권에 개입하며, 대통령의 하사금을 통수계통도 아닌 경호실장이 지급하고, 경호업무는 물론, 대전복업무를 빙자하여 민간인인 경호실장이 군지휘권까지 행사하였다.[44] 물론 이는 공식적인 권한이라기보다 관행적인 권력 행사였다. 즉 경호실장이 육군참모총장을 무시하고 일선 부대에 이동 명령을 내릴 수 있는 권한이 '대전복 업무'라는 이름으로 자행된 것으로 파악할 수 있다. 즉 차지철 경호실장에게 부산민주 항쟁은 대전복 사태였다.

43) 곽동효, 「증언」, 민주주의 사회연구소 엮음, 『치열했던 기억의 말들을 엮다, 부산편 1』, 부마민주항쟁기념사업회, 2013, 39쪽.

44) 한용원(1993), 336쪽.

(3) 국무회의

'유신체제 출범 후 7년 만에 첫 계엄선포를 의결한 이날 국무회의는 자정이 임박한 밤 11시 30분에 열려 50분간 계속됐다. 당초 총무처가 밤 10시 30분경 국무회의 소집을 지시받고 국무위원들 자택으로 비상연락을 했으나 때마침 이날 밤 유신 7주년 기념 청와대 만찬과 방한 중인 이광요 싱가포르 수상 환영 만찬에 참석하고 늦게 귀가했다가 갑작스러운 연락을 받는 바람에 밤 11시 30분이 돼서야 (국무회의) 성원이 됐다.' 밤 11시 30분 총리 주재로 국무회의가 열렸다. 여기서 비상 계엄 선포가 제안됐는데, 이것에 다 동조한 건 아니었다. 일부 장관은 '좀 신중해야 하지 않느냐고 얘기했고 이용희 통일원 장관은 서명을 못하겠다고 버텼다. 계엄을 선포하려면 국무위원들의 서명을 받아야 하는데, ① 이용희 장관이 버티면서 애를 먹였다고 한다. 조갑제의 책에는 ② 구자춘 내무부 장관, ③ 노재현 국방부 장관(2관구 사령관이 불요함을 보고했을 것으로 짐작), ④ 박찬현 문교부 장관도 비상계엄을 펼 만한 사태는 아니라고 개인적으로는 판단하고 있었지만 대통령의 의지가 워낙 굳어서 어쩔 수 없었다고 한 것으로 되어있다.[45]

자료:
　박찬현 장관은 16일 밤 시민들과 섞여 데모구경을 했다… 위기의식을 느끼지 못했다.[46]

(4) 비상계엄 후속조치

비상계엄은 사전에 이미 차지철 경호실장에 의해 통보되었고, 사후적

---

45) 서중석 인터뷰(2016).
46) 조갑제, 『유고』 1, 1987, 319쪽.

으로 공식 명령지휘라인을 통해 통보된 것으로 보는 것이 정확하다. 이 때 국방부 장관, 육군참모총장 등은 공식라인에 해당한다.

김재규 중앙정보부장 김재규는 18일 새벽 2시경 부산의 계엄사령부에 나타났다. 야간에 비행기로 급히 내려온 것이다. 김재규는 박찬긍 중장 등 여러 사람을 통해 상황을 파악하고 현지를 시찰했다. 당일 거의 비슷한 시각 또는 조금 늦은 시각에 전두환 보안사령관도 부산에 내려와서, 보안부대와 일선 부대를 방문한다. 이 시각에 김재규 중앙정보부장은 부산시청에서 기관장 회의를 하였다. 당시에는 공식적으로 보안사는 군내부의 문제에 대해서만 다루고, 전체적인 정보 문제는 중앙정보부가 독점하고 있었다. 보안사는 그럼에도 불구하고, 부산 사태에 대한 자체 보고서를 마련하여 대통령에게 보고할 기회를 노렸으나, 10월 26일 대통령의 피격 사망으로 기회를 놓쳤다고 전두환 보안사령관은 진술했다.

3) 비상사태 의미에 대한 해석

헌법 상 비상사태는 전시사변 또는 전시사변에 준하는 상황에서, 극도로 사회질서가 혼란하여, 기존의 경찰병력으로는 질서유지가 어려울 때 군병력을 투입하여, 군이 사법과 행정을 장악하는 상화를 말한다. 이때 군은 국민의 기본권 향유를 유보하고, 혐의자에 대해서는 체포구금할 수 있는 권한까지도 보유한다. 비상계엄은 1987년도에 개정한 헌법에 비추어 보면, 내용상 절차상 하자가 있지만, 1979년 당시 유신헌법상의 근거는 충족한 것으로 판단한다. 다만, 유신헌법의 내용은 국민의 불가침적인 기본권을 부정하고, 국가의 폭력적 자의적 지배가 가능하도록 되어 있어서 민주공화국의 정통성과 정당성을 지닌 헌법계라고 인정하기 어려운 점을 고려하여야 한다.

자료:

제3공화국 헌법, "국민의 자유와 권리를 제한하는 경우, 자유와 권리의 분질적인 내용을 침해할 수 없다"를 삭제하고 유신헌법을 제정 하였다.[47]

국제법적인 근거는 다음 두 가지를 제시할 수 있다. 이럴 경우에 국가 비상사태는 국가의 존립을 위태롭게 하는 것으로 정의하고, 이럴 경우 어느 정도의 기본권을 제약한다.[48]

국제법적 근거 1:

the International Covenant on Civil and Political Rights (Article 4) ICCPR

국제법적 근거 2:

the United Nations General Assembly's Declaration on the Protection of Women and Children in Emergency and Armed Conflict (1974)

그러나 국제법에서는 국가의 권한을 무한정 인정하는 것은 아니다. 적어도 국가가 비상계엄을 선포하기 위해서는 절차상 공론화, 입법부의 동의를 구해야 하고, 사법적인 절차도 무시해서는 안 되며, 다만, 기본권 중에서도 생명의 자의적 박탈, 가족 보호의 권리, 기본적인 자기 정체성을 말살하려는 행동은 금하는 것으로 되어 있다.

---

47) 전재호, 「유신체제와 부마항쟁」, 『부마민주항쟁 진상규명의 쟁점과 과제』(부산민주항쟁기념사업회 주최 학술심포지움 자료집), 2016년 10월 15일, 24쪽.

48) Ladardini, Rodrigo, "Emergency Situations", *Encyclopedia of Human Rights*, Vol 2, Oxford University Press, 2009, p.129.

조건 1:

국가가 국가의 존립을 위태롭게 하는 것이 있다는 것을 믿는 것
만으로 불충분, 실제로 객관적 사실로서 있어야 한다. 이를 위해
민주적 절차를 중요시한다. 즉 국가는 국회에 보고하고, 동의를 구
한다거나, 적어도 언론을 통해 이를 알려야 하는 의무가 있다.[49]
따라서 비상사태 선포가 민주적 헌정질서를 전복하거나, 국제적으
로 공인된 인권과 기본권을 파괴해서는 안 된다.

독일연방헌법재판소 및 우리나라 헌법재판소(1987년도에 헌법에 삽
입)의 "자유민주적 기본질서라 함은 … 자의적 지배와 폭력지배를 배제
하고 …"가 의미하는 바는 결국 모든 국가권력(통치권)은 항상 민주적
정당성(통치권 탄생의 민주적 정통성, 통치권행사의 절차적 정당성, 통
치권의 기본권 종속성)에 그 토대를 두어야 한다는 의미이다.

조건 2: 비상사태 하에서라도 양도될 수 없는 권리.[50]
(1) 절대적으로 '양도할 수 없는 권리':
생명을 자의적으로 빼앗을 권리,
고문이나 잔인하고, 비인간적인 또는 모욕적 처우나 처벌로부터
의 자유
노예상태로부터의 자유
소급적용으로부터의 자유
(2) 지역마다 다르게 적용하는 '양도할 수 없는 권리':
사상의 자유, 양심의 자유, 가족과 민족에 대한 권리, 자녀에 대
한 권리

---

49) Ladardini(2009), p.130.
50) Ladardini(2009), p.131.

3. 진압의 지휘계통

국가의 물리적인 시위 진압은 경찰과 군에 의해 이루어졌지만, 그 외에도 진압의 방향, 방침을 정한 것은 대통령, 행정기관, 정보기관, 교육기관도 포함된다. 물론 이를 다루기 위한 일차자료의 접근은 매우 제한적이다. 따라서 부마민주항쟁의 연구동향을 지적한 홍순권도 그 한계로서 "불법적 병력 동원의 지휘체계를 밝히지 못하고, 당시 중앙정부의 행정부 입법부 사법부의 동향에 대해서도 접근하지 못했다"고 지적한 바 있다.51) 구체적인 진압에 있어서도 군과 경찰, 정보기관, 구체적으로는 정보기관, 중앙정보부, 동래경찰서, 부산시당국, 부산서 당국 등 간의 협조관계와 책임문제를 규명하는 것도 중요한 과제이다.52) 이는 III, IV 장에서 부분적으로 다룰 것이다.

1) 대통령

박정희 대통령이 부산민주항쟁에 대해 가지고 있는 견해에 대해서는 주한 미국대사의 면담 기록과 김재규 중앙정보부장의 전언에 의존한다. 물론 부산항쟁과 10월 26일의 피격 사망 사이에 주변 지인들을 만나면서 안부정도의 인사는 나누었으나, 대책을 논의한 것은 대통령, 경호실장, 비서실장, 중앙정보부장이 참석한 자리에서였던 것으로 나타나고 있다.

(1) 10월 18일 낮에 박정희 대통령을 만난 미국 대사의 기록

계엄이나 부산민주항쟁에 대해 직접적으로 언급하지는 않았지만, 이

---

51) 홍순권(2016), 13쪽.
52) 부산대학교 민주화추진 위원회, 『새벽함성』, 창간호, 1984, 21~22쪽.

를 언급하였을 것으로 짐작하고, 정치적인 탄압을 지적하고, 정치적인 유화책을 쓸 것을 요구하였다. 그리고 계엄에 대해서는 정치적인 유화책을 사용한다면, 계엄령은 정당성을 인정받을 수 있다는 점을 지적하고 있다.

아울러 외교적인 언사로 보이지만, KNCC구속자 석방에 대해 정치적인 유화조치로서 환영하고, 미국의 의회를 고리로 삼아, 한국의 정치적인 문제는 미국의 안보지원과 연계될 수 있음을 암시하고 있다. 아무튼 박정희 대통령의 견해에 대해서는 특별한 언급이 없지만 (삭제된 부분은 확인할 수 없지만, 여기에 포함되어 있을 가능성은 높다), 다만 국내문제의 반응에도 조용히 반응하고 있다고 서술하여, 미국 측의 견해를 수용 가능성이 높은 것으로 암시하고 있다. 하지만, 이러한 미국 측의 희망사항과는 다르게, 박정희 대통령은 비공식적인 만남에서 시위사태에 대해 매우 신경증적인 반응을 보이며, 강경론을 고수하고 있었다.

자료 1:
주한 미대사 Gleysteen, 미국대사와 국무부 장관이 박정희를 만나 대화를 나눈 내용.[53]

박정희가 국내문제를 언급함에도 조용히 반응한 것에 대해 자신들이 고무되었다고 표현. 카터 대통령의 친서를 전달하고, 내용을 검토한 후에, 한국의 안보상황과 관련되려고 하는 의도는 없지만, 카터의 방문 이후에 자유로운 경향으로 되돌아가려는 경향이 없다면, 실제로 어렵다고 지적. 김영삼의 제명에 대해 미 의회 의원들이 의구심을 표명.

오늘 긴급조치 9호로 구속된 이를 석방한 것은 부산의 계엄의 나쁜 영향을 제어하려는 의도로 평가.

---

53) 국무성 전문, 1979.10.18.

박정희 부담에 대해서는 11줄 분량 (추정)을 삭제하고 공개

지료 2:

10. 18일에 박정희를 만난 것으로 기록.[54]

박정희에게 두 가지를 지적 (1) 김영삼의 제명과 광범위한 탄압에 민중들이 공포에 싸여 있고, (2) 야당과의 타협기회를 열어 둘 것을 요구. 한국정부가 긴급조치 9호 위반자를 석방하고, 추가로 석방한다면, 현재 부산에 발효 중인 계엄령이 정치적인 것이 아니라고 판단할 것이다. 박정희는 검토하기를 (7줄 정도 삭제 - 필자 첨가)

(19줄 정도 삭제 - 필자 첨가)

마지막으로 미국의 반응은 어쩔 수 없이, 강한 영향력을 가진 미 의회의원들을 포함한 사회의 영향을 받을 수밖에 없다는 점, 그리고 우리는 미국의 여론이 한국 대치를 악화시킬 수도 있다는 점, 그리고 그 위험을 최소화하기 위해 노력해 왔다는 점을 지적. 그럼에도 우리는 미국이 논평하는 것은 피할 수 없었다.

(3줄 삭제 - 필자 첨가)

자료 3:

Gleysteen 미 대사의 면담에 대한 평가 기록

"KNCC의 4명 석방과 긴급조치 9호 위반자에 대한 조치 등의 완화된 조치는 한국정부가 현재의 민중의 불만을 완화시키려는 데 관심을 갖고 있는 것으로 판단된다. 그러나 동시에 정부가 부산에 계엄령과 같은 사전 예방적 강한 조치를 내리면서 동시에 야당과의 정치적 대화를 할지는 여전히 기다려보아야 한다.

---

54) 미 국무부가 주한 미 대사에게 전문, 1979.10.19.

(2) 대통령의 진압책

박정희 대통령은 10월 17일 유신선포 7주년을 맞이하여, 한편으로는 기념하는 심정이었지만, 다른 한편으로는 이를 기점으로 전국적인 시위가 있을 가능성이 농후하였다. 그리고 이미 9월에는 대학가에 시위가 빈번하게 일어나는 상황이었다. 그리고 실제로 선포하루전인 10월 16일은 부산대와 이화여대에서 시위가 발생하였다. 그리고 정치적으로는 김영삼 신민당 총재의 국회의원 제명, 국회의원 사직서에 대한 선별적 논의론, 불만세력들의 도전 등으로 내적으로 정치적인 압박을 받고 있었고, 외부적으로도 미국으로부터 견제를 받는 상황이었다. 경제도 좋지 않았다. 이런 상황에서 부산에서 대규모 시위가 발생하였고, 정보보고는 김영삼 신민당 총재의 본거지라는 점에서 국민들의 지지가 매우 크다는 점과 이것은 김영삼 총재 스스로 주장하는 자신이 사실상 1978년 국회의원 총선거에서 민주공화당을 넘어서는 투표율을 획득했으므로, 사실상의 대통령이라는 주장을 반박하기가 어려워진 상황이었다. 왜냐하면, 대통령 직접선거가 없어진 상황에서 유일한 선거는 국회의원 선거뿐이었고, 여기에서 김영삼이 이끄는 신민당이 투표율에서 앞선 것이었다. 김영삼에 대한 지지가 매우 강고하다는 점이 부산시위를 통해 드러났다. 정보보고는 기존의 시위인 대학생주도의 시위가 아닌 일반 시민들이 참여하는 광범위한 시위였다는 점도 참작하였을 것이다.

이화여대 시위에 관한 자료:
이화여대에서 10. 16일에 시위[55]

---

[55] 미 대사관 전문, 1979.10.17.

신민당 사주라는 주장 자료 1:

　10월 26일 오후 7시 40분경, 만찬장에서 박정희는 "브라운 장관 (미국 국방부 장관)이 오기 전에 김영삼이를 구속기소하라고 했는데, 유혁인(정무비서관)이가 말려서 그냥 두었더니, 역시 좋지가 않아", "부산데모만 해도 신민당이 계획해서 뒤에서 한 짓인데, 중정은 더 정확한 정보를 수집해야겠어…"[56]

신민당 사주라는 주장 자료 2:

　김재규의 옥중 수기, "대통령은 부마사태는 신민당의 조작에 의하여 그런 것이며, 좀 더 정확히 파악하라고 지시했다".

　이에 대해 박정희 대통령은 표면적으로는 김영삼이 사주한 시위, 불순분자에 의한 시위로 간주하고 있지만, 내심으로는 곧 대도시를 중심으로 확산되고, 특히 서울로 확산되는 것을 가장 경계하였다. 왜냐하면, 서울에서 시위가 발생한다면, 경찰병력으로는 진압이 불가능하고, 군대를 동원하다고 하더라도 박정희대통령이나 차지철 경호실장이 주장하듯이 시위대를 향해 발포하지 않고는 진압하기가 어려운 상황이 되는 것이다. 따라서 박정희 대통령으로서는 유신체제를 존속시키고, 이에 근거하여 자신이 대통령으로서 유지하는 방안은 사실상 시위대에 대한 발포라는 방법 외에는 없을 것이라고 판단한다. 이것이 박정희 대통령으로 하여금 부산시위에 대해 계엄을 선포하고, 공수여단의 투입을 통해 선제적인 공포심을 유발하는 진압을 하게 되는 계기가 된다.

　대도시 확산에 대한 불안감 자료 1:

　"작년의 부산과 마산사태는 그러한 국민적 항거였고, 삽시간에

---

56) 한용원(1993), 353쪽.

전국의 5대 도시로 확산될 것으로 확인되었다… 나는 부마사태의 본질과 그것의 전국에로의 확산될 조짐을 박대통령에게 보고했으나, 박대통령은 국민의 항거가 거세지면, 스스로 저항하는 국민에 대해 발포명령을 하겠다고 하였다."[57]

대도시 확산에 대한 불안감 자료 2:

　김재규의 옥중 수기, "이는 유신체제에 대한 도전이며 물가고에 대한 반발과 조세저항이며, 정보판단에 의하면 곧 전국 5대 도시로 확산될 것이라고, 보고해도 대통령은 믿지 않았다".

대도시 확산에 대한 불안감 자료 3:

　1979년 10월 26일 저녁 6시 5분, 궁정동 만찬장, 박정희 대통령, 차지철, 김재규, 김계원 비서실장에서의 화제, 부마항쟁과 앞으로 서울에서 일어날지도 모를 시민봉기에 대한 대응책.
　박대통령은 앉자마자 부마항쟁과 관련 국내 치안에 별 이상은 없느냐고 물었고, 김재규는 평온하다고 대답했다.[58]

박정희 대통령 발포명령 설에 대한 자료:

　박정희 대통령, "앞으로 부산같은 사태가 생기면, 이제는 내가 직접 발포명령을 내리겠다. 자유당 때는 최인규나 곽영주가 발포명령을 하여 사형을 당하였지만, 내가 직접 발포명령을 하면 대통령은 나를 누가 사형시키겠느냐?(1980년 1월 28일 김재규 중앙정보부장의 '항소이유 보충설명서')… [59]

---

57) 김재규, 1980.1.24, 2심 최후진술.
58) 정주신, 「10.26 사건의 배경분석」, 『사회과학연구』 제18권, 충남대학교 사회과학연구소, 2008, 133쪽.
59) 「김재규 군법회의 최후진술」, 『신동아』, 1996년 10월, 153쪽.

차지철 경호실장의 시위대 발포설에 대한 자료 1:

차지철 실장, "캄보디아에서는 300만 명 정도를 죽이고도 까딱없었는데 우리도 데모 대원 100-200만 명 정도를 죽인다고 까딱 있겠습니까?"[60]

차지철 경호실장의 시위대 발포설에 대한 자료 2:

김재규의 옥중 수기, "경호실장은 '캄보디아에서는 3백만 명을 죽여도 까딱없는데, 데모대원 1-2백만 명을 죽여도 걱정 없다'는 말에는 솔깃하는 것이었다".

2) 내무부

내무부는 경찰을 통해 일상적으로 대학 내의 정보수집과 초등 대처를 위해 적어도 부산대의 경우 113명의 경찰을 배치하고 있었다. 부산대에는 사복차림의 경찰 105명을 신정문, 구정문, 도서관 앞에는 20명씩 합하여 60명, 그리고 나머지 6곳에는 45명의 병력을 배치하여 시위의 초등 진압에 대처하고 있었다. 나머지 6곳은 특정되지는 않았지만, 1곳에 평균 7~8명 정도씩 배치한 것으로 추산된다. 또한 공소유지를 위한 녹음과 촬영팀 4명도 상시배치하고 있었다. 4팀은 신구정문과 도서관 그리고 그 외 미상의 한 곳으로 추정할 수 있다.

자료:

10월 15일 일상적으로 부산대에는 간부경찰관 4명과 부하경찰관 105명을 사복차림으로 9군데 배치했다. 학생들이 가장 많이 모일 수 있는 2곳의 정문과 도서관 앞엔 20명씩 깔아 특히 신경을 썼다.

---

60) 김재규, 1980.1.24, 2심 최후진술.

데모 참여학생을 기소했을 때, 공소유지 자료를 삼기 위해 녹음과
촬영임무를 띤 4명의 전문직원도 배치했다.[61]

10월 16일 시위 발생 하루 전인 15일(월요일)에도 오전에 발견된 격문
때문에, 학교 측과 정보를 담당하는 경찰 측은 심각하게 판단하고, 원인
을 분석하고 있었다. 그리고 이러한 정보는 경찰은 서울 치안본부에, 학
교 측은 문교부에 보고하였다. 그리고 다시 이 정보는 중앙정부에 전파
되었고, 이것이 다시 부산의 학원담당 중앙정보부 요원에게 전달되었
다. 이 과정에서 이들 정보기관이나, 학교 측의 대응이 상호 협조적이거
나 체계적인 대응이 이루어 진 것은 아니었다. 즉 각 부서가 열심히 활
동하고, 대처한 것은 사실이지만, 종합적이고 체계적인 대처를 하지 못
한 것 또한 사실이다. 필자는 이에 대해 종합적이고 체계적인 대처를 위
해서는 각자의 임무를 성실히 수행하는 것을 넘어서, 자신의 임무가 가
진 중요성과 정당성에 대한 확신이 있을 때 문제해결이 가능한데, 이에
대해서는 경찰, 정보부 요원, 대학 측 모두 형식적이고 표면적으로만 임
무를 수행하고 있었다고 판단한다.

　자료:
　　이진걸의 격문이 뿌려진 15일 오후 부산대학교는 모든 직원들에
　게 비상근무령을 내렸다… 이진걸의 격문 사건을 놓고 학교와 정
　보기관은 실랑이를 벌였다. 경찰은 학교당국이 문교부에 사태보고
　를 올리는 데만 정신을 앗겨 정보를 주지 않는다고 격분했다. 학교
　에서는 이 사건은 외부 불순분자가 들어와 뿌리고 간 것이라고 판
　단하자 경찰은 책임을 지지 않으려는 억지라고 비난했다.[62]

---

61) 조갑제, 『유고』 1, 1987, 268쪽.
62) 위와 같음.

10월 16일 오전: 구자춘 내무장관은 10. 16일 오전에 경찰보고를 받고,

10월 16일 오후: 송제근 치안본부 2부장을 불러 부산으로 내려가 시위에 대처하라고 지시. 송치안감은 데모진압의 권위자.[63] 내부적으로 부산시경국장을 해임하고, 송치안감을 사실상 발령하기로 내정.

10월 17일 오전: 구자춘 내무부장관이 부산에 신임 시경국장을 파견, 공식적으로 난동 사건 발생을 시인. 기자회견[64]
부산시경국장 해임, 서울에서 신임이 내려가고 있고, 이미 근무를 시작. 학생 100명, 불량배 100명을 연행, 3명은 체포. 사망은 없다. 원인에 대한 언급은 없다.[65]

10월 19일 손달영 치안본부장이 부산 현지에 도착[66] → 손달영 신임 치안본부 2부장이 부산 현지에 도착하여 엄무를 개시한 시각에 대해서는 빠르면, 16일 오후, 늦어도 17일 오후에는 도착하여 업무를 개시하였을 것으로 추정한다. 따라서 새벽함성의 10월 19일 도착 기록은 근거가 확인되지 않는 한, 정황증거와 일치하지 않는다. 17일에는 오후에 구자춘 내무부 장관이 부산에 내려가서, 기자회견을 하므로, 늦어도 내무부 장관이 내려오기 전에 신임 부산 시경국장이 부임한 것으로 추정하는 것이 자연스럽다.

10월 17일, 오후 3시, 시청에서(현재 롯데 백화점, 부산 제2롯데), 구자춘 내무부장관이 기자회견, "경찰병력을 충분히 증강시킬 수 있다"고 강조. 16일 진압실패를 물어 부산시 시경국장을 해임.[67]

63) 위와 같음, 316쪽.
64) 부산대학교 민주화추진 위원회(1984), 23쪽.
65) 미 대사관 전문, 1979.10.17.
66) 부산대학교 민주화추진 위원회(1984), 24쪽.

→ 구자춘 내무부 장관은 오후 3시 현재의 시점에서 즉 오전에 부
산대 시위, 그리고 시위대가 시내에 2천 명 이내로 모여든 시점에
서 경찰력만 갖고도 진압이 가능하다고 판단하였다. 이 시점에는
시내의 시위도 시민들이 대거 참여하는 특이한 양상으로 변모하지
않았으므로, 통상적인 대학생의 시위로 판단하였을 것으로 추정한
다. 다만, 앞서 부산대 시위에 대한 조갑제의 기록에서는 경찰들이
이날의 시위가 무엇인가 특이하게 진행된다는 점을 기록하고 있
다. 이때의 특이점은 부산대는 거의 시위가 없었던 대학인데, 시위
가 발생한 점 외에도 참여의 규모나 참여의 강도가 매우 컸다는 점
을 의미한 것으로 추정된다. 이 점에 대해서는 구자춘 내무부 장관
이 간과한 것이다.

3) 정보 기관

(1) 중앙정보부: 김재규 부산 방문 기록

중앙정보부의 부산민주항쟁에 대한 공식 기록은 현재까지는 수집되
지 않았다. 아마도 자료가 없다는 의미가 아니라, 존재하지만 공개할 수
없다는 뜻으로 해석된다. 왜냐하면, 중앙정보부는 공식적으로 부산민주
항쟁에 대한 공식 보고서를 작성한 곳이고, 부산시위에 대한 합동수사
단에 김기춘 국장이 참여하여 작성을 하였기에 관련 기록을 보유하고
있을 가능성은 매우 높다. 그리고 중앙정보부는 22일 월요일 국무회의
석상에서 부산 마산 민주항쟁에 대한 공식 보고를 행한 기관이기도 하
다. 따라서 부산 마산 시위에 관해서는 종합적인 상황판단을 위한 정보
수집과 분석 대책 마련을 한 것으로 판단한다.

---

67) 부산대 총학생회(1985), 59쪽.

자료:
　부마심의위원회의 자료 수집: 2016년 8월 말 현재, 중앙정보부
자료는 미수집.

　중앙정보부는 당시에 경찰과 더불어 정보 수집 라인의 두 축이었다. 당시에는 보안사령부는 공식적으로, 그리고 실질적으로 민간인 사찰과 정보수집 업무를 금하던 시기였다. 전두환 보안사령관이 이에 대해 불만을 가지고, 계엄업무가 시작된 시기에 부산을 방문하면서, 권정달 부산보안부대장(합동수사단장)에게 보안사령부 단독의 상황파악 보고서를 작성하고, 이를 대통령보고를 시도하려고 하였다. 그러나 보고기회를 갖기도 전에 26일에 피격 사망함으로서 불발되었다.
　대학 내의 정보수집은 경찰과 중앙정보부가 두 축이기는 하지만, 일차적인 수집업무는 경찰이 맡은 것으로 보이고, 특수한 전국적인 정보수집 업무만 중앙정보부가 맡은 것으로 추정한다. 아무튼, 그러나, 중앙정보부가 일상적으로 대학가의 정보수집과 동시에 분석 판단, 업무를 수행한 것은 확실하다. 정보수집 기관 간의 업무 협조가 원활하였는지에 대해서는 회의적이기는 하다. 상호 간의 정보수집 경쟁은 오히려 정보의 원활한 소통을 저해한 것으로 판단된다.

자료 1:
　모 기관의 학원담당조정관은 아무것도 모르고 앉았다가 문교부가 서울의 본부에 통보, 본부에서 부산지부로 불호령이 떨어져서야 사건(16일 부산대 시위)을 알고 당황하기도 했다.[68]

---

68) 조갑제, 『유고』 1, 1987, 268쪽.

자료 2:

10. 16일 동아대학교에서 심상치 않은 움직임 있다고 해서 정보
기관 사람들(중앙정보부, 경찰)이 캠퍼스에 깔려 있던 때였다.[69]

김재규 본인의 진술에 따르면, 시위가 발생한 16일 밤에 부산에 시찰
하고, 수집된 정보를 수집하고, 이에 대한 정보기관들의 의견을 듣고 분
석 판단한 것으로 보인다. 따라서 기존의 학생위주의 단순시위가 아니
라, 광범위한 시민들이 참여한 시위라는 점, 따라서 시위의 배후가 남민
전이나 신민당이 아니라는 점, 시위의 원인은 사회경제적인 요인이므로,
유화책을 사용하여야 한다고 대통령에게 건의한다. 그렇지 않으면, 전
국적으로 확산될 가능성이 높다고 보고한다. 이러한 보고는 차지철의
강경책에 대한 유화책의 의미를 가졌다고 정치적으로 해석되기도 한다.
정확한 정보보고와 판단이 적합한 정책을 유도하지는 못한다. 박정희
대통령은 정확한 정보보고를 믿었지만, 예상되는 전국적인 확산을 방지
하기 위해서는 유화책보다는 강경책으로 가는 것을 선호하였다. 왜냐하
면, 1972년 유신체제 선포 이후 지속된 관행적인 정책이었고, 탄압을 통
해 잠재적인 저항자들에게 심리적 공포심을 유발하는 것이 체제 지탱의
핵심 요소였기에 박정희대통령에게는 별다른 선택의 여지없을 것으로
여겨진다. 따라서 중앙정보부의 정보 수집과 분석은 정확하였으나, 대
책은 유신 체제하의 박정희 대통령이 선택하기 어려운 것이었다고 추론
하는 것이 자연스러운 것이다.

자료 1:

재판기록, "16일 밤 헬기를 타고 부산에 가보니 단순한 학생시위

---

69) 위와 같음, 301쪽.

가 아니고…" 즉시 각하에게 민란이고 전국으로 파급되면 심각한
위기가 닥칠 것이니, 하루 빨리 수습책을 발표하는 것이 좋겠다고
보고. 그러나 각하는 차지철의 말만 듣고, 내 보고는 묵살.

자료 2:

　10월에 부마사태 - 현지에 가서 사태를 파악한 결과 180명을 구
속하였는데, 학생은 불과 16명밖에 안되며, 나머지는 모두 민간인
이고, 소위 남민전이란 불순세력의 배후 조종 증거도 없어 하나의
민중봉기, 민란으로 파악하였다. 수십 대의 자동차와 10여개의 파
출소가 파괴되었으며, 데모대에게 주부들이 음료수와 맥주를 날라
다 주는 방법으로 격려하였다.[70]

자료 3:

　김재규의 옥중 수기, "이는 유신체제에 대한 도전이며 물가고에
대한 반발과 조세저항이며, 정보판단에 의하면 곧 전국 5대 도시로
확산될 것이라고, 보고해도 대통령은 믿지 않았다".

(2) 차지철 경호실장의 정보라인

　대통령을 상시적으로 수행하는 차지철 경호실장은 유신체제 하의 대
통령에게는 업무상 직무상 가장 상호 간의 신뢰가 가장 두터울 밖에 없
는 존재였다. 이에 차지철 경호실장은 경호업무 외에도 사실상 정무업
무까지 독점하고, 박정희 대통령의 보고, 지휘명령이 차지철에 의해 이
루어지면서, 주위에서는 차지철 경호실장의 지시가 곧 대통령 박정희의
지시인 것으로 여겨지게 된다.

---

70) 서울의 소리, 「유신의 심장을 쏘았던 김재규를 평가한다」, 김성태 편, 『의사
　　김재규』, 매직 하우스, 2012, 128쪽.

자료:

차지철은 경호체계를 변화시켰다. 보안경호를 내세워, 정보수집
은 물론 정치공작 업무까지 수행했다. 이렇게 차지철은 국회요직
을 비롯하여 행정부 및 군 인사에 개입할 뿐 아니라, 야당에 대한
정치공작까지 담당하게 되었다. 따라서 정계, 군부, 기관 등으로부
터 비난 여론이 등장했고, 일부 친위세력의 불만이 증대했다.[71]

또한 차지철 경호실장은 독자적인 정보기구를 운용하면서 명목상의
대전복업무를 위한 것이라지만, 사실상 소수의 인원이 정부의 정보기관
을 통괄하는 형태로 운영되었다. 어쩌면, 중앙정보부의 업무체계보다
효율적으로 운용되었을 수도 있다고 판단된다. 김재규 중앙정보부장의
정보보고와 분석 판단에 대응하기 위해서는, 그에 상응한 능력을 갖는
조직을 갖추고 있었다고 보여진다.

자료 1:

차지철은 정보처라는 공식기구 이외에도 관계와 재계에 대해 이
규광의 사설정보대를 이용하였다.[72]

자료 2:

이규광의 정보대는 1978년부터 효자동 안전가옥에 본부를 두고
정보부와 보안사에서 정보업무에 종사한 경력자를 15명 정도 차출
하여, 핵심요원으로 삼고, 지방에는 정보부와 보안사의 현직에 종
사자를 요원으로 포섭, 세포조직으로 활용하여 정보를 수집하였
다… 이 정보는 차 실장에게 제공되어 차 실장이 박 대통령에게 보
고하였다.[73]

---

71) 한용원(1993), 334~335쪽.
72) 전재호(2016), 29쪽.
73) 한용원(1993), 335쪽.

(3) 보안 사령부

보안사령관 전두환도, 10월 18일 새벽(17일 밤)에 부산을 방문하고 부산시장을 만나려 하였으나, 김재규가 만나고 있어 불발되었다. 공수부대와 해병대의 지휘부를 방문하고, 귀경하여 보고서를 작성했으나 대통령 보고를 못했다.[74] 17일 밤에 계엄령이 선포되었고, 따라서 18일 새벽에는 공수부대와 해병대가 모두 배치를 완료한 상태임을 드러내 주고 있다. 다만, 김재규의 부산 방문에 대해서는 김재규의 재판 기록에는 16일 밤으로 기록되어 있고, 전두환 보안사령관의 기록에는 17일 밤으로 기록되어 있어서, 2일간 연속 방문한 것인지, 아니면, 이중 하루는 착오인지가 불확실하다. 다만, 교차 검토가 되고, 상황이 일치하는 전두환의 기록을 신뢰한다면, 적어도 17일 밤에는 그리고 18일 새벽까지는 김재규 중앙정보부장이 부산을 들른 것이 확실하다. 그리고 마산 시위의 기록에는 또한 18일 밤에 CIA 장이 참석하는 기관장 회의가 열린 것을 기록되어 있어, CIA 장을 김재규로 해석한다면 16~18일 밤에 연속 3일간 부산과 마산을 방문한 것이다. 당시의 교통편을 헬리콥터를 이용한 것으로 되어 있어서 간편하게 이동가능한지에 대한 검토가 필요하다.

4) 문교부

박찬현 문교부장관은 부산대에서 발생한 시위에 대해, 보고받고, 곧바로 부산대로 향했다. 그리고 사실상 부산대 캠퍼스에서의 시위는 정오경이면, 사실상 마무리되고, 이후는 시내로 집결하는 상황이다. 따라서 문교부의 소관으로서는 학내 캠퍼스에서의 시위가 종료되면, 사실상

---

74) 조갑제, 「全斗煥, 궁정동 총성 속에서 역사의 무대에 등장하다!」, 『조갑제닷컴』 2016.5.31(http://chogabje.com/board/view.asp?C_IDX=66917&C_CC=AC).

소요대처에 대한 임무는 경찰이나, 타 기관으로 넘어갔다고 볼 수 있을 것이다. 그리고 교수들에게 당부, 저녁은 총장과 같이 해운대 조선비치 호텔에서, 그러나 시내에서의 시위가 격화되는 시기인 오후 8시 경에 부산 시내의 시위현장에 나타난다. 이때의 시위에 대해서도 박찬현 문교부 장관은 위기의식을 느끼지 못했다고 기록되고 있다. 오후 8시는 아직 본격적인 폭력시위가 발생하지 않은 시점이고, 격화되기 직전이라고 판단되지만, 그렇다고 격화의 조짐을 발견하지 못한 것으로 판단하는 것도 정확한 판단은 아닐 것이다.

　　자료:
　　10월 16일 문교부 장관은 부산대 총장으로부터 보고를 받자마자 김포공항에서 김해공항으로 직행하여 현장으로 내려갔다.[75]
　　박찬현 문교부장관이 부산대학교에 도착한 것은 오후 5시. 전체 교수들 앞에서 연설. 저녁은 박 총장과 같이 해운대 동백섬의 조선 비치 호텔. 오후 8시에 시내 데모 소식을 듣고, 박찬현 문교부 장관은 비서를 데리고 택시를 이용, 광복동으로 달려갔다. 박찬현 장관은 16일 밤 시민들과 섞여 데모구경을 했다⋯ 위기의식을 느끼지 못했다.[76]

부산대학교 캠퍼스는 상시적으로 시위에 대응하는 태세를 갖추고 있었다. 이 사건에 대한 학교 측의 판단은 상부에 즉시 보고, 그리고 이 사건은 외부에서 침입하여 격문을 배포한 것으로 판단하였다. 물론 이 판단은 잘못된 것이었다. 그러나 오판의 이유는 요주의 인물이 아닌 학생이 배포하였기에 학교 측의 관찰에서 벗어나 있었기에 배포가 발각되지

---

75) 조갑제, 『유고』 1, 1987, 319쪽.
76) 위와 같음.

않은 이유이자, 학교 측이 오판한 이유가 되었다.

자료:
　이진걸의 격문이 뿌려진 15일 오후 부산대학교는 모든 직원들에게 비상 근무령을 내렸다… 학교당국이 문교부에 사태보고를 올리는 데만 정신이 앗겨 있었다. 학교에서는 이 사건은 외부 불순분자가 들어와 뿌리고 간 것이라고 판단하였다. 교수들은 그들대로 자기 학과 학생들이 다치지 않게 하려고 했다….

　15일의 교내 격문 배포건이 발생한 이후라서, 16일도 여전히 비상근무령을 내리고 있었던 상황이다. 더구나 도서관 앞에는 20여 명의 사복 경찰이 대기 중이고, 채증팀도 상시 근무하는 곳이었다. 이곳에서 요주의 인물 정광민이 시위를 주도한다. 그리고 곧바로, 학교 측과 현장에 근무 중이던, 사복 경찰팀이 합세하여 시위진압에 나선다. 그러나 완강한 학생 시위와 시위 규모 때문에 진압이 여의치 않고, 곧바로 연락을 받은 경찰이 학내로 들어온다. 학내의 교수들은 그 순간, 학생들의 시위를 막지 못한 죄책감보다는, 학내 캠퍼스에 경찰이 삽시간에 들어오는 상황이 더욱 절망스러웠다. 자괴감과 무력감을 동시에 느꼈을 것이다. 형식적으로는 학생들의 시위를 막고 있기는 하지만, 심정적으로 시위를 막는 것은 아니었다.

자료 1:
　10월 16일 오전 10시 도서관 앞. 박기채 총장, 이충걸 학생처장, 신태곤 상대학장, 오종석 상대 교무과장이 학생들을 제지하려고 달려온 것은 이때였다. 총장은 정광민의 어깨를 툭툭 치며, 타이르듯, '이제 그만 내려가라'. 오 교수는 광민의 허리띠를 붙들고 뒤로

끌어냈다.77)

대학교수와 총장이 학생들 앞으로 나서며 시위를 막으려고 했다.78) 몇몇 교수들은 대열과 같이 뛰면서 학생들을 잡아당겼으나, 오히려 학생들에게 질질 끌려갔다.79)

자료 2:

10월 16일 오전 10시 30분, 부산대 본관, …교내 보도를 통해 본관 정문 쪽으로 경찰들이 쳐들어오고 있었다…많은 교수들이 모멸감을 느꼈다.80)

학생들의 시위가 학내에서 벌어지고, 시내 진출을 위해 일부 학생들이 신구정문과 사대부고 벽을 넘어 진출한 후에, 학내에 잔류한 학생들에게 총장은 다시 한번 시위 자제를 호소한다. 그리고 학생들의 시위는 적어도 부산대 캠퍼스 내에서 마무리되었다. 따라서 총장의 입장에서는 잘 마무리되고, "학생들은 집으로 돌아 간 줄 알았다".

자료 1:

10월 16일 정오, 박기채 총장이 스탠드 본부석에 모습을 나타내 호소.81)

자료 2:

박 총장은 학생들이 집으로 돌아간 줄 알았다고 뒤에 말했다.82)

---

77) 조갑제, 『유고』 1, 1987, 271쪽.
78) 노재열, 『1980』, 산지니, 2011, 262쪽.
79) 조갑제, 『유고』 1, 1987, 273쪽.
80) 위와 같음, 275쪽.
81) 위와 같음, 281쪽.

4. 경찰의 진압체계

진압행태는 계엄령 선포 이전과 이후를 구분한다. 이는 계엄령 하에서는 허용되는 기본권의 범위가 축소되기에 그렇다. 물론 국제적인 규범 권고에서는 사법적인 절차의 준수를 요구하고 있지만, 현행범의 영장 없는 체포, 소요 등에 관한 죄는 군법회의에 회부한다는 점, 군인들이 치안 질서를 유지한다는 점에서 계엄령과 평상시는 매우 법적인 질서와 질서 유지행태가 존재한다. 따라서 진압행태의 정당성을 평가할 때는 구분하는 것이 논리적이다.

경찰 관련 기록은 일차적인 공문서를 존재하는 것으로 추정하지만, 필자에게 입수된 것은 없으므로, 2차적인 인용자료와 시위 참가자들의 증언 자료에 의존하여 경찰의 지휘체계를 구성한다.

자료 1:
경찰청의 관할 경찰서 및 파출소에는 다량의 기록물이 보관되어 있었다. 이 문제를 해결하기 위해 전체 기록물 보유현황 파악을 통한 체계적 기록물관리와 함께 이관시기가 경과한 30년 이상 비공개 기록물의 이관연장 협의 등에 대하여 교육과 함께 업무협의를 하였다.
특수기록관 기록관리(통일부, 검찰청, 경찰청, 해양경찰청, 군(육해공군))에 따르면 30년 후에도 비공개가 가능하여 자료 활용이 불가능할 수 있다.[83]

---

82) 위와 같음, 283쪽.
83) 국가기록원, 『국가기록백서』, 2013.

자료 2:

경찰은 부산대 정문, 온천장, 동래경찰서 옥상(무비카메라)에서 사진과 동영상을 촬영하여 채증자료로 활용했다. 따라서 시가지에서도 시위를 촬영했을 것이다.[84]

자료 3:

부마심의위원회의 자료 수집: 2016년 8월 말 현재
조사대상자: 경찰 10명.[85]

1) 부산 시경

부산시경은 사후 보고서에서 부산에서 시위의 사례가 없었고, 이에 따라 초기 대응에 실패하였다고 기록하였지만, 적어도 조직의 구성이나 활동에서 일상적인 정보수집과 진압 대응은 충분하였다고 평가한다. 즉 상시적으로 부산대, 동아대, 수산대 등에 정보원이 캠퍼스에 상주하고 있었고, 이들은 학교와 정보 공유를 하고, 대학 인근에 정보원들의 사무실까지 두고 있었다. 또한 부산시경은 별도의 기동타격대를 운용하고, 경찰서별로 진압을 위한 경찰 병력이 별도로 운영되는 2중적인 장치를 갖고 있었다.

(1) 정보수집

부산시경은 10월 16일 당시에도 부산대 내에 정보경찰이 100여 명 상주하고, 부산대 인근에도 사무실을 마련하고 있었다.

---

84) 김선미(2016), 37쪽.
85) 자세한 내용은 접근하지 못해 이 글에서는 활용하지 못했다.

자료 1:

　10월 16일 부산대에서 시위가 발생했을 때는 이미, 평상시와 마찬가지로 정보담당형사, 진압담당 사복 경찰, 채증을 사복 경찰이 100여명이 부산대에 상주하고 있었다. 그리고 이들은 부산대내에 부산대의 부서와 협조할 수 있는 공간을 확보하고, 부산대 외에도 지휘할 공간을 확보하고 있었다.

자료 2:

　사복형사들은 항상 학내에 상주하고 있었다. 조금이라도 이상한 분위기가 감지되면 즉각 출동하여 초반에 학생들의 움직임을 차단했다. 사복형사들이 주로 상주하는 곳은 대학 본부 건물 1층 입구에 있기 때문에, 본관 주변으로 주요한 지점들에서 일어나는 학내 학생들의 동태를 파악하는 것이 신속하였다.[86]

자료 3:

　1979년 9월부터 부산경찰은 부산대학을 몇 겹으로 포위해 놓고 있었다. 9개 일선 경찰서에서 뽑혀진 경찰관 100명쯤은 사복 차림으로 항상 대학교 안팎에서 서성거렸다. 이들이 일선 지휘본부는 장전동사무소 2층이었다. 동래경찰서 정보 1과 2계장이 눌러앉아 지휘를 맡았다.[87]

　대학에 상주하는 정보원들은 정보 수집과 초등진압의 임무를 띠고 있었다. 10월 16일 당일에도 역시 이와 같은 임무는 수행되고 있었다.

자료 1:

　10월 16일 오전 10시 10분 정도, 도서관 앞… 아침 8시께부터 사

---

86) 노재열(2011), 256쪽.
87) 조갑제, 『유고』 1, 1987, 283쪽.

복을 입고 도서관 앞에 배치돼있던 부산진경찰서 소속 이성희 형사는 서서히 정신을 가다듬기 시작했다.[88]

자료 2:

　부산대학을 지키는 장전파출소 경찰관들은 새벽부터 캠퍼스를 돌아다니며, 학생들이 등교하기 전에 격문이나 벽보와 낙서를 찾아 내어 없애버리는 것을 일로 삼고 있었다.[89]

따라서 정보 수집이나 초등대처 대비 상황을 보았을 때, 사실상 소규모 시위도 불가능한 상황이라고 판단하고 있었다.

자료:

　그때의 부산대학교에 대한 정보공작의 밀도로 미뤄 학급단위 이상의 조직적 시위는 애당초 될 일이 아니었다.[90]

(2) 시위 진압 준비

부산경찰서는 부산 전체를 총괄하는 기동타격대, 9개 경찰서별로 시위 진압 병력을 두고 있었다. 전체적인 규모는 3,400명 규모라고 추정한다. 따라서 적어도 10월 16일 부산에서 벌어진 낮 시위에 대해서는 경찰이 진압에 나선다.

자료 1:

　부산시경은 데모진압 전문부대로서 4개 기동대를 설치 운영하고 있었다. 한 기동대는 150명 안팎의 전투경찰과 15~16명의 행정

---

88) 위와 같음, 268쪽.
89) 위와 같음, 287쪽.
90) 위와 같음, 265쪽.

담당 일반경찰관으로 조직. 9개 일선 경찰서는 다중범죄 진압부대를 자체적으로 편성, 한 주일에 한번 이상씩 강훈련을 실시하고 있었다.

　페퍼포그를 내뿜는 화학개스차만도 열 대 이상, 장갑개스차는 가장 성능이 뛰어난 이탈리아제.[91]

자료 2:

　캠퍼스에 배치된 사복경찰관들의 임무는 초동진압이었다. 정보수집 업무는 정보형사들이 따로 맡고 있었으므로 사복들은 하루 내내 언제 터질지 기약이 없는 데모를 기다리며 어슬렁거려야 했다… 볼온문서 수색조로 편성된 이성희 형사는 아침 6시까지 대학교에 도착해야 했다.[92]

(3) 10월 12일~14일 상황

10월 16일 부산대시위가 발생하기 전부터, 사실상 시위에 관한 정보는 지속적으로 수집되고 있었다. 경찰의 보고에 따르면, 적어도 3일전에 시위에 관한 정보가 입수되었고 이에 대한 대비를 하고 있었다.

자료 1:

　경찰의 정보망엔 이런 송아리들은 잘 걸려들지 않았던 것이다… 부산대학을 관할하는 동래경찰서는 10. 16사건 뒤 다분히 자기변명적 보고서 [부대 학원소요 사태현황](32쪽 분량)에는, 이진걸이 격문을 뿌리기 3일전에 특수정보를 손에 넣었다고 기록.[93] (10월 11일 목요일) 두 학생의 대화를 뒷자리에서 듣고 있던 어떤 학생이 다음날(10월 12일, 금요일) 밤 9시께 경찰에 첩보를 제공했다. 동래

---

91) 위와 같음, 285쪽.
92) 위와 같음, 284쪽.
93) 위와 같음, 266쪽.

경찰서 학원담당 여모경사는 부대 정보공작의 팀장인 정보 1과 2계장에게 이 사실을 보고. 경찰은 10월 14일(일요일)에 상담관실에서 학생과장 이충걸 교수과 상담관실 홍준섭 실장을 불러 이 첩보를 알려주었다.

(4) 10월 15일 상황

부산 경찰은 10월 16일 부산대 시위 하루 전에도 시위에 대비하고 주요인물에 대한 감시를 지속하고 있었다. 다만, 주요인물이 아닌 인물의 시위 시도, 주요인물에 대한 정보원의 보고가 허위였었다고 기록하고 있다. 또한 학교 측과의 협조가 제대로 이루어지지 않고 있음을 기록한다.

자료 1:

부산대학 내 정보의 백과사전격인 장전파출소장 김의관 경위는 10. 15일(월요일) 오후 5시쯤 생각에 골몰하면서 옛 정문으로 내려오고 있었다… 그래서 오후에 상대학생에게 부탁하여 총대를 시켜 정광민의 동태를 알아보게 했다. 돌아온 대답은 정광민은 공부에만 열중하고 있다는 것이었다. 총대가 속임수 보고를 했던 것이다. … 김의관 경위는 그러나 이 두 학생은 이 사건과 아무 관계가 없다고 생각하고 있었다.[94]

자료 2:

이진걸의 격문이 뿌려진 15일 오후 부산대학교는 모든 직원들에게 비상근무령을 내렸다… 이진걸의 격문 사건을 놓고 학교와 정보기관(경찰로 추정)은 실랑이를 벌였다. 경찰은 학교당국이 문교부에 사태보고를 올리는 데만 정신을 앗겨 정보를 주지 않는다고 격분했다. 학교에서는 이 사건은 외부 불순분자가 들어와 뿌리고 간 것이라고 판단하자 경찰은 책임을 지지 않으려는 억지라고 비

---

94) 위와 같음, 267쪽.

난했다. 모 기관(중앙정보부로 추정)의 학원담당조정관은 아무것
도 모르고 앉았다가 문교부가 서울의 본부에 통보, 본부에서 부산
지부로 불호령이 떨어져서야 사건을 알고 당황하기도 했다. 교수
들은 그들대로 자기 학과학생들이 다치지 않게 하려고 했다… 간
부경찰관 4명과 부하경찰관 105명을 사복차림으로 9군데 배치했
다. 학생들이 가장 많이 모일 수 있는 2곳의 정문과 도서관 앞엔 20
명씩 깔아 특히 신경을 썼다. 데모 참여학생을 기소했을 때, 공소
유지 자료를 삼기 위해 녹음과 촬영임무를 띤 4명의 전문직원도 배
치했다.[95]

(5) 경찰의 폭력성

10월 16일 밤시위에서 학생과 시민들의 합세하여 공세를 펼쳤으므로,
경찰은 소극적 방어에 몰리게 된다. 그러나 소위 5명 사망설은 바로 10
월 16일 시위에서 발생한다. 사망 건에 대해서는 매우 민감한 주제였다.
즉 시위에서 경찰에 의해 사망했다는 것에 대한 역사적 기억이 가장 크
게 작용했을 것이다.[96] 이에 대해서 지속적으로 경찰, 내무부 장관 등
당사자는 물론, 시위자들, 사회 단체(KNCC, 국제 엠네스티)에서 이를 확
인하기 위해 노력했다. 그러나 5명 사망설의 구체적인 증거는 아직 발
견되지 않았고, 다만, 2명의 사망 경위에 대한 설이 돌고 있었다. 즉 한
명의 여학생이 시위대에 휩쓸려서 압사했다는 것, 그리고 한 명의 남학
생이 경찰에 진압 중에 사망했다는 것이다. 명백한 것은 확인된 증거는
발견되지 않은 점에 미루어 단순 소문이거나, 그와 비슷한 상황이 발생
하였거나, 시위 진압이 난폭하게 진행되었다는 점을 의식한 소문이었을
가능성이 매우 높다. 따라서 10월 16일 밤 시위가 경찰의 소극적 방어로

95) 위와 같음, 268쪽.
96) 1960.4.11, 김주열 시체의 발견에 뒤이은 이승만 정권의 몰락.

진압이 이루어 졌다고 해서, 경찰의 폭력성이 적었다는 것을 의미하는 것은 아니라는 점이다.

당시 경찰의 폭력적인 진압에 대해서는 과잉진압, 경험 부족, 장기적인 억압으로 원인을 돌리고 있다.

자료:

부산시경, "부마민주항쟁에 대한 자체 분석 보고서"[97)

간접 원인:

물리적 통제에 의한 부산지역 대학가 소요 장기 억제(10.16 이전에 전무)

시가지 확산원인: 10.16 부산대 교내 데모의 과잉진압

경찰의 시가지 데모 진압에 대한 경험 부족

2) 동래 경찰서

(1) 진압 방침

동래 경찰서의 진압 방침은 당시 부산시내 경찰과 마찬가지로 초등 진압의 중요성을 강조하고 있다. 그러나 당시의 대학생들의 시위에 대한 정당성을 상대적으로 경찰진압의 정당성 보다 상대적으로 컸다고 일반적으로 판단한다. 경찰 스스로, 시위 진압을 위하여 동원된 부산대내 교직원, 시위를 대하는 일반 시민의 판단, 또는 이를 목격한 기자, 정부 기관의 공무원들 모두가 시위의 정당성을 인식하기에 반사적으로 자신들의 시위 진압의 정당성에 회의적이었다. 물론 관료적인 관리 감독 하

---

97) 정인권(2016), 104~105쪽.

에서는 시위 진압에 적극적으로 나서지만, 관리 감독이 허술하거나, 진압을 사보타지할 수 있는 상황이 발생하면, 이를 적극적으로 활용하여 시위 진압을 회피하려는 성향이 강했던 것으로 추정한다. 이에 대한 증거는 각종 증언록을 통하여 진술되고 있으며, 경찰은 시위 진압의 어려움을 부산대에 돌리고 있는 것으로 판단한다. 10월 16일 시위에 대해서는 경찰 병력이 부족하거나, 준비를 하지 못해서 실패한 것이 아니라, 그 정당성의 부족 때문에 경찰이 학생들, 시민들의 사회적인 공격에 항상 노출되었다는 점에서 찾아야 한다.

(2) 부산대 내 시위 진압

다음 날 10월 16일 오전 10시, 정우는 도서관 앞 잔디밭에 후배들과 함께 학생들 속에 섞여 서 있었다. 어제 일 때문인지 주위에는 사복형사들이 날카로운 눈짓을 하며 학생들을 살피고 있었다.[98]

10월 16일 부산대 오전 10시, 정광민 군이 「민주투쟁 선언문」 낭독 중, 도서관 3층에서 사진촬영하던 사복 형사를 발견하여 사진기를 빼앗았다.[99] 동시에 경찰차 교내 진입이라는 말이 돌고, 사복형사들과 학생들 사이에 난투극이 벌어졌다.
20명의 형사들은 사태가 너무 빠르게 전개돼가는 바람에 어디서부터 손을 써야할지 모르고, 구경만 하고 있었다…광민이 다시 다시 잔디밭으로 나오는 것을 기다렸다가, 2형사는 학생들을 헤집고 광민을 향해 뛰쳐들어갔다… 학생들은 교수들의 설득과 질이 다른 대결의 때가 왔음을 알았다. 2 형사의 행동으로 자극받은 구경꾼 학생들도 한꺼번에 데모대열에 끼여 들었다.[100]

---

98) 노재열(2011), 260쪽.
99) 부산대학교 민주화추진 위원회(1984), 20쪽.

도서관 잔디밭에 학생들이 모였을 때 사복형사들은 이를 해산시
켜보려 했으나, 잔디밭이 그들의 배치장소보다도 3미터쯤 높은 곳
에 있어 공격이 어렵다는 점을 깨닫고 포기했다.101)

정문에서 촬영을 맡은 2형사는 옥상에서 망원렌즈로 데모 주동
자와 앞장 선 학생들을 모조리 찍어대고 있었다… 도서관 앞에서
진압에 실패한 사복형사대 100명은 이때 신 정문과 구 정문에 다시
집결, 학생들의 외부 진출을 막으려는 1차 저지선을 폈다.102)

우르르 달려들어 사복 형사들을 밀쳐 내었다. 사복 형사들이 시
위 주동자를 찾으면서 과도하게 학생들을 잡아가려하자 주위에 있
던 학생들이 사복형사를 끌어내며, 도서관 앞 잔디밭 축대 밑으로
떠밀어 굴려버렸던 것이다".103)

10.16 오전 10시, 부산대 교내 학생 시위 → 이 분노의 파도 속으
로 사복경찰의 공격이 감행되었다.104) 정광민 군을 향해 뛰어든 사
복 경찰들이 정군의 멱살을 잡자, 우루루 몰려간 학생들은 두 형사
를 포위하고, 뭇매를 가했다. 두 형사는 3m 언덕 아래로 떨어져 버
렸다. 도서관 3층에서 사진촬영을 하던 형사들이 쫓아가는 학생들
에게 밀려 사진기를 버리고 도망쳤다.

학교 안으로 진입하려는 경찰과 최루탄을 쏘는 페퍼포그차를 막
기 위해서였다.105)

100) 조갑제, 『유고』 1, 1987, 272쪽.
101) 위와 같음, 277쪽.
102) 위와 같음, 273쪽.
103) 노재열(2011), 262쪽.
104) 부산대 총학생회(1985), 44쪽.
105) 노재열(2011), 264쪽.

[도표 1]
10월 16일, 오전 10시 - 정오 12시, 부산대생 시위 지도[106]

10시 30분, 신정문에서 경찰과 전투를 벌인 학생들은 페퍼포그를 앞세우고 돌진해 들어오는 경찰에 밀려 운동장과 본관 쪽으로 후퇴하였다. 페퍼포그와 무장 기동대가 운동 안과 본관 진입로를 헤집었다.[107]

10. 16, 오전 10시 15분께 정문 바깥에서 동래경찰서장은 진압부대의 캠퍼스 돌격을 명령했다…이때 캠퍼스로 들어온 경찰은 585명이었다.[108]
10월 16일 오전 10시 30분, 부산대 본관, … 교내 보도를 통해 본관 정문 쪽으로 경찰들이 쳐들어오고 있었다.[109]
경찰의 진압작전은 잠시 성공하는 듯했다.[110]
오전 11시…경찰은 이제 이번 데모가 옛날의 그 어떤 학생데모와도 다른 성격을 띠어가고 있음을 어렴풋이 눈치 채기 시작했다.[111]
농구대로 경찰의 정문 돌파를 지연시킴.[112]
10. 16 정오, … 경찰도 교내 시위대에 더 이상 자극을 주면, 바깥으로 진출하도록 부추기는 결과로 올 것 같아 진압부대를 일단 정문 바깥으로 물렸다.[113]

106) 부산대 총학생회(1985), 44쪽.
107) 위와 같음, 45쪽.
108) 조갑제, 『유고』 1, 1987, 274쪽.
109) 위와 같음, 275쪽.
110) 위와 같음, 276쪽.
111) 위와 같음, 280쪽.
112) 위와 같음, 281쪽.
113) 위와 같음, 281쪽.

(3) 부산대 외부 진출에 대한 진압

학내시위는 신정문, 구정문, 사대부고의 세 방향을 통해 외부 진출을 시도하였다.

학내 시위상황에 관한 자료:
[도표 2]
10. 16, 11:00-13:00, 부산대 학생의 가두시위 및 시내진출[114]

1차적으로 돌파한 곳은 구 정문이었다.

자료 1:
경찰의 주 병력이 신 정문에 배치되어 있었고, 구 정문에는 100여 명의 경찰밖에 없어 천 명이 넘는 학생을 막을 수가 없었던 모양이다.[115]

자료 2:
11시경 구 정문으로 진격한 1천여 명은 … 수위실 옆 담벼락을 넘어뜨리고, 교문 밖으로 500명이 진출하여 악을 쓰고 쏘아대는 경찰의 최루탄에 돌과 음료수병으로 대항하면서 구 정문 앞 네거리에서 치열한 접전을 벌였다. 페퍼포그와 줄다리기를 하면서 곤봉에 터져 피를 흘리는 치열한 접전을 벌어졌다.[116]

구 정문 앞에서 전경들과 대치… 경찰의 저지를 뚫고, 온천장 쪽으로 진출…

114) 부산대 총학생회(1985) 46쪽.
115) 노재열(2011), 265쪽.
116) 부산대 총학생회(1985), 45쪽.

구 정문을 통과한 시위대… 100여 명의 기동대와 맞닥뜨렸다.117)

두 번째로 사대부고 방면이 뚫렸다.

자료:

12시경, 학생들은 사대부고로 통하는 철책을 뜯어내고, 사대부
고로 진입했다…

그러나 정문에서는 경찰과의 대치가 지속되고, 결국 실패하고, 학내
로 돌아갔다. 신정문의 시위대가 가장 규모가 크고 치열하게 공방이 벌
어졌으므로, 여기에서 시위대를 학내로 되돌린 경찰은 안도한 것으로
판단된다.

자료 1:

정문에서 경찰과 대치.
7천여 대열이 신정문에서 5백여 진압부대와 대결전을 벌였다…
신 정문 진출 시, 페퍼포그가 가스를 뿜으면서, 교내로 진입.

자료 2:

2진 1천여 명이 진출하자 경찰의 화력이 집중되어 나머지 학생
들은 다시 교내로 밀려들어갔다.

학내로 들어온 학생시위대는 해산하는 것으로 보여서, 학교 측과 일
부 경찰은 시위가 끝나는 것으로 파악하였다. 그러나 일부 정보 형사들
은 부산역에서 집결한다는 정보를 입수하고, 부산 시경에 보고한다.

---

117) 조갑제, 『유고』 1, 1987, 277쪽.

자료 1:

오후 1시, 학생들이 교정을 떠나기 시작했다… 경찰은 학생들이 '집으로 돌아가는 구나'고 생각했다.[118]

자료 2:

이성희 형사는 학생들 사이를 돌아다니면서 부산역에서 만나자는 얘기를 여러분들을 수 있었다… 이 정보는 부산시경에 즉시 보고됐다. 동아대학교를 비롯한 다른 대학에도 경찰의 비상망이 쳐졌다. … 박 총장은 학생들이 집으로 돌아간 줄 알았다고 뒤에 말했다.[119]

(4) 부산대 인근의 시위 진압

구 정문 네거리에서 혈전을 벌인 1진은 좁은 거리에서 페퍼포그와 곤봉에 대항해 싸우면서 전진과 후퇴를 되풀이 했다…2진은 온천장 입구에서 무장기동대와 부딪혔다. 이 접전으로 많은 학생들이 구타를 당하며 연행되었다.[120]

온천장 방면으로 향하는 산업도로, 주변에는 경찰들은 없었다. 아마도 학교 주변을 지키던 경찰병력 몇 백 명으로는 수천 명이나 되는 학생들을 막을 수 없어 다른 곳으로 이동한 모양이었다.[121]

산업도로를 통해 온천장으로 향하는 데모대의 뒤를 따라 1기동대 병력 50여 명이 트럭을 타고 서서히 뒤쫓아 왔다.[122]

---

118) 위와 같음, 282쪽.
119) 위와 같음, 283쪽.
120) 부산대 총학생회(1985) 47쪽.
121) 노재열(2011), 266쪽.
122) 조갑제, 『유고』 1, 1987, 293쪽.

전투경찰관들이 뛰어 내려 곤봉을 휘두르기 시작했다.[123]

정우는 온천장을 지나 경찰과 대치하면서 사직동으로 밀려갔다. 그곳에서 다시 경찰과 대치하다가 기동타격대가 치고 들어오는 바람에 대오가 흩어지면서 허겁지겁 동네골목길로 도망을 갔다.[124]

남포동 대로를 장악하고…경찰도 속수무책인 것 같았다.[125]

온천장 입구에서 수십 명의 무장기동대와 대치… 로터리에 어느새 차량 2대와 30명 정도의 기동대가 대기, 그러나 진압장비가 부족했던지, 방패 투구도 없이 방망이만 있었다. 학생들이 돌로써 전경들을 쫓아내고, 사직동에서 거제리로 나아갔다. 도중에 5대의 버스에 전경들이 추격하여 학생들을 연행하자, 학생들은 해산.
10. 16일 남포동, 부산역에는 이미 형사들이 배치되어 지하도에서 내리는 학생들을 연행하여 일부 학생들은 버스정류소에서 하차를 만류하기도 하고, 일부는 걸어서 시청, 남포동으로 진출
미남 로터리로 전진한 1, 2진은 미남로터리를 방어하기 위해 진을 친 무장기동대를 격퇴하고, 사직동, 거제리로 향했다. 거제리 군부대 앞까지 진출한 시위대는 다시 기동대와 접전을 벌이면서, 수세에 몰렸다….[126]

3진은 온천장 입구에서 일전을 벌인 후… 명륜동 방면으로 치고나가 동래경찰서를 지났다. 동래경찰서 옥상에서 무비카메라를 돌리며 학생시위대에 위협을 가했다. 그 때 동래경찰서에는 수명의 경계병만 남아 있었으며, 오히려 시위대가 돌진해 올까봐 겁을 먹고 있었지만, 그 사실을 몰랐던, 시위대는 그대로 통과, 교대 앞까

123) 조갑제, 『유고』 1, 1987, 294쪽.
124) 노재열(2011), 268쪽.
125) 위와 같음, 269쪽.
126) 부산대 총학생회(19850, 47쪽.

지 진출했다.127)

3) 부산진 경찰서

(1) 온천장 출동

10월 16일 오전 10시 45분, 부산진서 경찰서 다중 진압부대 150명은 15분 만에 뒷마당에 집결(부산진 경찰서 출입인 국제신보 사회부 조갑제 기자는 부산진 경찰서… 상황실로 뛰어 올라갔다, … 사태가 심각해지자 경찰은 상황실에서 기자들이 나가 줄 것을 요구했다).128)

5년 만에 처음으로 그들은 학생 데모 진압의 현장으로 출동. 방패를 두고 갔다. → 처음엔 온천장에 배치. 그러나 부대가 도착했을 때에는 온천장에서 한바탕 충돌이 있은 후였다… 미남 로터리로 가라고 명령을 받다.129)

(2) 교대 앞

교대 앞에 다다른 시위대는 무장 기동대의 강고한 방어선에 봉착, 3진이 겪은 최대의 치열한 전투를 벌였다.130) … 그러나 도로와 육교에서 기총 소사하듯 맹폭을 가하는 기동대와의 전투는 많은 학생의 부상을 낳았으며, 학생시위대는 수세에 밀리게 되었다. 버스를 차단하기 위해 경찰차가 뒤쫓아오면, 운전기사는 더 빨

---

127) 부산대 총학생회(1985) 47쪽.
128) 조갑제, 『유고』 1, 1987, 300~301쪽.
129) 위와 같음, 293쪽.
130) 부산대 총학생회(1985) 48쪽.

리 차를 몰았다.[131] 부산대학교 교문을 연한 1방어선이 붕괴되자, 경찰은 서면을 제2방어선으로 잡고 학생시위대의 시내진입을 막기 위해 안간힘을 썼다… 부산역 광장 지하도, 버스정거장 주변에 병력을 깔았다. 제3방어선이었다.

2.

부산진서 서동백 수사과장은 그러는 학생들이 권투시합을 앞두고 몸을 풀고 있는 선수같아 보였다… 경찰대열은 무너지기 시작했다… 방패가 없었다.[132]

맨 먼저 경찰서장의 승용차가 달아났다. 로터리에 외롭게 서 있는 작전트럭을 돌맹이로 두들겨 패, 학생들이 표현을 빌리자면 떡을 만들었다…기동순찰차… 작전트럭… "학생들은 출구를 지키던 경찰관에게 걷어채이고, 몽둥이로 얻어맞은 뒤 끌려가 경찰버스에 실려졌다".[133]

10. 16 오후 1시 이후… 조갑제 기자는 점심 먹고 낮잠자기 위해 부산진 경찰서 숙직실에서 오침 중. "숙직실 문을 거칠게 열고 들어온 형사 2명은 국방색 전투복 차림이었다… 야 돌에 맞아 죽을 뻔했다".[134]

(3) 경찰 이동

부산진 경찰서 병력 일부는 양정의 하마정 네거리로 이동했다. 경찰은 일단 이곳의 진압부대를 경찰서로 돌아가게 했던 것이

---

131) 위와 같음, 48쪽.
132) 조갑제, 『유고』 1, 1987, 296쪽.
133) 위와 같음, 297쪽.
134) 위와 같음, 302쪽.

다. 조 기자가 형사계에 들어가 보니, 대학생들 13~14명이 책가방을 든 채 잡혀와 있었다. 서면 로터리에서 타고 가던 시내버스로부터 끌려 내려진 것이었다.[135]

일본 신문 - "부산진 경찰서에 연행된 31명 중, 학생은 10명도 안 되었다" (1979.10.17일자 신문, 오전에 발간된 신문. 따라서 통계치는 16일자).[136]

4) 중부경찰서

(1) 시내 오후 5시 이전

전체적인 시위 상황 자료:
[도표 3] 10. 16, 14:00-19:00 항생시위의 전개[137]

시위 초반에는 상대적으로 적은 시위인원과 상대적으로 많이 배치된 경찰 인원에 힘입어 시위대 진압이 성공적으로 이루어지고 있었다. 물론 소규모 시위대의 돌발적인 등장과 사라짐, 골목의 이점을 살린 시위의 치고 빠지는 전략, 시민들의 호응이 초반부터 시작되었음도 확인할 수 있다. 또한 시간이 흐름에 따라 시위대의 전체적인 규모는 늘어나고 있으며, 시위대의 집단 숫자도 늘어나고 있어 경찰이 효율적으로 대처하기 어려운 상황으로 가고 있음을 알 수 있다.

---

135) 위와 같음, 306쪽.
136) 부산대학교 민주화추진 위원회(1984), 21~22쪽.
137) 부산대 총학생회(1985), 50쪽.

자료 1:

10. 16, 오후 3시 조갑제 기자는 사회부 데스크로 연락 전화를 걸었다. 광복동에 데모가 터져 굉장하다는 부장의 목소리는 유쾌한 듯했다.138)

자료 2:

오후 3시 미화당 백화점 앞길에서… 시위대의 머리위로 최루탄이 쏟아져 내리고 방망이 세례가 퍼부어졌다.139)

자료 3:

황성권, 김종철은 오후 3시 30분경부터 광복동 인근에서 시위참여… 황성권은 창선파출소로 성권을 끌고 간 4형사는 전화로 경찰서 간부에게 보고했다.140)

자료 4:

10. 16 오후 4시, 미화당 백화점… 5분 후에 보수동 파출소 앞에 잇던 100명쯤의 학생들도 흑교파출소 쪽으로 뛰기 시작했다.141)

자료 5:

오후 4시 5분, 1대청파출소 앞에 300여 명 시위대 (중부서 상황실에 보고된 내용)

자료 6:

4시 20분 구시민관에서 중앙도 사무소, 용두산 방향, 부산우체국, 1대청파출소 방면으로 시위한 시위대… (중부경찰서 상황실 보

138) 조갑제, 『유고』 1, 1987, 308쪽.
139) 부산대 총학생회(1985), 49쪽.
140) 조갑제, 『유고』 1, 1987, 315쪽.
141) 위와 같음, 310쪽.

고내용)

자료 7:
　오후 4시 25분, 우체국에서 1대청 파출소 앞으로 시위대 진행
(500여 명의 시위대 (중부서 상황실에 보고된 내용))

자료 8:
　오후 4-5시, 중부서 상황실에 보고된 큰 시위대 8개[142]

　시내 시위대의 규모는 오후 2시경에 최소 1천여 명에서 오후 5시 경에는 적어도 2천5백여 명 수준으로 증가한 것으로 추정할 수 있다. 따라서 부산대에서 교통수단을 통해 시내로 진입하는 인원과 시내에서 합류한 인원이 합친 것으로 추정한다면, 주위의 시내버스 승차자들을 검문검색을 통해 체포하고 하차하게 한 점을 미루어 보면 매우 급속히 시위대가 시내로 진입하였거나, 시내의 인원이 시위대로 전환되었다는 것의 의미한다. 정오 부산대에서 2천여 명이 출발하여, 오후 2시까지 반은 포기하고, 반인 1천여 명이 시간당 5백 명의 유입속도로 증가하였다는 점을 알 수 있다. 또한 오후 2시에서 5시 사이에는 시간당 여전히 5백여 명의 증가속도로 늘어났다는 점을 감안하면, 당시 버스 수송수단, 그리고 시내 밀집도를 감안하면, 적극적인 시위자 층들이 시내로 진입하였다는 점을 알 수 있다. 그러나 오후 5시경에 시위대는 이미 룸펜 노동자가 많았다는 점을 인정한다면, 적극적 시위자보다는 시내 근무자들 중 상당수가 근무를 위해 출근하면서 또는 근무지에서 즉흥적으로 시위에 참여하였다는 해석도 가능하다.

---

142) 위와 같음, 311쪽.

시위대 규모에 관한 자료 1:

오후 2시 10분, 중부경찰서 상황실, 부산데파트 앞에 참새 200마리, 부영극장 앞에 300마리, 국제시장에 300마리, 춘해병원 앞에 200마리.[143] → 참새는 시위대를 가리키는 말로 해석된다. 따라서 시위대가 오후 2시 10분 현재, 시내에 적어도 1천여 명이 집결했다는 것을 의미한다. 이는 부산대를 이탈한 시위대 2천여 명 중 반 정도의 숫자로 추정된다.

시위대 규모에 관한 자료 2:

중부경찰서 경찰은 학생시위대를 1,500명으로 파악했다(실제는 2,500명선). 그리고 도시 룸펜청년의 시위가담을 보고했다.

시위대에 대한 경찰의 진압은 지휘 지침에 따라 끝까지 추격하여 물리적 충격을 가한다는 점에서 경찰의 진압이 오건하다고 판단하기 어렵다. 다만 경찰이 고립되는 것을 두려워하였으므로, 개별적으로 시민들 사이를 추격하거나, 시위자를 공격하거나, 골목으로 들어가지는 못한 것으로 이해된다. 이에 따라 경찰과 시위대의 대치는 점차 치열해져가고 있다고 표현한다.

시위대 진압 상황에 관한 자료:

경찰은 꽁무니를 바짝 추격, 뒤에서 한두 명씩 처지는 학생들을 몽둥이로 두들겨 뻗게 한 뒤, 끌고 갔다. 뒤에 처지면 위험하다는 생각에서 학생들의 뛰는 걸음은 거의 줄달음으로 바뀌었다.[144]

시위는 지형이 골목이 많아서, 집단적으로 검거하기가 어렵고, 파악

---

143) 위와 같음, 309쪽.
144) 위와 같음, 314쪽.

이 어렵다는 점에서 경찰은 진압에 고충이 많았다. 또한 주변의 시민들이 시위대를 옹호하여 숨겨주고, 때로는 추격을 방해하여 시위대의 추격과 체포가 실패로 돌아가곤 하였다. 그리고 일몰 전에는 밝음이 주는 감시효과와 안면 인식 효과가 있었으므로, 경찰이나 시위대로 지나친 대결은 삼가는 기제가 작동하고 있었다.

시민의 추적 방해와 공격에 관한 자료 1:
경찰에 쫓겨 도망하는 학생들을 상점 안에 숨기고, 셔터를 내려 버리는가 하면 시위학생들에게 행상아주머니들이 김밥.[145]

시민의 추적 방해와 공격에 관한 자료 2:
경찰이 시위학생을 붙잡아 몽둥이질을 하려하면 모여든 시민들이 '우우'하고 고함을 지르며 욕지기를 했다. 경찰은 어느 한 시위대도 일망타진을 하지 못했다. 고층건물에서 경찰의 머리위로 재떨이, 화분, 연탄재, 병이 마구 쏟아져 내렸다. 학생들을 쫓아간 경찰은 학생이 들어간 후 셔터가 내려진 상점 앞에서 멋쩍은 시늉을 냈다. 가로상인들은 학생들이 빠져나간 후 경찰이 나타나면 비켜둔 리어카를 길 가운데로 몰았다.[146]

시민의 추적 방해와 공격에 관한 자료 3:
이미 경찰은 학생 시위대를 상대로 싸우는 것이 아니라, 온 시민을 상대로 싸워야 했다. 시민들의 눈 때문에 제대로 구타하지도 못했다. 학생시위대와 시민에 비하면, 소규모에 지나지 않는 경찰진압대는 각 방면에서 형식적으로 쫓아 다닌 꼴 그것이었다.[147]

---

145) 부산대 총학생회(1985), 49쪽.
146) 위와 같음, 51쪽.
147) 위와 같음, 51쪽.

골목지형의 추격 어려움에 관한 자료 1:

수십 개의 시위대로 분산, 경찰에 대항했다…한번 정면접전을 벌인 후, 다시 돌아와 경찰의 뒤에서 공격을 가했다. 사통팔달의 골목으로 된 이 지역에서 경찰은 무력화되었다.[148]

골목지형의 추격 어려움에 관한 자료 2:

경찰은 속수무책으로 시위대의 꼬리를 쫓아다니며, 공격했다. 그러다가 바로 뒤에서 함성을 지르며 몰려오는 다른 사위대의 위세에 질려버리는 것이었다. 경찰과 부딪힌 시위대는 썰물처럼 다른 거리로 빠진 후, 다시 밀물처럼 몰려들었다.[149]

(2) 오후 5시 - 7시

경찰은 오후 5시경부터 광복동 일대가 잠잠해지자, 처음엔 데모가 끝나는 것으로 생각.[150]

오후 5시 하기식-- 오후 5시 40분 이후… 시위대는 전열을 가다듬은 경찰 진압대와 치열한 접전을 벌이며, 보다 강고한 물리력에 밀고 밀리면서, 다시 수십 개의 물결을 이루면서 국제시장, 대청동, 충무동, 신창동, 광복동 일대를 휩쓸었다.[151]

10. 16일 저녁 오후 5시 40분, 날이 어둑해질 무렵, 부영극장 앞에서 애국가가 울려퍼짐. 하기식은 아니다.[152]

---

148) 위와 같음, 51쪽.
149) 위와 같음, 51쪽.
150) 조갑제, 『유고』 1, 1987, 316쪽.
151) 부산대 총학생회(1985), 52쪽.
152) 조갑제, 『유고』 1, 1987, 317쪽.

창수는 적어도 20킬로미터는 뛰었다고 생각… 학생들이 쉬자 경찰도 쉰다.153)

경찰은 오후 6시까지 31명을 경찰서로 붙들어 갔다. 29명은 학생, 2명은 일반시민.154)

10. 16 오후 6시, 먹자골목. 그때까지만 해도 경찰과 학생 사이엔 큰 감정이 생기지 않았다.155)

오후 6시 경에 미화당 앞 길, 전경 등의 체류탄 발사… 국제시장 안에서 정면으로 경찰과 충돌. 진압경찰 뒤에서 재집결하여 집안 경찰이 혼비백산.156)

(3) 오후 7시 이후

날이 어두워지자, 경찰은 수적 열세로 … 입구만 경계… 경찰은 시민가담을 효과 있게 막지 못하자 당황. 시위대는 경찰이 나타나면 해산, 경찰이 보이지 않으면 시위대를 형성.

오후 7시 이후… 경찰진압대의 무리가 공격해 오면서 도심은 온통 잿빛 가스로 뒤덮었다… 곤봉에는 가로수 버팀목으로 맞섰다.157)

[도표 4] 10. 16일 19:00 이후, 5만 대 회전과 항쟁의 전개

극악한 최루가스와 곤봉세례에 밀려나는가 하면, 다시 퇴각하는 경찰을 향해 야유를 던지면서 구호를 외쳤다.158)

---

153) 위와 같음, 315쪽.
154) 위와 같음, 316쪽.
155) 위와 같음, 313쪽.
156) 부산대학교 민주화추진 위원회, 1984: 21쪽.
157) 부산대 총학생회, 1985: 53쪽.
158) 위와 같음, 55쪽.

1979. 10. 16일 미 문화원(부산시)에서 보고한 내용[159]
200여명의 시위대를 목격, 언론의 자유와 독재 종식을 외침. 그
러나 경찰은 보이지 않는다. 또한 1천여 명의 시위대가 지나가고
있으며, 경찰과 충돌했다고 보고.

한쪽 거리 차도에 증파되어 오는 경찰병력이 있는가하면, 민중
의 대열이 인도를 메우며 이동했다. 경찰은 가혹하게 폭력을 가했
다. 부상한 사람을 병원으로 향하는 모습을 보면서 민중의 적대의
식은 더욱 고양되었다. 경찰의 폭력행위는 …신경질적인 것이었
다. 진압에 실패한 경찰은… 철시를 요구했다. 경찰과의 치열한 접
전을 거듭하면서 투쟁 양상이 바뀌었다.

분노의 대열 한가운데로 목표물이 기어들어 왔다… 포위망을 형
성한 경찰이 최류탄, 공봉, 발길질로 가혹한 공격을 가해왔다. 이
때 500명에 의해 남포동 파출소가 파괴되었다. 곧이어 8:50-9:00사
이 남포동 골목으로 작전상 후퇴를 한 항쟁대열을 향해 부산진 경
찰서 진압대가 남포동 지하도 부근으로 진입했다. 진입차량을 둘
러싸고 경계에 들어간 그들을 투석… 경찰을 패퇴시켰다. 경찰은
위세에 눌려 모두 도주해 버렸다. 이어 도심 한 가운데에서 평하
는 폭음과 함께 불길이 솟았다. 경찰에게 노획한 순찰차와 작전차
가 불길에 휩싸인 것이다.

파출소와 언론기관이 제1표적이었다…
어둠이 짙어오자, 부영극장 앞 육교를 중심으로 3-5만 명이 집결
하여, 경찰순찰차와 소형 경찰트럭을 전복한 후 방화, …
불어나는 기동대와 군인들[160]의 진주에 밀려

10시가 되자 경찰이 격화된 항쟁을 진화하기 위해 분주하게 통금
시간 연장을 방송하며, 10시부터 통금을 실시한다고 발표했다.[161]

---

159) 주한 미 대사관에서 미 국무부 전문, 1979.10.16.
160) 10월 17일 오후 8시경에 최초로 목격한 증언을 근거로 볼 때, 이 내용은 오
류로 판단된다.

오후 10시경, 부평 파출소가 시위군중에 의해 박살났고, 10시 30분경 보수파출소를 군중들이 파괴, 10시 50분경, 중앙파출소를 파괴, 자정까지 계속.

5) 동부경찰서, 서부경찰서

16일의 시위가 마무리되고, 17일은 아침부터 부산시경은 데모주동자 색출, 시위재발을 방지하기 위한 조치에 나섰다.

17일 오전 8시경 부산시경은 데모주동자 색출을 위해 사복경찰관을 부산대에 104명, 동아대에 85명, 수산대에 32명을 각각 투입하였고, 시위의 재발에 대비하여 기동경찰도 배치하였다.[162]

오전 10시 시민회관, 10월 유신 7주년 기념행사. 유신학술원 부산지부 주최, 유신의 수족 2천5백여 명이 참석.[163] 서울에서도 청와대에서 국회의원들을 모아놓고 만찬와 여흥이 진행되었다.

(1) 부산대

17일 오전 8시경 부산시경은 데모주동자 색출을 위해 사복경찰관을 부산대에 104명을 투입하였고, 시위의 재발에 대비하여 기동경찰도 배치하였다.[164]

매스컴에는 아무 내용도 보도되지 않았다. 시내에는 아침부터 경찰과 진압 차량이 요소요소에 진을 치고 삼엄한 경계를 펴고 있

161) 부산대 총학생회(1985), 56쪽.
162) 한용원(1993), 345쪽.
163) 부산대 총학생회(1985), 57쪽.
164) 한용원(1993), 345쪽.

었다. … 경찰이 부산대 교문을 통제하고, 신 정문과 구 정문에는 완전무장한 기동대가 배치되었다.[165]

10월 17일 오전 9시, 부산대 임시휴교, 정문에 경찰이 배치되었으나, 학생들은 전경들에 야유를 보냈다.
10시 30분경, 금정국교(구정문에서 남동방면 400미터 거리), 식물원 방면으로 진출한 시위대는 식물원 입구에서 기동대의 습격을 받았다.[166]

이때 시위 학생들이 구타당하고, 50여 명의 학생들은 막다른 골목에 몰려 사복형사들과 일대 격투가 벌어져, 몇 명은 연행되었다.

(2) 동아대

17일 오전 8시경 부산시경은 데모주동자 색출을 위해 사복경찰관을 동아대에 85명을 투입하였고, 시위의 재발에 대비하여 기동경찰도 배치하였다.[167]

동아대학생들은 오전에, 운동장을 돌던 시위대는 기동대 3개 소대가 페퍼포그를 쏘기 시작하자, 맞서 대항하면서 분산한 후에 다시 잔디밭에 집결,… 노래를 불렀다.[168]

17일 오후 1시경 동아대학교에서 1천여 명의 학생들이 운집하여 교외로 진출하려다 기동경찰이 저지하자, 투석전으로 맞섰으나, 초동진압을 강조한 상부의 지시에 따라 기동경찰은 최류탄을 발사하

---

165) 부산대 총학생회(1985), 57쪽.
166) 부산대 총학생회(1985), 57쪽.
167) 한용원(1993), 345쪽.
168) 부산대 총학생회(1985), 57쪽.

면서 강력히 저지하자 해산하였고, 동아대학총장은 임시휴교조치를 단행하였다.[169]

(3) 시내

16일의 시위가 부산대에서 시작하여, 동래 부산진을 거쳐 중구로 들어와서 좁은 중국 시내에서 진행된 시위였다면, 17일의 시내시위는 동구와 서구에서 시작되어 중구로 압축되어 들어오는 형태였다.

자료:

[도표 5] 10월 17일 18:30-01:30 항쟁의 전개 지도.[170]

이날 경찰은 아침부터 전경차를 시내에 배치하여 통행하는 시민들에게 위압감을 주려고 시도하였다. 그러나 저녁 해가 지면서 광범위한 시내 지역에서 시위가 시작되었다. 이는 조직적으로 외부에서 유입되었다기보다는, 시위가 발생할 것으로 기대하는 사람들이 모여서 촉발하는 인자가 발생하면, 곧바로 시위에 돌입하는 형태였을 것으로 추정할 수 있다. 물론 시위대의 시내 유입을 차단하고, 시내의 시위발생을 봉쇄하기위해 부산의 전 경찰과 이웃에서 원정 온 경찰까지 동원되었다. 그러나사실상 군대의 동원을 결정한 것은 적어도 차지철 경호실장의 선에서결정된 것은 오후 6시 이전으로 파악된다. 따라서 계엄령을 통한 군대이동은 16일의 시위와 동아대 시위 상황을 검토한 끝에 결정된 것으로보는 것이 타당할 것이다. 그러나 박정희 대통은 유신 7주년 만찬장에서 이 결정을 건의 받고, 동의한 것으로 나타나고 있다. 그러므로, 박정

---

169) 한용원(1993), 345쪽.
170) 부산대 총학생회(1985), 58쪽.

희 대통령이 초기부터 적극적으로 주장하기보다는, 차지철 경호실장이 주도하고, 이를 박정희 대통령이 승인하면서 이루어졌다고 보는 것이 정확할 것이다.

자료:

시내 아침부터 부영극장 앞에 전경차가 배치.

오후 6시 30분 이후, 남포동, 진압경찰은 3,400명, 대청동 미국문화원 앞에서 시위대를 공격하는 경찰의 머리위로 밤하늘에 벌겋게 곡선을 그리며, 불붙은 연탄재가 떨어졌다… 무수한 갈래의 시위대는 중구, 동구, 서구 지역의 거의 모든 파출소와 경찰서, 공공기관을 공략했다.[171]

오후 7시 30분경, 보수동 파출소 앞 - 15명이 경찰에 체포되었다.

8시경 미화당 앞 창선파출소 앞에서 연좌시위.

운동장방면으로 진출한 시위대는 충무파출소를 박살내고 7:25분 서부경찰서에 투석한 후 동대신 파출소를 박살내면서, 차죽지세로 서구 지역을 휩쓸었다…

오후 8시 경에 부영극장 앞에 시위학생들이 경찰에 밀려, 극장 안으로 피신… 진압경찰 위로 화분을 던지는 등 … 시위대는 서부경찰서와 충무파출소를 습격하고, 동대신동 파출소의 유리창도 박살내어 버렸다.

국제시장에서 포위망을 뚫고나온 시위대는 영선고개로 진출하면서, 메리놀 병원 맞은편의 제2 대청파출소를 박살내고 방범 오토바이를 불태워 버렸다…

200여 명의 군중은 제2 대청파출소를 투석으로 파괴, 방범 오토

---

171) 부산대 총학생회(1985), 59쪽.

바이를 방화, …

국제시장에서 포위망을 뚫고 나온 200여 명의 시위대는 동부경
찰서 관내를 결단냈다. 7시 25분경 충무파출소 파괴, 8시 20분 초량
1파출소 박살, 고관파출소로 서서히 초량으로 이동. 이때군중은 1
천여 명.

부산역방면으로 진출한 시위대는 초량 1파출소를 습격하고 8:20
분, …

8시 55분경, 동부경찰서로 향한 군중이 투석을 시작. 동부서를
지키고 있던 50여 명은 사과탄을 시민들에게 던졌으나, …

1천여 명으로 증강된 시위대가 부산진역 앞 동부경찰서에서 경
찰과 접전을 벌였으며 8:55분

경찰의 무자비한 공세에 밀려 KBS로 후퇴한 시위대의 중앙을 가
르면서 수십 대의 무장한 군트럭이 뒤에서 덮쳤다… 중구, 서구,
동구 전 지역의 요로에서 분노에 떠는 시위대는 구화와 애국가를
부르면서 경찰을 유린, 맹렬한 시위를 벌였다…

시청 앞에서 발악하듯 최루탄이 떨어지고, 곤봉세례가 덮쳤다.
페퍼포그의 가스 속에서 시위대가 분산, 도망을 치자, 경찰은 골목
구석까지 추적하여, 안면에 가스를 뿜어대고 구차를 가했다.[172]

9시 30분경, 시청 앞, 경찰은 페퍼포그 사과탄을 무수히 발사하였
다.[173] 경찰은 여관에 숨은 시민들에게 면전에다 바로 가스를 뿜어댔다.

중부경찰서는 무조건 학생들을 연행하여 2~3시간 사이 29명이 체포
되었다.

---

172) 부산대 총학생회(1985), 60쪽.
173) 부산대학교 민주화추진 위원회(1984), 23쪽.

(4) 시위의 피해 양상

16일의 시위가 광범위한 시위 참가 군중에 의한 저 강도 대치상태였다면, 17일의 밤 시위는 소수의 시위대가 적극적으로 대결하는 시위의 양태를 띄었다. 시위대의 숫자의 줄어들었지만, 시위의 과격성은 심해졌으며, 파괴력도 강해졌다. 따라서 경찰병력은 전날보다 더 준비된 상태에서 임하였으나, 시위 진압은 여의치 못했다.

자료:

　17일 밤에 경찰서 2곳, 파출소 10곳 습격당했다. 전날과 마찬가지로, 21개 파출소가 파손 내지 방화되고, 경찰차량 6대 전소, 12대가 파손되었다…기독교방송국은 공격대상에서 제외되었다… 경찰은 3,400명의 대병력으로도 항쟁을 진압할 수 없었다. 파출소를 오랫동안 점거하지 않고, 경찰모자를 불태우고, 박정희 사진을 짓밟고 태워버렸다… 이날 시위는 계엄하인 다음날 18일 새벽 오전 1:20분까지 계속되었다.

5. 계엄하의 진압체계

계엄군의 지휘체계나 진압행태에 대한 체계적인 자료는 작성되고, 보관하고 있는 것으로 추정된다. 즉 국방부 과거사 진상규명위원회와 진실화해를 위한 과거사 진상규명위원회의 자료, 그리고 육군 기록정보관리단의 자료의 자료로 어느 정도 증명되나, 이들 자료가 공개되거나, 공개되었어도, 필자가 수집하지 못해 미비한 가운데, 2차적인 자료에 근거하여 글을 쓸 수밖에 없다. 최근에는 부마민주항쟁 진상규명위원회의 활동으로 일부 다시 수집되고, 계엄군으로 참여한 군인들에 대한 증언이 수집되었다. 그러나 역시 이들 최근에 수집된 자료도 필자에게 가용하지 못한 상황에서 집필되었음을 전제하고, 필자에게 수집된 자료에 근거하여 계엄하의 진압체계에 대한 분석이 시도되었다.

자료 1:
국방부 과거사 진상규명 위원회, 1980, [국방부/합참/육본 보관자료 104 – 계엄사후 보고]
진실화해를 위한 과거사 정리위원회, 2010, 계엄군 작전지휘체계 및 투입부대 지휘체계 외 15(보안사 383-1988-8)
국방부 과거사 진상조사규명위원회, 1980, [부마지역 학생소요사태 교훈], 이 자료는 보안사 자료(합동수사단의 보고서, 단장은 보안사 부산대장 권정달)
국방부 과거사 진상조사규명위원회, 1980, [학생 소요 사태 일지(부산, 마산)]
국방부 과거사 진상규명조사위원회, 1980, [국방부/합참/육본 보관자료 54-58] 10.26 사태와 국난극복 1-5.

자료 2:
부마심의위원회의 자료 수집: 2016년 8월 말 현재
계엄사(군사편찬위원회) 자료/ 해군사, 부대사(해군역사기록물관리단) 자료는 수집,
그러나 육군기록정보관리단 자료는 미수집.
조사대상자: 계엄군 12명

1) 계엄군의 배치

계엄군의 구성은 부산에 주둔하고 있는 부대, 외부에서 투입된 병력,

경찰병력으로 나뉘어져 있다.[174] 전체 병력 규모는 1만 3천여 명에 달한다. 경찰병력은 전체 3천4백여 명 가운데, 진압을 목적으로 한 병력 1천8백여 명만 포함하여, 나머지 1천6백여 일반 업무를 담당하는 인원은 제외하였다. 또한 외부에서 충원받은 경찰 병력 현황은 파악하지 못하였다. 다만 육군본부 계엄사의 자료에 따라, 경찰은 1천8백여 명만 참여하였다고 추정하였다. 이들 병력은 10월 17일 저녁부터 배치되기 시작하여, 아마도 10월 18일 새벽까지는 어느 정도 배치가 완료되어 적어도 10월 18일 아침부터는 계엄군이 진압 업무(충정작전이라고 명명)를 완전히 장악한 것으로 파악된다.

부산지역 계엄사령부(사령관 군수사령관 박창긍 겸임)는 관할군부대인 제2관구(사령관 조상만 소장)의 경비교육단(단장 최석구 준장), 제2해역사(사령관 전구성 준장), 제5전술비행단(단장 강신구 준장) 병력은 물론 특전사(사령관 정병우 소장) 예하 제1공수여단(여단장 박희도 준장), 제3공수여단(여단장 최세창 준장), 제5공수여단(여단장 장기오 준장), 및 해병 제7연대(연대장 박구일 대령)의 지원을 받게 됨으로써 군병력 1만 1천 명과 경찰병력 1천8백여 명을 가용병력으로 확보하였다. 외부에서 투입된 3개 공수여단, 해병 1개 연대의 병력 숫자에 대해서는 명확한 추정치가 없지만, 미 대사관에서는 3천 7백명여 명으로 추정한 바 있다.

자료:

전체적으로 해병대와 특전사가 3700명이 부산에 배치되었다.[175]

---

174)『계엄사』(1982), 66~72쪽.
175) 미 대사관에서 미 국무부 전문, 1979.10.18.

따라서 10월 18일 밤의 상황은 10월 17일에 비해서는 적어도 2~3배의 병력이 배치된 것으로 판단할 수 있다. 또한 군대가 군시설만이 아니라, 일반 공공시설, 주요시설의 보호를 맡음으로서 장갑차, 탱크 등이 주둔하게 된다. 부대의 주된 병력은 대학에 주둔함으로서 대학은 이제 시위의 진앙지가 아닌 진압의 지휘부가 된다.

그러나 부산지역에 배치된 3개 공수여단 가운데, 적어도 1개 공수여단(제5공수여단)은 부산에 오자마자, 10월 18일 밤에 마산으로 급파된 것으로 추정된다. 따라서 부산에는 10월 19일부터는 2개 공수여단이 파견된 것으로 추정할 수 있다.

자료:
10월 20일경(10월 18일을 잘못 기록한 것으로 평가 - 필자) 서울에서 소요진압 특수훈련을 받은 공수부대가 철도편으로 부산과 마산.창원 두 지역에 나뉘어 급파됐다. 부산에는 박희도 준장의 1공수여단과 최세창 준장의 3공수여단이, 마산과 창원에는 장기오 준장이 지휘하는 5공수여단이 내려갔다.[176]

① 경찰은 치안유지를 위한 현행임무를 계속 수행토록 하였다.

② 군병력은 부산대학을 비롯한 10개 대학에 1천5백여 명, 시청 방송국 등 주요시설 26개소에 6천여 명을 각각 배치하였다.

자료:
부산 범일동 철로 북쪽은 해병대가(부산대, 수산대), 남쪽은 동아대가 있는. 공수부대가 맡고.[177]

---

176) 김재홍(2012), 113쪽.

③ 3,400여 명은 기동예비로 보유하여 집회 시위 단체행동의 통제, 통금위반자의 단속, 유언비어 유포자의 색출, 검거에 중점을 두고 계엄업무를 수행하였다.

계엄군은 진압 업무만이 아니라, 보안사를 중심으로 합동수사단을 구성하고, 진압만이 아닌 당시에 진행 중인 공안 사건과 여론 조사를 실시하였다. 이 조사가 중앙정보부가 조사한 것과 일치하는지는 분명치 않다. 분명치 않은 이유는 합동수사단에는 보안사와 중앙정보부가 공동으로 참여하고 있기 때문이다. 다만, 보안사도 독자적으로 자체 보고서를 작성한 것은 분명한 것으로 판단된다. 중앙정보부는 10월 22일(월요일) 국무회의에서 부마민주항쟁에 대한 종합적인 보고를 한 것으로 미루어, 부마항쟁의 진상 조사에 대한 공식적 권한을 부여받은 것으로 추정되기 때문이다. 계엄사는 부산지역에 합동수사단(단장 권정달 대령)을 설치하고, 보안사의 이학봉 중령, 중앙정보부의 김기춘 국장의 지원을 받아 구성하였다. 합동진상조사단은 ① 계엄법 16조에 규정된 죄 및 포고령 위반 중 중요사건의 처리, ② 신민당(당시 제1야당) 한의영 사건, ③ 통일당(당시 제2야당, 1978년 총선에서 국회의원 3명 당선) 권상협 사건, ④ 남민전 준비위원회 사건, ⑤ 양서조합 사건 등을 처리하였을 뿐만 아니라, 여론조사도 실시하였다. 여론조사는 10월 21일(일요일) 오후 1시 30분 경, 북구 학장동에서 "자유당의 복사판이 부산에 있다니 정의의 불꽃들이여 활활 타올라라, 시민들이 침묵으로 후원하노라", "오늘의 사태를 어떻게 수습하느냐에 따라 박 대통령의 역사가치가 좌우될 것이다", "시민의 소리를 경청하라, 학생들을 다치지 말라, 박 대통령은 명예로운

---

177) 이재돈(2013), 477쪽.

길을 가라"는 요지의 벽보를 발견한 데 자극받아 시행하였다고 기록되어
있다.178)

2) 진압 행태

계엄군은 지역 내 주둔하는 부대가 초기에 진입할 당시에는 준비가
제대로 되지 않은 상황에서 시위대들에게 공격을 당하는 상황이었다.

자료 1:
  10월 17일, 대청동 미문화원 앞에서 2관구 사령관의 찚차와 호위
차들이 습격당하기도 했다.179)

자료 2:
  10월 17일 밤 10시경에 사령관 정상만 소장이 이끌고 온 육군 제
2관구(현 53사단의 모체) 소속 지역부대가 투입되기도 했으나, 그
것도 시위대를 막기에는 역부족이었다.180) 오히려 습격당함.181)

그러나 지역 주둔 부대의 본대가 등장하는 시기에는 방어가 아닌 적
극적 시위 진압으로 형태가 바뀌고 있었다.

자료:
  10. 17일 오후 9시 경 2기동대의 3개 소대 병력의 지원으로 시위

---

178) 한용원(1993), 348쪽.
179) 부산대 총학생회(1985), 60쪽.
180) 유영국, 「부마항쟁과 유신체제의 붕괴」, 민주화운동기념사업회 연구소 엮음,
    『한국민주화운동사』 2, 돌베개, 2009.
181) 부산대 총학생회(1985), 60쪽.

대가 밀려나, KBS 부산방송국 향하여 나섰으나, 동부서 쪽에서 무
장한 군인들이 수십 대의 트럭을 타고, 그들을 향해 달려오고 있었
다.[182]

계엄군의 임무는 시설 경계, 시위 진압, 그리고 통금위반자나 유언비
어 유포자 색출, 그리고 일반 시민에 대한 위협을 가하는 업무가 주어졌
다. 이러한 업무의 지침은 시위 진압은 가차 없이 끝까지 쫓아가서 시위
참여자를 무력으로 가해하고, 위협하는 것이 주임무였다. 보다 중요하고
핵심적인 업무는 진압을 넘어서서 시민들이 시위에 대한 의도를 갖거나
시도를 할 수 없게, 위협을 가하는 업무였다. 18일 밤에 군 병력과 시위
대 간에 물리적인 충돌이 일어난 것으로 미루어, 질서유지나 소극적 경
비 업무가 아니라, 시위대를 진압, 체포하는 임무였음은 분명하다.[183]

자료 1: 보안사령부 작성 보고서, 『부마지역 학생소요 사태 교훈』
　"과감하고 무자비할 정도로 타격(해) 데모대원의 간담을 서늘하
게 함으로써 군대만 보면 겁이 나서 데모의 의지를 상실토록 위력
을 보여야 한다"[184]

자료 2:
　10월 18일에는 계엄군은 착검하여 밀집대형으로 시위대를 저지
하였고, 공수부대식 강압적 진압전술을 구사함으로써 부상자가 상
당수 발생.[185]
　공수부대의 강경진압에 대한 시민의 항의가 빗발치자 10월 22일

---

182) 부산대학교 민주화추진 위원회(1984), 23쪽.
183) 정인권(2016), 118쪽.
184) 한홍구, 「놀라운 붕괴, 거룩한 좌절: 부마항쟁과 10.18 민주항쟁의 비교 연구」,
　　서중석 외, 『부마민주항쟁의 역사적 재조명』, 2009.
185) 한용원(1993), 347쪽.

계엄위원회에서는 계엄군의 과격한 저지행동을 금지하고…186)

자료 3:

   1979년 10월 부마항쟁을 진압한 뒤 보안사에서 작성한 작전 결과를 평가하는 '부마지역 학생소요사태 교훈'에 의하면 "소요사태 진압작전에 대한 평가 과정에서 시위의 대규모 확산을 미연에 방지하기 위해서는 초동단계부터 공수부대 등을 투입해 강력진압을 하는 것이 효율적"이라고 써져있다. 이 보고서에는 '초동단계에 신속 진압. 군이 진압을 위해 투입되면 인명을 상하지 않는 범위 내에서 과감하고 무자비할 정도로 타격 데모대원의 간담을 서늘하게 함으로써 군대만 보면 겁이 나서 데모의 의지를 상실토록 위력을 보여야 함. 군이 출동하면 최강의 위엄과 위력을 과시하여 위압감을 주어야 함'이라 적혀있다(국방부과거사진상규명위원회). 이 자료는 부마민주항쟁 이후에 작성된 것이라서, 마치 부마항쟁 당시에는 이 원칙이 적용되지 않은 것으로 비춰지나, 실제로는 같은 원칙이 적용된 것으로 추정하는 것이 자연스럽다. 왜냐하면, 공수부대를 포함한 계엄군은 경찰과는 달리, 시위자를 끝까지 추적하여 체포하고 무력으로 가해하는 것이 경찰과 다른 특징이라는 점이 제시되었기 때문이다. 즉 부산 시내의 시위는 골목이 많아 경찰은 시위자를 추적할 때, 골목으로 피신하고, 경찰의 집단에서 이탈하면, 개별 경찰은 추적을 멈추는 것으로 되어 있으나, 계엄군은 끝까지, 추적하는 것이 특징이라고 기록되어 있다.

자료 4: 진실화해위원회의 2010년 5월 결정문187)

   "진실과 화해위원회 조사결과 위 시위(부마민주항쟁)의 진압과정에서 계엄군에 의해 시민들이 폭행을 당하여 상해를 입거나 이권침해를 받은 점과 수사과정에서 연행된 시민 및 학생들이 구타,

---

186) 위와 같음, 348쪽.
187) 정인권(2016), 119쪽.

성희롱 등 인권침해를 받은 사실이 인정된다."

자료 5: 시위 참가자 증언

　계엄군, 특히 진압 훈련을 전문적으로 받아온 공수단의 경우에 매우 폭력적으로 시위대를 진압하거나, 시민들을 다루었다는 것은 확실하다. "개머리판으로 머리를 타격해서 두부가 파열했다"는 증언이 많다.[188]

　군대의 병력은 물론 경찰의 도움을 받기는 하지만, 시위자들을 현행범으로 체포, 구금할 수 있는 권한을 갖고, 이를 위해 총검을 사용하게 된다. 물론 총에 실탄을 지급한 것에 대한 언급이 없다. 다만 중요한 것은 총을 소지하였고, 이에 부분적으로 대검을 꽂았다는 점은 확실하다. 따라서 부산시내는 이제 기본권이 계엄 하에서 적용되는 상황으로 바뀌게 되었다. 가가호호 젊은이들이 현행범이 아니면서 소요 혐의로 체포 구금되는 사례가 발생한다.[189] 계엄 하에서는 기본권의 제약이 이루어지는 것은 분명하다. 그러나 체포와 구금 등 사법적 절차가 무시되는 것은 아니라는 점에 유의하여야 한다. 또한 체포 시, 또는 구금 시에 이루어지는 폭력(고문)은 사법적 절차 유지에 반하는 행위였다는 점이다. 이는 폭력을 통해 사법적 절차를 진행하여, 이후에 검찰조사, 재판과정에 끊임없이 진술번복이 이루어지게 된다.

　김재홍은 부마항쟁시기에 발포의 가능성도 있었다고 지적한다.[190] 정황적 증거로 당시 강경파에 속하는 차지철 경호실장과 전두환 보안사

---

188) 김선미(2016), 42쪽.

189) 부마민주항쟁 기념 사업회 엮음, 『부마민주항쟁 증언집, 마산편』, 불휘미디어, 2011 참조.

190) 김재홍(2012), 169쪽.

령관의 실질적인 지휘를 받는 공수단이 투입되어 부산시내의 시위진압에 나섰다는 점을 지적한다. "무엇보다도 진압군으로 투입된 부대가 박희도 준장의 1공수여단, 최세창 준장의 3공수여단, 장기오 준장의 5공수여단이었다. 이들이 어떤 부대인가, 지휘관이 모두 전두환을 수괴로 하는 하나회 소속으로 1980년 5월 광주시민항쟁을 살상진압한 바로 그 공수부대들이다. 그뿐 아니라, 부산 마산에 강경진압을 건의하고 사나운 공수부대를 투입한 지옥의 사자는 다름 아닌 차지철과 함께 당시 보안사령관이었던 전두환이었다."[191]

3) 해병대

해병대는 진압을 목적으로 창설되거나 훈련받은 부대는 아니고, 상륙작전과 포항지역을 방어하는 임무를 부여받았다. 따라서 해병대는 작전구역을 벗어나 이동시에는 한미연합사의 승인을 받았을 것으로 추정된다. 이들은 계엄사령부 본부인 군수사령부와 부산대에 주둔하면서 서면 이북의 시위에 대한 진압 업무를 주로 수행한 것으로 추정된다.

> 현재 포항에서 4개 대대가 부산대에 배치, 1,500명의 특전사는 시에 근접 중. 아직 배치되지는 않았지만.[192]
> 당시 계엄 사령부는 군수사령부, 해병대 7연대가 주둔. 차령 시 위기동, 시위 진압.

해병대의 진압 행태에 대해서는 무력사용을 억제했다는 주장부터, 공

---

191) 위의 글, 170쪽.
192) 미 대사관에서 미 국무부 전문, 1979.10.18.

수단과 비슷했다는 주장까지 상이하게 존재한다. 분명한 점은 해병대는 시위를 전문으로 하는 부대가 아니라는 점, 차지철의 직접적인 지휘를 받는 부대는 아니라는 점, 작전업무를 주로 하는 부대라는 점을 고려하여야 한다. 그렇다고 시위 진압에서 무력 사용이 적었다고 주장하는 것도 무리가 있다. 시위 진압 훈련은 짧은 시간이나마 받았고, 계엄군 지휘부의 진압 방침에 따라 18일 서면 인근에서 벌어진 시위 진압은 매우 폭력적으로 진행되었다는 증언이 다수 존재하기 때문이다.

  무력 사용억제의 증언:
  이재돈-(포항 해병사단, 해병대 상황실장, 3대대장으로 계엄군 지휘)
    박구일 해병대 사령관이 무력 사용 억제를 지시. "국민의 군대라는 생각으로 시위를 강압적으로 진압하지 않았다."[193]
    공수부대에 비해 해병대는 폭력을 행사하지 않고, 오히려 맞기까지 했으며, 그 때문에 시민의 신뢰를 얻었다.[194]
  김한근-강압하지 않았다고 들었다.
  곽동효-남포동 거리에서 해병대 군인과 대화하여 시위를 방해하지 않겠다는 양해를 얻었다.

  차이가 없었다는 증언:
  김정주- "그런 차이를 느낄 수 없었다".
  김탁돈-"공수부대보다 상대적으로 나아보였을 뿐, 시위대에게 맞으면서 인내했다는 주장은 과장"

  매우 폭력적이라는 증언:
  이강석(전 해병대 군인)-"공수부대보다 더 지독하고 끈질지게

193) 이재돈(2013), 479쪽.
194) 서정근, 「부마민주항쟁 투입 해병대의 '아름다운 휴가'」, 『신동아』, 2007년 11월호.

진압작전에 임하여, 부산의 대학생들 사이에서 공포의 대상이
었다."[195]
이재돈-10. 18일에 서면, 연산동 로타리에서 소요사태[196]
전병진-"18일 서면 로타리에서 해병대에 의해 머리를 개머리판
    에 맞아 수술을 받고 겨우 목숨을 건졌다"
안병진-서면 로타리에서 해병대와 시민이 대치 중, 증원된 해
    병대가 학생들을 추적, 체포한 상황을 진술.
이광호-후배가 해병대에게 개머리판으로 구타당했다는 기억을
    진술.

매우 폭력적이었다는 증언은 18일 서면 로터리 인근에서의 시위 진압
에서 대부분 나오고 있다. 즉

10월 18일 해가 조금 질려고 하는 그 때. 서면 로터리…
해병대 계엄군이 로터리 기념탑을 중심으로 에워싸고 있다. 도
로에는 차가 안 다니고 있다.[197]
해병대는 구호를 외쳤고, 총을 우리 쪽으로 겨누고 앞으로 몇 발
짝 들어오는 자세… 시민들이 뒤로 물러나고. 다시 차렷 자세하면,
시민들이 앞으로 나가고… 제법 반복되었다… 증강된 해병대가 투
입되어, 해산… 부산상고 방면으로 도망. 군인들이 찾으러 다녔다.
붙들어 갔다.[198]

이러한 안영대의 증언에 따르면, 다른 계엄군의 일반적인 진압 행태
를 그대로 따르는 것으로 보인다.

195) 한홍구(2009).
196) 이재돈(2013), 487쪽.
197) 안영대, 「계엄군을 압박하는 서면로터리의 시민들」, 민주주의 사회연구소
    엮음, 『치열했던 기억의 말을 엮다』 1, 부산민주항쟁기념사업회, 2013, 366쪽.
198) 위와 같음, 368쪽.

4) 공수부대

공수부대의 동원은 강경진압을 주장한 차지철 경호실장에 의해 주도적으로 이루어 졌으며, 10월 26일 이후에는 전두환 보안사령관이 지휘한 것으로 파악된다. 또한 공수부대도 계엄 임지에 부임하여 우선적으로 보안부대와 접촉한 것으로 파악되고 있다.

자료 1:
  10.26이 터지자 전두환 보안사령관은 그날 밤 부산으로 전화를 걸어 박희도 준장에게 박 대통령의 사망을 알리고 급거 돌아올 것을 지시한다. 지휘계통으로 따지면 보안사령관과 공수부대는 아무런 관계가 없다. 그러나 그들은 하나회 비밀 조직의 상하관계였다.
  한편 마산 창원지역에 5공수여단을 이끌고 들어간 장기오 준장은 창원에 도착하자마자, 보안부대장 백 대령을 찾았다.[199]

자료 2:
  부마항쟁은 계엄령 선포와 차지철이 직접 동원한 공수단의 병력의 현비 투입으로 일단 표면상 잠잠해졌다. 그러나 한번 폭발한 민중의 분노는 꺼지지 않은 채 내연하고 있었다.[200]

공수부대의 병력 숫자에 대해서는 확실히 파악되지 않고 있다. 1개 여단의 규모가 1천여 명으로 추정한다면, 부산에 배치된 애초의 3개 공수여단, 그리고 마산으로 이동한(10월 18일 밤부터 19일 새벽 사이) 1개 공수여단을 감안하여 2개 여단은 적어도 18일 밤 이후부터 지속적으로

---

199) 김재홍(2012), 113쪽.
200) 정주신, 「10.26 사건의 배경분석」, 『사회과학연구』(충남대), 2007, 129쪽.

임무를 수행한 것으로 추정한다.

자료:
2개 공수 병력(1공수, 3공수여단)을 다 합쳐도, 해병대하고 비슷, 더 크지는 않았을 것이다.[201]

공수부대가 부산에 도착한 시기에 대해서도 견해가 엇갈리지만, 대체로 해병대가 먼저 도착하고, 공수부대가 도착한 것으로 추정하는 것이 옳을 것이다.

자료:
"공수부대는 내가 잘은 몰라도 조금 일찍 내려온 거 같애요!"[202]

공수부대의 진압 행태에 대한 자료는 주로 시위참여자나 당시 공수부대의 행태를 목격한 증언에 의존하고 있다. 목격자들은 탱크와 장갑차를 동원하고, 최루탄을 발사하였으며, 대검 꽂은 총을 휘둘렀고, 개머리판으로 시민들을 구타하였다는 점, 두발차기로 시민을 폭행하였다는 점을 다수가 공통적으로 지적한다.

무력시위에 관한 자료:
10월 18일 공수부대, 계엄군의 탱크와 장갑차가 도심에 포진하여 위협을 가했다.[203]

---

201) 이재돈(2013), 491쪽.
202) 위와 같음, 481쪽.
203) 부산대 총학생회(1985), 61쪽.

10월 18일 저녁, 부산극장과 상가 인근에 탱크를 보았다.[204]

최루탄, 대검, 개머리판에 대한 자료:

(1) 10월 18일 오후 7시 55분 어둠이 깔린 거리로 몰려나온 시위대가… 남포파출소를 또 다시 훑어버린 시위대가… 시청을 방어하던 공수부대가 구름같이 몰려드는 2천 시위대의 전면에 최루탄 공세를 가하며, 대검 꽂은 총을 휘둘렀다. 공수부대는 시위대를 헤집으며, 구타를 가했다…공수부대의 개머리판에 많은 시민들이 부상당했다.[205]

당시 부산의 각 언론기관에는 그 같은 공수부대의 무자비한 만행을 고발하는 제보가 빗발쳤으나, 언론사들은 이에 침묵으로 일관하였다.

(2) 10월 18일 밤 부산시내[206]

공수부대 군인들이 탱크, 장갑차 M16을 앞세워, 시내 요소요소에 배치되었고, 통금도 2시간 연장되었다. 밤 7시 55분경, 동명극장 부근에서… 남포파출소에 돌세례… 시청에서 공수부대와 마주친다. "차렷 집총자세를 한 공수부대들은 돌격을 하고 최루탄을 발사했다 … 공수부대는 찻길시민, 구경꾼 들을 닥치는 대로 두들겨 팼다.

18일 공수부대의 폭력[207]

"공수부대들은 데모대에 가담치 않은 시민들까지 무참하게 구타하였다. 공수부대에게 두들겨 맞은 시민들은 수백 명에 이름… 이런 행패는 20일까지 계속되었다. 넥타이를 매지 않고 장발한 청년은 무조건 구타, 빨리 걷는다고, 천천히 걷는다고 구타.

---

204) 곽동효(2013), 40쪽.
205) 부산대 총학생회(1985), 61쪽.
206) 부산대학교 민주화추진 위원회(1984), 23쪽.
207) 위와 같음, 24쪽.

사례 1: 신희철(동래구 동상동)은 개머리판으로 얻어맞아 뇌수술을 받음.

사례 2: 택시를 먼저 타려는 일반시민들을 무조건 구타

사례 3: 광복동 카메라점 주인 강영복은 아내 유시민과 함께 18일 밤 10시께 시청 앞 버스정류소에서 공수부대 차의 줄서기에 늦게 한다고 한 군인이 개머리판으로 강 씨의 머리를 찍었다. 항의하는 아내에게 발길질, 주먹질.

사례 4: 전병진(당시 31세, 당감동 25번지에 거주)은 서면 한독병원 앞을 지나가 '건방지다'는 이유로 공수부대 장교가 휘두른 M16 소총의 개머리판에 맞아 뇌수술까지 받아야 했다.

몽둥이 사용에 관한 자료:

시민관 극장 인근에 헌병들이 지키고.[208] 시청 앞, 군용탑 차 뒷문이 열리고, 계엄군이 뛰어내리는데, '어깨걸이에 총해' 가지고, 몽둥이 딱 들고 둘러싸는 거예요.[209]

10. 19 저녁 오후 8:30-, 컴컴한 상태, 영도 기동대 인근(통행금지 오후 10시)에서 시청 옆 자갈치 쪽으로 육교, 육교를 걸너 갈라니까 군인이 막는다.[210] 국방색 얼룩무늬 낙하산 마크(아마도 공수특전단), 집총 자세. 진압봉으로 맞다 → 장파열, 계엄사령부에서 위로금[211]

최용국의 목격 진술: "계엄군들이 지나가는 청년들을 쳐다본다는 이유로 불러다가, 곤봉, 총 개머리판으로 구타"

제1 공수여단장 박희도 준장이 이끌고 온 공수부대는 얼굴에 시꺼먼 위장크림을 칠한 채, 참나무로 깎아 만든 몽둥이로 시민들에

---

208) 곽동효(2013), 43쪽.

209) 위와 같음, 43쪽.

210) 김종길, 「공수부대 폭행에 쓰러진 시민」, 민주주의 사회연구소 엮음, 『치열했던 기억의 말을 엮다』 2, 부산민주항쟁기념사업회, 2013, 68쪽.

211) 위와 같음, 74쪽.

게 무자비한 폭력을 자행하였다.212)

두발차기에 관한 자료:

　민주화운동기념사업회, 『역사 다시보기-부마항쟁편』, 2004.213)
25분 분량 중,
　20분 정도에 계엄군이 두발차기로 시민을 폭행하는 장면
　23분 20~54초, 파출소가 방화된 후의 장면.

　10월 18일 시위 지도: [도표 6] 10. 18일 비상계엄령하의 항쟁.214)

굴욕적인 체포에 관한 자료:

　(1) 고일수의 목격 진술: 지나가는 청년들을 무조건 불러 상의를
벗기고, 무릎을 꿇어 앉히고 머리를 바닥에 처박고 있게 했다…무
차별 구타… 군용트럭이 싣고 갔다. "어떤 처분, 혹은 방면" 기록이
없다.
　(2) 김한근의 목격 진술: 부평시장 주변, 공수부대원들이 20여 명
의 젊은이들을 팬티 바람으로 꿇어 앉혀서 머릴 박고 있게 했다.
양손을 뒤로 결박하고 포승줄로 묶었다. 사정없이 폭행.215)

　공수부대의 진압 행태에 대해 유보적인 기록도 발견된다. 즉 허화평
당시 보안사령관 비서실장은 위력시위를 위주로 하였다고 주장한다.

---

212) 부산민주운동사편찬위원회 편(1998), 5장 3절 2. 2. (3) 박정권의 무력 진압과
　　부산지역 항쟁의 종결 참조.
213) youtube 공개 영상.
214) 부산대 총학생회(1985), 62쪽.
215) 차성환, 「부마항쟁 참여자의 삶과 항쟁체험」, 민주주의 사회연구소 엮음, 『치
　　열했던 기억의 말을 엮다』 1, 부산민주항쟁기념사업회, 2013, 40쪽.

자료 1:

　허화평(당시 국군 보안사령관 비서실장)은 광주의 비극을 촉발
한 핵심 원인으로 지목된 특전사(공수부대) 투입에 대해 "부마 사
태처럼 공수부대의 위력 시위만으로 시위대가 저항을 포기할 것으
로 판단한 계엄사령부의 명백한 판단 착오였다"며216)

　미국 대사관은 상대적으로 부상자가 적었다고 기록하고 있다. 다만
미국 대사관의 기록은 16일과 17일의 상황을 보고한 것으로 미루어 공
수부대가 투입된 18일의 상황을 제외하고 평가한 것으로 분석된다. 조
갑제는 가혹행위가 주로 18~20일에 이루어졌다고 지적하고 있다.

자료 1:

　10. 18일 이후, 주로 공수부대가 심각한 가해행위. 항쟁 직후
(10.18~20일 사이)의 상황217)

자료 2:

　2일간 시위가 발생하고, 수백 명이 체포되었지만, 상대적으로 부
상자는 적고, 사망자도 있다는 증거가 없다.218)

6. 결론

　현재까지 드러난 기록들, 물론 1차적인 공식 기록보다는 취재기록, 미

---

216) 「군 과거사위여, 제발 우리를 조사해라」, 『한겨레21』 2005.7.8.

217) 조갑제, 『유고』 1, 1987.

218) 미 대사관에서 미 국무부에 전문, 1979.10.18.

국대사관 기록, 회고록, 증언록, 민간인 기록들이 대부분이고, 부분적으로 마산에 대한 군사재판기록이다. 그러나 보대 체계적으로 기록물의 가능성을 찾아보고, 보존문서 기록, 문서수발 대장 등을 통해 일차적으로 문서의 내용을 점검하고, 이를 확인하여 구체적으로 문서를 적시하여 해당기관에 공개 요청하는 방안이 가장 확실하다. 현재의 상황은 망라적인 성격이거나, 상대방이 자의적인 처리가 가능하게 공개를 요청하므로, 매우 적극적인 의지가 없이는 공기관이 움직일 가능성이 매우 낮다.

현재까지의 파악한 기록을 토대로 잠정적인 평가를 내린 것이고, 앞으로 구체적인 사례, 전거를 통해 보완될 것이다. 따라서 현재까지의 기록을 검토한 결과이고, 아직 점검하지 못한 자료들을 포함하여 최종적인 평가를 내릴 것이다.

우선 이 연구의 결론을 요약하고, 이를 토대로 앞으로의 과제를 논의한다. 1절에서는 계엄령의 법적 정당성을 논하였다. 우선 계엄령 선포의 내용적 정당성을 검토하기 위해 법적 근거, 대외적인 위협, 공공질서의 파괴, 경찰의 질서유지 능력, 타 지역으로의 확산 우려에 대한 평가를 진행하였다. 법적 근거는 유신헌법에 의거하므로 형식적 요건을 충족시키나, 내용적으로는 전시사변에 준하는 극심한 사회질서의 와해에 대한 평가, 그리고 계엄하라고 하더라도 보편적으로 지켜져야 하는 공개토론, 생명권 존중, 사법질서의 유지 등의 측면에서 부정적으로 판단한다. 대외적인 위협은 사실상 외부적 위협은 존재하지 않았고, 내부적 위협도 사실상 유신체제의 억압성에 따른 것이므로, 체제 내적인 요인이 깊다. 공공질서의 파괴 정도는 시설 파괴의 수준에 미무르고, 정부니 체제의 전복이나 혼란을 부추기는 수준은 아니었다고 판단된다.

아울러 경찰의 진압 능력에 대한 평가는 적어도 16일의 낮, 그리고 늦은 밤 이전에는 과잉진압을 우려할 정도로 군대가 진주할 정도는 아니었다. 외부 경찰의 도움으로 3천4백여 명이 진압하는 상황이었다. 물론 소규모의 시위의 연속적인 발생, 이에 따른 진압의 어려움은 인정되지만, 그렇다고 경찰 진압이 불가능하므로, 군이 동원되어 질서를 유지할 상황은 아니었다는 점이다. 그러나 당시의 상황이 유신 7주년을 맞는 시점이라 전국적으로 대도시를 중심으로 대학생들의 시위가 예상되어 있다는 점을 고려하면, 부산에서의 시위가 타 도시로 전이될 가능성 또한 농후했다고 보인다. 그러나 부산시위의 특성과 같이 대학생시위가 일반시민의 시위로 전환될 가능성에 대해서는 필자의 분석 능력상 판단하기 어렵다.

계엄령 선포와 발동의 절차적 정당성에 대해서는 국무회의를 중심으로 살펴보았다. 즉 국무회의 이전에 대통령의 결정과정이 있었는데, 이 과정이 매우 사적인 과정에서 이루어졌다는 점이 두드러진다. 즉 16일의 시위에 대한 평가가 공식적인 기관인 경찰과 중앙정보부를 통해 이루어지고 있는 상황이었지만, 이들의 의견을 기반으로 이루어지기 보다는 차지철 경호실장의 사적인 정보수집망을 통해 정보가 수집되고, 아마도 차지철 경호실장의 수준에서 결정되어 대통령에게 보고되었다는 점이다. 이는 국무회의 이전에 사실상 군부대의 이동명령이 하달되었고, 관련행정 당국자들에게 통보된 다음에 군 상급지휘 계통과 장광들에게 통보된 점에서 사적인 결정이 대통령에게 전달되었고, 심각한 토론 없이, 대통령은 공격적이고 압제적인 본능에서 반응하면서 결정한 것으로 확인된다.

진압의 지휘 계통에서는 대통령, 내무부, 정보기관, 문교부를 다룬다. 대통령에 대한 기록은 미국대사와 김재규 중앙정보부장의 증언에 의존하지만, 유신체제에 대한 불만의 억압, 김영삼 신민당 총재에 대한 정치적 정당성을 부여하는 것에 대한 거부감, 선제적인 억압을 통해 국민들

에게 공포심을 유발하여 통치하여야 하는 유신적 절박성 때문에 강경진
압을 지시한다. 내무부는 경찰의 지휘체계를 통해 정보수집과 신속한
보고를 수행하였으나, 초등 선제 진압 방침을 고수하면서, 학내 진압과
확산에 실패한 것으로 볼 수 있다. 그러나 실패가 곧 무능력을 의미하지
는 않는다. 경찰 보고에서도 확인할 수 있듯이, 유신억압의 누적된 불만
이 근본적 요인이었고, 부수적으로 경찰의 진압의 부족함을 지적하고
있다. 정보기관들 역시, 같은 맥락에서 중앙정보부장은 부산시위기간
중 거의 매일 밤 헬리콥터로 부산을 방문하면서, 정보기관에서 수집된
정보를 통해 분석과 원인 대책을 마련한 것으로 보인다. 이를 통해 정치
적인 유화책을 제시하였으나, 차지철 경호실의 대통령 보고체계가 박정
희 대통령의 유신체제 유지에 유리한 전략이라고 판단한 대통령은 중앙
정보부의 전략을 거부하였다. 문교부 역시, 신속하고 대응한 조직이다.
그러나 이들 역시, 대학 체제가 경찰에 의해 침탈되는 상황에서 무력감
을 느끼고, 심정적 협조까지는 이끌어내지 못했음을 짐작할 수 있다.

　경찰은 상시적인 대학가 소요 정보 수집체계를 갖추고 있었고, 이를
통해 선제적인 초등진압, 감시체계를 유지하면서, 적어도 30분 이내에
기동대를 캠퍼스 시위현장에 보낼 수 있었다. 따라서 장비와 인원, 조직
의 난관 때문에 시위진압을 하지 못했다고 볼 수 없다. 그리고 실제로
10월 16일 시위로부터 4일 전인 12일의 시위 모의에 대해서도 정보를 수
집하고, 대응하고 있었던 상황이다. 다만, 관심학생이 아닌 일반 학생들
의 동향 파악에 대해서는 오판할 가능성이 높았다. 경찰의 시위 진압은
초반에 선제적으로 과감하게 진압한다는 원칙을 고수하고 있었으므로,
경찰의 시위 진압 형태가 온건하였다고 주장할 진압 원칙은 없었다. 다
만, 부산진서의 진압 경찰이 초기에 출동하면서 진압장비를 갖추지 못
하고 출동한 것은 시위 상황에 대한 정보 미비나 경험 부족이라고 판단

할 수 있다. 학생들의 시위가 한 곳에서 일어나면서 보도를 통해 확산되는 형태가 아니라, 시민 밀집 지역으로 대중교통을 통해 이동하면서 이루어지면서, 학생시위가 일반 시민 시위로 전환하고, 그 시간적 여유와 시위 정보 전파 기회가 생겼다는 점은 특이하다. 시내의 낮시위를 통해 온건하면사도 시민들의 호응을 받는 시위를 유지하였다. 그러나 밤시위에서는 소규모의 게릴라 성 시위대가 생성되었다가 사라지는 형태로 진행되면서 경찰의 진압 전술은 실패하기 시작한다. 더구나 시민들이 가세한 상황에서 모든 환경이 적대적으로 변해버린, 모든 시민들을 잠재적 시위자로 다루어야 하는 상황에서 경찰은 시위 진압에 실패한다. 낮에는 지속적으로 시위대가 유입되고, 밤에는 잠재적 근무와 거주인구, 그리고 시위를 위해 진입한 인구와 유흥을 위해 진입한 인구들을 결합하면서 즉흥적인 시위대가 결성되곤 하였다. 더구나 시위 이틀째인 17일의 시위는 시위 인원은 감소하였지만, 그 과격성은 강해진 시위였다. 9곳의 경찰서중 2곳, 시내의 파출소 21곳(아마도 시내에 소재한 모든 파출소로 추정), 경찰차량 20여 대가 부분 또는 전파되었다.

이러한 상황에서 계엄군이 출동한다. 계엄군은 약 1만 1천여 명에 달한다. 이는 공식적으로 경비와 소요 진압에 투입된 인원을 의미한다. 즉 지역에 출동하지 않고, 주둔한 군은 배제한 것이다. 기존의 경찰 인원 3, 4백 명에 비하면 3배가 증원된 셈이고, 밀도는 4배가 된 것이다. 이런 상황에서 더 강해진 진압 방식, 압도적 무기와 무력 시위로 부산의 대학가와 시내는 공포의 도시로 변한다. 즉 모든 시민은 잠재적인 시위자로 판단되면서, 보행 중인 시민들이 특히 젊은 시민들은 계엄군에게 잡혀서 두드려 맞고, 벌거벗기고, 줄로 엮어서 차량을 통해 구금되는 상황이 발생한다. 여기에는 지역 주둔 경호병력만이 아니라, 포항의 해병대 병력, 특히 진압업무를 주로 훈련받은 3개 공수여단 병력이 투입되면서 더 잔인

하게 진압행태가 발생한다. 지역 작전군인들은 지역민과의 연계를 중요
하지만, 진압 목적의 공수여단은 일반 시민들도 잠재적인 시위자로 판
단되면, 초동 진압에서 강한 공포심을 유발하라는 원칙을 고수하면서
쫓아가서, 혐의자를 육체적으로 정신적으로 무력화시키는 방식을 사용
했다. 공수부대를 포함하여 계엄군은 군의 공식 지휘 계통은 사후에 받
으면서, 사실상 박정희 대통령을 대신하여 차지철 경호실장이 지휘한
것으로 보인다. 따라서 공수여단의 진압방식은 대통령의 의사를 가장
잘 대변하여 집행한 것으로 평가할 수 있다.

　이상에서 부산 시위에 대한 국가의 대응 양태에 대한 서술과 평가를
마친다. 유신체제와 계엄의 선포, 유신체제에서의 총력 진압 행정체제
와 그럼에도 불구하고 기형적으로 운영되는 공식 정보라인들, 박정희
대통령의 유신체제가 사실상 독재체제로서 유지되면서, 누적된 불만을
정치적으로 해결할 수 없는 딜레마가 감지된다.

참고문헌

곽동효, 「증언」, 민주주의 사회연구소 엮음, 『치열했던 기억의 말들을 엮다, 부산편 1』, 부마민주항쟁기념사업회, 2013.

권정달, 「권정달 회고록, 5공비화 1」, 『일요 서울』 2013.9.2.

김봉우, 「박정희 본질과 실상」, 『사월혁명회보』, 1999년 1월호.

김재규, 「항소이유 보충설명서」(등사본), 1980.1.28.

김재홍, 『박정희 살해사건 비공개진술 전 녹음 (하) - 대통령의 밤과 여자』, 동아일보사, 1994.

김재홍, 「서울 사태나면 발포명령? 간담이 서늘했다」, 김성태 엮음, 『의사 김재규』, 매직하우스, 2012.

김종길, 「공수부대 폭행에 쓰러진 시민」, 민주주의 사회연구소 엮음, 『치열했던 기억의 말을 엮다』 2, 부산민주항쟁기념사업회, 2013.

노재열, 『1980』, 산지니, 2011.

노찬백 외, 『한국 정치의 이해』, 형설출판사, 2002.

민사군정감실 계엄사 편집위원회, 『계엄사: 10.26 사태와 국난극복』, 육군본부, 1982.

박영주, 「10.18 마산민주항쟁의 전개과정」, 『부마민주항쟁 기념 자료집』, 1989.

부마민주항쟁 기념 사업회 엮음, 『부마민주항쟁 증언집, 마산편』, 불휘미디어, 2011.

부산대학교 민주화추진 위원회, 『새벽함성』, 창간호, 1984.

부산대 총학생회, 『거역의 밤을 불사르라, 10월 부마민중항쟁사』, 1985.

부산민주운동사편찬위원회 편, 『부산민주운동사』, 1998.

서울의 소리, 「유신의 심장을 쏘았던 김재규를 평가한다」, 김성태 편, 『의사 김재규』, 매직 하우스, 2012.

서정근, 「부마민주항쟁 투입 해병대의 '아름다운 휴가'」, 『신동아』, 2007년 11월호.

안영대, 「계엄군을 압박하는 서면로터리의 시민들」, 민주주의 사회연구소
　　엮음, 『치열했던 기억의 말을 엮다』 1, 부산민주항쟁기념사업회, 2013.

유영국, 「부마항쟁과 유신체제의 붕괴」, 민주화운동기념사업회 연구소 엮
　　음, 『한국민주화운동사』 2, 돌베개, 2009.

이상우, 『비록 박정희 시대』 2, 1985.

이은진, 『1979년 마산의 부마 민주항쟁: 육군고등군법회의자료를 중심으로』,
　　2008.

이재돈, 「증언」, 민주주의 사회연구소 엮음, 『치열했던 기억의 말들을 엮
　　다, 부산편 1』, 부마민주항쟁기념사업회, 2013.

정승화, 『대한민국 군인 정승화: 정승화 자서전』, 2002.

정인권, 「부마항쟁 유치준 사망사건을 추적한다」, 『성찰과 전망』 22호,
　　(사)부산민주항쟁기념사업회 부설 민주주의사회연구소. 2016.

정주신, 「10.26 사건의 배경분석」, 『사회과학연구』 제18권, 충남대학교 사
　　회과학연구소, 2008.

조갑제, 『유고』 1 · 2, 한길사, 1987.

조혜정, 「거대한 유산, 민주주의가 밥 먹여주냐」, 『한겨레 21』 2009.10.26.

차성환, 「부마항쟁 참여자들의 삶과 항쟁체험」, 민주주의 사회연구소 엮음,
　　『치열했던 기억의 말들을 엮다, 부산편 1』, 부마민주항쟁기념사업회,
　　2013.

최성진, 「김재규가 쏘지 않았다면」, 『한겨레 21』 2009.10.26.

한용원, 『한국의 군부정치』, 대왕사, 1993.

한홍구, 「놀라운 붕괴, 거룩한 좌절: 부마항쟁과 10.18 민주항쟁의 비교 연
　　구」, 서중석 외, 『부마민주항쟁의 역사적 재조명』, 2009.

한홍구, 『유신』, 2014.

Ladardini, Rodrigo, "Emergency Situations", *Encyclopedia of Human Rights*,
　　Vol 2, Oxford University Press, 2009.

5장
미국 정부 기밀문서를 통해 본
부마항쟁
-부마항쟁의 정치·사회적 충격

지주형

1. 들어가는 말

이 글은 미국 국무부와 CIA(Central Intelligence Agency, 미국 중앙정보국)의 기밀문서를 중심으로 1979년 10월의 부산-마산 민주항쟁(이하 부마항쟁)을 재조명하는 것을 목적으로 한다. 미국의 기밀문서는 부마항쟁 그 자체보다는 보다 넓은 한국의 정세의 흐름에 관심을 가지고 작성되었으며 특히 당시 언론보도가 통제되었던 상황에서 언론보도로 확인할 수 없는 학생운동과 반유신운동의 동향에 대한 정보를 포함하고 있다. 우리는 미국 정부의 기밀문서를 통해 부마항쟁이 단순히 10월 16일부터 20일에 이르는 부산과 마산 지역만의 시공간적으로 제한된 항쟁이 아니라 1970년대 말 유신체제 전반의 모순에 대한 저항으로서 폭발한 민중운동이라는 것을 알 수 있다. 또한 부마항쟁이 당시의 학생운동뿐만 아니라 집권세력에 주었던 충격도 살펴 볼 수 있다.

이러한 목적을 위해 이 글은 다음과 같이 전개된다. 첫째, 이 글이 사용하는 미국 정부 기밀문서에 대해 소개한다. 둘째, 미국 국무부 기밀문서를 통해 부마항쟁이 유신체제의 다른 시위와는 구별되는 새로운 형태의 시위였다는 것을 보여준다. 셋째, CIA 기밀문서를 통해 부마항쟁이 박정희 정권과 당시의 시민사회에 준 심리적 충격과 더불어 다른 지역에서 후속된 학생 시위 및 시위모의를 보임으로써 그것의 사회적 파급력을 보여준다. 넷째, 이를 통해 그동안 알려지지 않았거나 새롭게 드러난 사실 또는 추가적인 진상규명이 필요한 부분을 서술한다. 다섯째, 미국 기밀문서가 우리에게 시사하는, 유신체제의 모순에 대한 선도적 저항으로서의 부마항쟁의 의미에 대해 생각해 본다.

2. 미국 기밀문서

한국 현대사에서 통치관련 사료는 정권의 부정부패와 비리 및 불법적 행위를 감추려는 의도에서인지 핵심적인 자료는 대부분 유실되어 있고, 남아 있더라도 매우 형식적이고 공식적인 수준의 문건 밖에 남아 있지 않은 경우가 많다. 반면에 당시 한국 상황에 대해 보고와 개입 지시를 담은 미국 측 정부 문서에는 공식적인 정치적 행위 이면에서 벌어진 일들에 대한 정보가 고스란히 들어 있다.[1] 특히 국무부와 주한 미국 대사관 사이에 오간 자료는 주한 미 대사관의 자체적인 정보수집[2] 내용이 상세히 담겨 있어 정권 외부로 알려지지 않았던 사실들을 알 수 있는 경우가 많다. 물론 이러한 정보들 중에는 한국 측의 자료로 이미 확인된 것들도 많다. 또한 미국의 정보력 또한 전지전능하지 않기 때문에 미국 정부 문서에 실린 내용을 100% 신뢰할 수 있는 것도 아니다. 하지만 그렇다 하더라도 미국 정부 문서에는 이를 상쇄할 수 있는 또 다른 장점이 있다. 이 문서들에는 한국의 당사자들과의 관점과는 거리를 둔 미국의 이익이라는 관점에서 주한 미 대사의 논평과 분석이 담겨 있기 때문이다. 즉 미국 정부 문서는 한국의 당사자들이 미처 관심을 기울이지 못했던 것들에 대해 색다른 시각에서 한국의 현대정치사를 조망할 수 있게 하기도 한다.

1) 미국의 기밀문서는 일반적으로 작성 후 25년이 지나면 기밀이 자동 해제되며 기밀이 해제된 문서는 국립문서기록보관소(NARA: National Archives and Records Administration)에 이관되어 일반에게 공개된다. 대외 관계와 대외정책에 관한 중요한 자료는 Foreign Relations of the United States(FRUS)라는 제목으로 공식 편집 출판되기도 한다. 물론 25년이 되기 이전에도 기밀기간이 짧거나 정보 공개 청구를 받아 공개되는 경우도 있고, 25년이 지나 기밀이 해제되어도 내용의 상당부분이 삭제되어 공개되는 경우도 많다.
2) 여기에는 주한 미국 대사 또는 대사관 직원과 한국 정부나 정계의 주요인사, 유력한 교수 등과의 환담, 미국 대사관 직원이 재야인사나 학생운동권, 일반 시민 등과 접촉해서 입수한 정보 등이 포함된다.

이는 부마항쟁에 대해서도 적용된다. 부마항쟁의 대체적인 상황은 많이 밝혀졌지만 구체적인 전개와 상황은 아직 밝혀지지 않은 것들이 많다. 참여자들의 증언과 구술은 일부분에 관한 것이고 기자들의 취재기록 등도 제한적이다. 반면 정부 측 기록은 마산에서의 항쟁에 대한 군법회의 자료 외에는 공개된 것이 없다.[3] 군법회의 자료 또한 구속되어 재판에 회부된 이들에 대한 자료이기 때문에 마산에서의 항쟁을 100% 보여주는 데는 한계가 있다. 미국 측의 기밀문서는 부산 미문화원, 주한미대사관, CIA 등의 정보력을 동원해 만들어진 자료로서 모든 내용을 100% 신뢰할 수는 없고 또 그중 많은 부분은 이미 알려진 것이기도 하며 일부에 오류가 확인되기도 하다. 하지만 이 사료는 부마항쟁에서 알려지지 않은 부분이나 그동안 주목받지 못한 부분을 환기시키고 추가적으로 진상규명이 필요한 부분을 파악하는 데 도움이 될 수 있다.

부마항쟁에 대한 새로운 접근을 위해 이 글에서 주로 살펴 볼 미국 정부의 기밀문서는 두 가지다. 하나는 미 국무부(Department of State)의 문서이다. 여기에는 주한 미국대사관(특히 주한미국대사 William Gleysteen, Jr)이 국무장관(당시 미 국무장관은 Cyrus Vance)에 보낸 전문(telegram) 뿐만 아니라 미 국무부가 주한 미 대사관이나 다른 지역의 대사관에 보낸 문건 등도 포함이 된다. 1997년 출간된 『5·18 광주 민주화운동자료총서』 제7권[4]은 부마항쟁이 일어난 시기인 1979년 8월 1일부터 11월 30일까지의 미 국무부 기밀문서를 수록하고 있다. 또 하나는 부마항쟁이 발생한 1979년 미국의 대통령이었던 지미 카터(Jimmy Carter)의 정책 문건

---

3) 이은진, 『1979년 마산의 부마민주항쟁: 육군고등군법회의 자료를 중심으로』, 불휘, 2008 참조.

4) 5.18사료편찬위원회 편, 『5·18 광주 민주화운동자료총서』 제7권, 광주광역시 5.18사료편찬위원회, 1997.

을 소장한 지미 카터 대통령 도서관(Jimmy Carter Presidential Library)의 자료이다. 이는 연세대학교 국가관리연구원으로부터 구할 수 있다.[5] 이 글의 작성을 위해 살펴 본 문건의 구체적인 목록은 다음과 같다.

1) 미 국무부 자료

이 글에서 살펴볼, 부마항쟁과 직간접적으로 관련된 미 국무부 문서 자료의 생산일시는 10월 16일부터 28일에 해당하고 분량은 총 69쪽에 달한다.[6]

제목	생산자	수신자	생산일시	쪽수
REPORT OF STUDENT DEMONSTRATION IN PUSAN	주한 미대사관	미국무부 장관	160806OCT79	1
ROKG ANNOUNCES FURTHER ARRESTS IN CONNECTION WITH SUBVERSIVE RING	주한 미대사관	미국무부 장관	170851OCT79	2
MORE ON PUSAN DEMONSTRATION: DEMONSTRATION AT EHWA UNIVERSITY IN SEOUL	주한 미대사관	미국무부 장관	170910OCT79	3
SITUATION IN PUSAN FOLLOWING DECLARATION OF MARTIAL LAW	주한 미대사관	미국무부 장관	181004OCT79	3
CORRECTED COPY (SENTENCE ADDED)	주한 미대사관	미국무부 장관	181004OCT79	1
VOA INTERVIEW WITH KIM YONG-SAM	주한 미대사관	미국무부 장관	181050OCT79	2
MORE ON PUSAN SITUATION	주한 미대사관	미국무부 장관	181052OCT79	5
TEXT OF ROKG MARTIAL LAW DECLARATION	주한 미대사관	미국무부 장관	181058OCT79	2
ROKG RELEASES KNCC RELATED PERSONS WHO HAD RECENTLY BEEN DETAINED	주한 미대사관	미국무부 장관	181100OCT79	2

---

5) 자료의 열람과 인용을 허락해 준 연세대학교 국가관리연구원에 감사드린다.
6) 5.18사료편찬위원회 편, 1997, 392~482쪽.

제목	생산자	수신자	생산일시	쪽수
MEETING WITH PRESIDENT PARK RE GUARDING DOMESTIC POLITICAL CRISIS	주한 미대사관	미국무부 장관	181104OCT79	2
VOA INTERVIEW WITH KIM YONG-SAM	미국무부 장관	주한 미대사관	182211OCT79	1
MEETING WITH PRESIDENT PARK REGARDING DOMESTIC POLITICAL CRISIS	주한 미대사관	미국무부 장관	190332OCT79	4
WEEKLY STATUS REPORT - KOREA	미국무부 장관	주한 미대사관	182141OCT79	3
ADDITIONAL DETAILS ON PUSAN/ROK STUDENT SITUATION	주한 미대사관	미국무부 장관	190958OCT79	4
EMBASSY THOUGHTS ON CURRENT MOOD FOLLOWING DECLARATION OF MARTIAL LAW IN PUSAN	주한 미대사관	미국무부 장관	200337OCT79	6
PUSAN/ROK STUDENT SITUATION RELATIVELY QUIET WITH CONTINUING INSTANCES OF ANTI-ROKG ACTIVITY	주한 미대사관	미국무부 장관	200350OCT79	2
UPDATE ON MARTIAL LAW SITUATION OCTOBER 22	주한 미대사관	미국무부 장관	221043OCT76	2
ROK MARTIAL LAW SITUATION OCTOBER 23	주한 미대사관	미국무부 장관	230936OCT79	2
ROK MARTIAL LAW SITUATION OCTOBER 24	주한 미대사관	미국무부 장관	240939OCT79	1
DEMONSTRATIONS IN PUSAN AREA	주한 미대사관	미국무부 장관	250903OCT79	1
ROK MARTIAL LAW SITUATION OCTOBER 25	주한 미대사관	미국무부 장관	250911OCT79	1
CONVERSATION WITH YUJONGHOE LEADER T'AE WON-SON	주한 미대사관	미국무부 장관	250920OCT79	4
CONVERSATION WITH DRP ACTING CHAIRMAN PAK CHUN-KYU	주한 미대사관	미국무부 장관	250925OCT79	4
DEMONSTRATION AT UNIVERSITY IN TAEGU	주한 미대사관	미국무부 장관	250938OCT79	1
ROK MARTIAL LAW SITUATION OCTOBER 26	주한 미대사관	미국무부 장관	260834OCT79	1
PRESIDENT PARK "INCAPACITATED" (DEAD) – PRIME MINISTER TAKES OVER. MARTIAL LAW DECLARED	주한 미대사관	미국무부 장관	262135OCT79	2
INITIAL REFLECTIONS ON POST-PARK CHUNG HEE SITUATION IN KOREA	주한 미대사관	미국무부 장관	280919OCT79	7

2) 카터 대통령 도서관 자료

카터 대통령 도서관에는 자료에서는 박정희 대통령 암살에 대한 문서 박스에 부마항쟁과 연관된 자료가 일부 있다. National Security Affairs 컬렉션의 Brzezinsky Material Country File에 Korea, Republic of: President Park Assassination, 5/79-10/27/79 - Latin America:1-9/79 박스가 있고, 이 박스 속에 있는 Korea, Republic of: President Park Assassination, 5/79-10/27/79 이라는 폴더에 부마항쟁과 관련된 다음과 같은 제목의 CIA의 보고서가 들어 있다. 총 15쪽 분량이다.

제목	생산자	날짜	유형
ATMOSPHERICS ON THE STUDENT SITUATION (DOI: LATE OCTOBER 1979)	CIA DIRECTORATE OF OPERATIONS	26-Oct	INTELLIGENCE INFORMATION CABLE
SENIOR ROK MILITARY CONSENSUS THAT DOMESTIC SITUATION HAS DETERIORATED; TRANSFER OF INFANTRY REGIMENTS TO CONTROL OF CAPITAL SECURITY COMMAND IN THE EVENT OF MARTIAL LAW IN SEOUL (DOI: LATE OCTOBER 1979)	CIA DIRECTORATE OF OPERATIONS	26-Oct	INTELLIGENCE INFORMATION CABLE
ECONOMIC MINISTER'S DISCUSSIONS OF ECONOMIC COMPLAINTS OF THE SOUTH KOREAN PEOPLE AND POLICY RECOMMENDATION TO REDRESS ECONOMIC GRIEVANCE (DOI: LATE OCTOBER 1979)	CIA DIRECTORATE OF OPERATIONS	26-Oct	INTELLIGENCE INFORMATION CABLE

이하에서 인용되는 미 국무부와 주한 미 대사관 전문은 전문에 찍혀 있는 날짜와 시간으로 출처를 밝힐 것이다(예: 160806Z OCT 79). CIA 문서의 경우는 'CIA 문서제목의 첫 글자'로 출처를 밝힐 것이다(예: CIA-ATMOSPHERICS).

3. 미 국무부가 본 부마항쟁 - 새로운 정치적 상황의 전개

미 국무부, 그리고 이를 대변하는 글라이스틴 주한 미국 대사의 입장은 이중적이다. 미국은 한편으로는 인권을 강조하면서 보다 자유화된 조치를 박정희 대통령에게 계속 요구했지만, 한국에 당장 민주주의가 가능하다고 믿지 않았다. 카터 행정부 또는 적어도 미 국무부는 인권을 강조하는 겉과는 달리 한국과의 안보동맹과 한반도질서의 안정이라는 미국의 전략적 이익을 더 중시하였다. 글라이스틴은 김영삼 국회 제명에 대한 항의 차원에서 미국에 소환된 후 해롤드 브라운(Harold Brown) 미 국방장관과 함께 한국으로 돌아와 10월 18일 박정희 대통령을 만난다. 조심스럽게 자유주의적 정책으로의 회귀와 야당과의 타협을 촉구한 이 대화의 끝에 그는 "우리는 미국의 공개적 성명이 한국에서의 갈등을 악화시킬 위험이 있다는 것을 알고 있었으며 우리는 이 위험을 최소화하기 위해 노력했다"고 변명한다(190332Z OCT 79). 이러한 입장은 미국의 김영삼 국회 제명에 대한 비난, 대사 본국소환, 언론을 통한 한국에 대한 여론 악화에 대한 박 대통령의 강력 반발[7]에 대한 변명으로 제시된 것이었지만 사실이기도 하다. 더구나 미국 측은 객관적으로도 민주주의로의 급격한 진전은 어렵다고 판단했다. 박정희 암살 이후의 정치적 전망에 대한 문건에서 글라이스틴은 "핵심적 행위자들을 여전히 이전 체제의 세력들이다―무엇보다도 군부는 제 버릇을 버리지 못했고 권위주의적 정치구조 속에서 일하는 데 편안함을 느끼고 있다"며 민주화의 전망에 대해 부정적이다(280919Z OCT 79).

이러한 태도의 연장선상에서 미국은 당시 구속되었던 손학규, 이재

---

7) Gleysteen, Jr., William, 『알려지지 않은 역사: 전 주한미국대사 글라이스틴 회고록』, RH코리아, 2014, 88쪽.

정, 한완상 등 한국기독교협의회(KNCC) 인사 석방 등 인권을 위해 노력
하였지만 안보적 이익의 관점에서 부마항쟁으로 표출된 갈등이 격화되
거나 정치적 격변이 일어나는 것을 원하지 않고 사태를 신중히 주시하
는 태도를 취하고 있다.

예를 들면 미 국무부는 부마항쟁을 격화시킬 수 있다는 이유로 미국
의 소리(Voice of America) 라디오의 김영삼 인터뷰 방송을 중지시켰다.
VOA는 10월 18일에 김영삼 인터뷰를 방송하려고 하였으나 주한 미 대
사 글라이스틴은 "현재의 상황에서 이는 극도로 현명하지 못한 처사이
며 현재의 민감한 상황에 불을 붙일 가능성"이 있다는 이유로 반대했다
(181050Z OCT 79). 국무부는 이에 대해 같은 날 워싱턴의 VOA와 논의했
고, VOA는 "인터뷰 방송 시에 국무부에 먼저 알릴 것"을 약속하고 인터
뷰 방송을 "보류"했다(182211Z OCT 79).

또한 글라이스틴 대사는 국무부가 기자 브리핑에서 부마항쟁에 대한
논평을 먼저 하지 말고 질문이 있을 경우 답할 때 조심할 것을 요구하고
있다.

> 우리가 우리의 행동으로 사태를 악화시켜서는 안 된다는 것은
> 분명. [국무부] 언론 브리핑에서 질문이 나오면 우리는 국무부 대변
> 인이 다음과 같은 기조에 따라 사실만 언급할 것을 권고함: "학생
> 시위에 뒤이어 부산에서 계엄령이 선포되었다. 미국 시민들이 관
> 련되거나 영향을 받지는 않았다. 시위와 연관된 사망에 대한 증거
> 는 없다. 우리는 당연히 상황을 조심스럽게 주시하고 있다." 현 시
> 점에서 이 이상의 언급을 하지 말 것을 권고. 왜냐하면 더 큰 충
> 돌을 일으킬 수 있을 것으로 생각되기 때문임(181004Z OCT 79)

미 국무부와 글라이스틴이 이렇게 대응한 밑바탕에는 한국 정치상황

의 새로운 변화에도 불구하고 박정희 정권에 의해 상황이 통제되고 있
다는 인식이 있었다. 먼저 글라이스틴이 파악한 새로운 상황에 대해 살
펴보자. 글라이스틴이 분석하기에 분명히 부마항쟁은 그 동안의 유신체
제에 대한 저항과는 여러 측면에서 구별된다.

첫째, 부마항쟁은 정치적인 요인뿐만 아니라 경제적인 요인을 배경으
로 한다. 물론 글라이스틴은 정치적 요인을 명확히 인식하고 있다. "아마
도 시위의 일차적 목적은 김영삼의 대정부 투쟁에 대한 지지를 표명하는
것"(190958Z OCT 79)이고 "비록 주변적으로만 김[영삼]의 이름이 구호에
들어간 것으로 보고되지만, 김은 거의 문자 그대로 정부가 자신을 체포하
게끔 도발"(181004Z OCT 79)했다는 것이다. 그리고 신민당이나 그가 이
사태를 선동하고 있지는 않지만 "부산은 김영삼의 [정치적] 고향"이고 그
는 "이 사태를 이용하는데 신속"(200337Z OCT 79)했다. 하지만 글라이스
틴이 보기에 부마항쟁은 정치적인 원인에 의해서만 발생한 것은 아니다.
"부산계엄령 선포로 이어진 폭력시위는 아마도 정치적 실망(박 정권에 대
한 상당한 피로감, 최근 정부의 가혹한 조치)과 경제적 실망의 조합에서
초래"된 것이다. 즉 "Y.H. 무역 사건, 김영삼에 대한 법원 판결, 가혹한 수
단에 의한 김영삼 국회 제명, 국회정치 및 신민당 의원 사퇴"가 "현재의
체제에 대한 환멸을 증가시키고 부산에서 임계점에 도달"했다는 것이다
(200337Z OCT 79). 그는 25일 전문에서는 "현 단계에서 시위의 기본 원인
은 지난 수 주간의 고조된 정치적 긴장을 배경으로 한 경제적인 것으로
보인다"고 경제적 요인에 보다 무게를 두는 평가를 한다(250903Z OCT 79).

둘째, 부마항쟁에 경기침체, 불평등, 부가가치세 도입 등의 경제 및
경제정책 요인과 이에 대한 실망이 작용했다는 것을 가장 잘 드러내 보
이는 것은 서민과 노동자 등 사회적으로 주변화된 집단을 포함한 부마
항쟁 참가자들의 구성이다. 글라이스틴은 "부산의 학생들이 자신들의

시위를 많은 수가 참여하는 거리 시위로 확산시키고 일반인들로부터 응원을 받은 것은 이 사건을 최근 몇 년간의 학생 시위와 구별"짓는다고 평가한다(170910Z OCT 79). 10월 16일 캠퍼스를 빠져 나온 부산대 학생들이 "동아대, 부산여대, 부산산업대 학생들뿐만 아니라 젊은 의복 공장 노동자 및 점원, 대입시험 실패한 학생들[재수생들]로 보이는 이들과 결합했고, 행인들은 박수를 치면서 학생들을 격려하고 음료수와 과자, 그리고 몇몇 경우에는 돈을 제공"하기까지 했기 때문이다(181052Z OCT 79). 10월 마산에서도 "학생, 공장 노동자, 구두닦이 등"이 수감되었고 (190958Z OCT 79), 진주에서도 대학생, 고교생, 시민들이 시위에 참여했다 (200350Z OCT 79). 한 소식통에 따르면 "이 사태에는 '계급전쟁(class warfare)'의 요소가 있으며 따라서 정부에게 매우 심각한 근심거리가 되고 있"으며, "이 가정이 맞다면 이는 단순한 학생시위보다 더 중요한 문제를 박 정권"에 제기한다(2503903Z OCT 79).

셋째, 참가자의 구성과 마찬가지로 시위 양상도 이전과 구별된다. 특기할만한 것은 캠퍼스 밖에서의 시위에 대한 시민의 호응과 야간 시위이다. 글라이스틴은 "현재까지의 소요에 있어 한 가지 중요한 점은 학생 소요를 [대중의 눈으로부터 숨길 수 있는—필자 부연설명] 캠퍼스 안에 성공적으로 가두어 온 한국 정부의 오랜 관행을 극복하는 데 있어 학생들이 한 번도 아니고 여러 날 동안 계속, 그것도 적어도 두 지역에서 성공했다는 것"이라고 평가한다. "시위의 발원지인 부산대가 시위가 시작된 시내중심부로부터 7마일 떨어져 있음"에도 말이다(200337Z' OCT 79). 또한 미 대사관이 접촉한 학생 운동권들에 따르면 "부산 시위는 학생과 일반시민들이 함께 시위를 할 수 있는 공통된 기반이 있다는 것을 보이고, 학생들에게 새로운 전술(예: 경찰의 추격을 방해하기 위해 해가 저문 후 빽빽한 비좁은 영역[골목]에서 시위하는 것)을 가르쳐주었다는 점에서 생산적"이다(190958 OCT 79).

넷째, 미 대사관 전문은 이러한 새로운 시위의 주체와 전개 양상으로 인해 박정희 정권과 한국사회가 명백히 심리적 충격을 받았다는 것을 보여준다. 글라이스틴은 "한국정부가 오랫동안의 정책과 분명히 다르게 공식담화를 발표하고 미디어가 이를 보도하게 허용했다는 사실이 현 상황의 심각성을 보여"준다고 평가했다(170910Z OCT 79).

계엄령 또한 사태의 심각성을 보여준다. 부산에 계엄령이 선포된 것에 대해서는 "미국이 인권에 대해 우려를 표명할 경우 한국 정부가 다른 통제는 건드리지 않고 계엄령을 해제함으로써 대응"하려고 하는 한국 정부의 "책략"이라는 첩보도 있다. 하지만 글라이스틴은 일차적으로 "계엄령이 내려진 것은 부분적으로는 상황이 통제 불능이었고 경찰 단독으로는 상황을 통제할 능력이 없었기 때문"(181004Z OCT 79)이라고 지적한다. 이는 10월 17일 서울에서 열리는 유신 7주년 기념행사 파견으로 지방 경찰력에 일시적으로 공백이 생겼었기 때문이다(190958Z OCT 79). 하지만 그럼에도 계엄령 선포는 사태의 심각성을 보여준다. 글라이스틴은 계엄령이 "정부가 사태를 심각하게 판단"했기 때문에 선포되었다고 평가한다. "장관급 미국인 [해롤드 브라운 미 국방장관－필자 부연설명]이 한국에 와 있음에도 7년 만에 계엄령을 선포한 것은 사소한 조치가 아니"라는 것이다.[8] 뿐만 아니라 계엄령을 통해 정부는 아마도 "부산의 상황에 대한 뉴스를 통제하고 문제가 생길 경우 단호히 대처하겠다는 경고를 다른 지역의 잠재적 시위자들에게 보내고자 했을 것"이라고 생각된다.

더구나 "시위가 마산으로 확대된 것은 비밀(confidential)에 붙여"졌는데 이는 1960년 학생혁명을 촉발시킨 "마산에 심리적인 함의"가 있기 때

---

8) 해롤드 브라운 미 국방장관은 10월 17일 방문했고 부산지역 비상계엄령은 10월 18일에 선포되었다.

문으로 보인다. "많은 한국인들은 마산 항에서 발견된 한 학생의 시체가 이승만에 대항한 1960년 학생혁명을 촉발한 것을 기억하고 있"으며 따라서 "마산은 상징적으로 중요"하기 때문이다. 무엇보다도 글라이스틴은 "10월 18일 아침에 일어나 7년만의 계엄령에 대한 보도로 가득할 뿐만 아니라 1975년 이후 최초의 학생 시위에 대한 인쇄된 언급 [보도]을 발견한 공화국 일반 시민들이 받았을 심리적 충격"을 지적한다. "학생시위에 대해 루머를 통해 아는 것과 항상 학생소요가 없는 척 했던 정부 그 자신으로부터 경찰 부상, 차량 파괴, 파출소 습격, 학생들의 정부 전복 요구 등에 대해 듣는 것과는 다르"며 "적어도 이 상황은 현 정부가 조심스럽게 만들어 놓은, 유신 체제 아래 전진하는 안정된 사회의 이미지를 침식해 들어가고 있다"는 것이다(200337Z OCT 79). 이러한 충격은 부산 마산에서의 항쟁이 잠잠해진 10월 22일경에도 계속된다.

> 초기의 충격은 다소 진정되었지만 사람들은 여전히 부산과 주변 도시에 대해 우려하고 있음. 우리는 학생이 아닌 사람들이 이 사태에 명백히 연루되었다는 것에 대해 놀라움을 표시하는 것을 들었음. 대부분의 사람들은 이들이 정부의 주장처럼 '불량배'와 '불순분자'라는 것에 의문을 품고 있음(221043Z OCT 79).

요약하면 부마항쟁은 경제적 요인이 작용했다는 점에서, 학생뿐만 아니라 서민과 노동자 등 시민이 참여하고 호응했다는 점에서, 야간시위, 골목시위 전술이 사용되었다는 점에서, 그리고 정부와 사회에 심리적 충격을 주었다는 점에서 그 이전과는 구별되는 분명히 새로운 정치적 사태였다. 그러나 이러한 새로운 사태의 전개에도 불구하고 글라이스틴의 판단에 상황은 통제되고 있었고, 따라서 전과 비교할 수 없는 심각한 상황임에도 혁명이나 체제 붕괴 같은 것을 예상하기는 힘든 상황이었다. 무엇보다도 부산과 마산의 상황이 군의 투입을 통해 통제되었기 때문이다. 글라이스틴이 의견을 수집한 사람들에 따르면, "언제 어디서라도 시위가 재발할 것이라는 기대"가 있지만 "이와 비슷한 사태가 미래에 일어난다 해도 간헐적이고 억제될 것이라 예상"된다(230936Z OCT 79) 그래서 그는 "한국정부가 궁지에 몰렸다는 뜻은 아님. 그러나 부산에서 그렇게 강력한 억제 전술을 사용한 것을 보면 다른 도시들의 상황에 대해 상당히 우려하고 있음에 틀림없음"이라고 판단한다(181004Z OCT 79). 그리고 국무부에 다시 한 번 다음과 같은 권고를 보낸다.

> 현재 상황에서 미국의 성명은 특히 부산/마산 지역에서 선동적
> 인 역할을 할 수 있음 … 현재의 상황에 대해 국무부가 먼저 발언
> 하지 말고 질문에 응답할 때도 특별한 주의를 계속 기울일 것을 권
> 고함(200337Z OCT 79).

부산과 마산의 상황이 일단 가라앉은 당시의 상황에서 분명 어느 누구도 부마항쟁이 전국적으로 확산되거나 체제 위기를 초래할 것이라 예상하기는 어려웠을 것이다. 글라이스틴에 따르면 "반체제 인사를 포함해 우리[미 대사관]가 연락하는 사람들 중에는 그 누구도, 부산의 현재 상황을 박 정권이 정권의 유지에 정말 문제를 겪고 있다는 표시로 보지 않고 있"었다고 한다(221043Z OCT 79). 그러나 상황이 통제되고 있다는 인식으로 인해 당시 글라이스틴은 부마항쟁이 불러일으킨 사회적, 정치적 충격을 실제보다 과소평가했던 것으로 보인다. 반면에 나중에 나온 글라이스틴의 회고록을 보면 당시 박정희 정권이 부마항쟁으로 얼마나 큰 충격을 받았는지를 짐작할 수 있다. 글라이스틴은 부산항쟁 발발 이후인 10월 18일 박정희 대통령과의 만남에서 받았던 인상을 다음과 같이 서술하고 있다.

　　박 대통령은 한국 정부의 자세를 옹호하면서도 악화되고 있는
사회불안에 어떻게 대처해야 할지 망설이는 것 같았다. 핵심참모
들이 대응방안을 놓고 분열돼 있는지도 모를 일이었다. … 어느 경
우건 그는 나나 브라운 장관의 조언을 필요로 하지 않았다. 당시는
강경론자들이 두각을 나타내고 있었다.[9]

　부마항쟁은 박정희 대통령에게도 상당한 충격을 준 것으로 보였다는
서술이다. 글라이스틴은 이 만남에서 자신이 받았던 인상을 당시에 국
무부에 발송한 전문에서는 다음과 같이 표현하고 있다.

　　우리의 촉구에 대해 박정희가 보여준 차분한 반응에 약간 고무
되었음 … KNCC의 긴급조치 9호 위반자들의 석방과 여러 다른 신
호들은 정부가 자신의 최근 행동이 초래한 과도한 비용을 상쇄하
기 위해 무언가 할 필요가 있다는 것을 깨달았다는 것을 가리킴.
(190332Z OCT 79)

　박정희 대통령이 받은 정신적 충격과 이에 뒤따른 조치는 부마항쟁이
일시 통제되었을지라도 더 큰 항쟁으로 발전할 가능성에 대해 박정희
정권이 상당히 우려하고 있었다는 것을 보여준다. 상황통제에 방점을
둔 글라이스틴의 전문과 달리 카터 도서관의 CIA 보고서는 그러한 우려
에 따른 박정희 정권의 조치, 그리고 그러한 우려의 근거가 되는 학생운
동의 동향을 보다 상세히 보여준다. 이러한 CIA 문서를 보고 나서 글라
이스틴 전문을 다시 보게 되면 부마항쟁이 당시 정부와 학생 운동권에
미친 충격과 영향에 주목할 수 있게 된다. 즉 미 국무부/대사관 문서와
더불어 CIA 문서를 함께 볼 때 우리는 부마항쟁의 역사적 진실과 의미
에 보다 더 가까이 다가갈 수 있다.

---

9) Gleysteen(2014), 88쪽.

4. CIA가 본 부마항쟁 – 심리적 충격과 시위의 확산

카터 대통령 도서관의 이 시기에 대한 CIA 보고서 자료는 모두 10월 26일 날짜로 되어 있는데, 비록 15쪽에 불과하고 많은 부분이 삭제된 채 공개되어 있지만 그럼에도 많은 것을 알려준다. 먼저 CIA 보고서가 밝히는 정부가 받은 충격과 이에 대한 대응의 양태를 살펴보자.

첫째, CIA는 경제기획원의 고위관료들, 국무총리실 직원들, 청와대 경제수석 등을 만나 부마항쟁의 경제적 요인에 대해 조사했다. 이는 CIA가 당시 한국이 안고 있던 경제적 문제를 부마항쟁의 원인으로 보았다는 뜻이다. 비록 남한의 경제 관료들은 부마항쟁을 경제보다는 (즉 자기들 탓보다는) 정치적 요인 탓으로 돌렸지만 소득 분배의 양극화, 불공정한 세금 혜택, 상품가격 폭등, 저소득층에 대한 대출을 막는 높은 이자율, 일반 시민과 달리 기업과 공무원에게 우호적인 은행대출 금리, 부가가치세 등을 문제로 지적하고, "이 주요한 불만들 중 몇 가지를 시정하기 위한 조치가 취해지지 않는다면 한국의 경제정책에 대한 대중의 불만이 미래에 시위를 일으키는 데 더 중요한 촉매제가 될 수 있음을 두려워"했다. 그런데 이는 경제 관료들만의 인식이 아니라 박정희 대통령의 인식이기도 했다. "박 대통령은 경제기획원으로 하여금 [부가세] 문제를 연구하고 가능한 한 필요한 만큼 빨리 대응하라고 명령"했다는 것이다 (CIA-ECONOMIC). 이는 당시 박정희 정권이 부마항쟁을 단순히 지역경제의 문제나 부가세 도입의 문제와 관련된 것이 아니라 한국 경제의 전반적인 문제와 연관시켜 파악했다는 것을 보여준다. 즉 부마항쟁을 초래한 경제적 침체는 비단 부산과 마산만의 문제가 아니고 따라서 그 밖의 다른 지역에서도 같은 일이 언제든지 터질 수 있다고 파악했다는 것이다. 하지만 경제적 문제에 대한 대응에는 시간이 걸리며 1980년 중반

이전에는 변경이 어렵고, "저소득층에 대한 보조금을 늘리는 것은 달성하기 곤란"했다. 이는 "박 대통령이 이미 승인한 1980년도 국가 예산은 방위비 증가를 위해서 전반적으로 삭감된 것"이고 "보조금을 늘릴 여지는 없"기 때문이다. "이 사안의 정치적 중요성을 감안할 때 예산안이 국회로 보내지면 저소득층에 대한 보조금을 늘리기 위해 약간의 수정이 있을 수"는 있었을 것이다. 하지만 이 문건은 사태의 심각성에 대한 인식에도 불구하고 경제정책 측면에서 당시 박정희 정권의 대응 능력이 크게 제약되어 있었음을 보여준다(CIA-ECONOMIC). 사실 당시는 제2차 석유파동과 중화학공업 과잉투자로 경제 전체가 위기를 겪고 있는 상황이었는데 이렇게 정부의 경제적 대응 능력이 제약되어 있는 상황에서 사태의 악화를 막기는 쉽지 않았을 것이다. 그리고 만약 정치적 사태가 악화될 경우 박정희 정권이 사용할 수 있는 대응책은 부산의 계엄령, 마산의 위수령에서 보이듯이 군대를 동원하는 것뿐이었다.

둘째, 이와 관련 CIA는 군의 동태 또한 파악하고 있다. 보고서에 따르면 "최근의 정치적 사태전개와 부산과 마산에서의 소요의 결과, 남한의 국내 치안사태는 더욱더 불안정"해졌고, "단기간에 내부의 치안상태가 실질적으로 개선될 것이라고는 거의 기대할 수 없다"(CIA-SENIOR). 이러한 우려 속에서 군은 서울에서 있을지 모를 만약의 사태에 다음과 같이 대비하고 있다고 CIA는 보고한다.

> 제26보병사단(4군단), 제30보병사단(1군단), 그리고 제20보병사단(3군) (삭제) … 이 수도경비사령부(Capital Security Command)의 통제 아래 놓이게 되었음. 모든 보병연대는 공포탄을 지급받았고, 만약 계엄령이 선포될 경우 서울로 진입할 태세를 갖추고 있음. 이들 부대의 참모들은 이들 연대가 요청한 보급품을 선착순에 따라 제공하라는 지시를 받았음(CIA-SENIOR).

그리고 이렇게 수도경비사령부가 서울 진입 태세를 갖추고 있는 동안, 보안사령부는 시위 확대에 대비해 학생운동과 군의 접촉을 막고 군의 동요를 막기 위한 만반의 조치를 취했다.

보안사령부(Defence Security Command)의 야전 요원들은 전방부대의 휴가와 통행증을 (삭제) 취소하고 있으며 모든 장교의 이동은 장군급 지휘관의 승인을 필요로 함. 중대부터 사단 수준까지 모든 부대의 지휘관들은 24시간 부대에서 대기하고 있음. 군 요원들이 학생시위대의 호소에 호응하는 것을 막기 위해 야전부대와 서울 및 다른 도시와의 커뮤니케이션은 축소되었음. 보안사는 또한 지난 수년간의 민간인 소요가 소련이 간접적으로 교사한 것이라는 강연을 시행하고 있음(CIA-SENIOR).

이러한 군의 물밑 대응은 사실 앞에서 살펴 본 미 대사관 문서에도 간헐적으로 서술된 박정희 정권의 정치적 반응과 유화적 대응의 이면이라고 할 수 있다. 사후 서술이긴 하지만 글라이스틴도 정권 내부에 불안감이 엄습했다는 것을 지적하고 있다.

내가 워싱턴에서 돌아온 날부터 박이 죽을 때까지 며칠 동안 나는 체제 내에 정부의 강경정책이 한국을 어디로 이끄는가에 대한 우려가 팽배했다는 느낌을 받았음. 거의 모든 부문의 모든 수준에서 사람들은 그들의 불안감에 대해 토로했으며 박 대통령을 잘못된 결정을 하고 있는 사람으로 지목하는데 점점 더 과감해지고 있었음. 우리의 지난 대화 [10월 18일 – 필자 부연]에는 박 자신도 그의 강경책에 대해 스스로도 의문을 제기하는 것으로 보였음 (280919Z OCT 79).

박정희 대통령 암살 이후에 쓰였음에도 글라이스틴의 이 글에서 언급된 이 불안감은 그저 막연한 불안감으로 해석될 수 있을 지경이다. 이 글은 아직 암살의 전모가 완전히 밝혀지지 않았고 부마항쟁이 암살에 (김재규의 인식에 영향을 줌으로써) 조금이라도 어떤 영향을 주었다는 생각은 더더구나 할 수 없는 상황에서 쓰인 글이다. 하지만, 계엄령 확대에 대한 군의 대비를 담은 CIA 보고서를 함께 읽으면 글라이스틴이 서술한 정권의 불안감이 그저 막연한 불안감이 아니라 전국적으로 시위가 확산될 수 있다는 실질적 불안감이었다는 것이 분명해진다. 그리하여 정부는 지방의 시위에 대비해 시위 대응 전문가들을 지방에 급파했다.

> 여러 도시의 여러 대학 주변에 치안 수준이 증가했다는 보고가 들어옴. 서울의 검증된 동료들과 달리 지방경찰에는 학생시위에 대처할 역량이 없을지도 모른다는 한국정부의 우려로 인해 서울에서 전문가들이 자문을 위해 여러 도시로 급파되었음(190958Z OCT 79).

다른 한편 정계에서는 유화책이 논의된다. 박정희 대통령의 직접 통제를 받는 유정회조차도 유화적인 입장을 보였던 것이다.

> 예산 심의 이후에 신민당의 [의원직] 사표 수리를 논의하겠다던 이전의 강경한 입장과 대조적으로 유정회조차도 두 진영 사이의 "화해"가 선행되어야 한다고 결정했음. 민주공화당도 선별적으로 신민당 사표를 수리하자는 입장에서 후퇴해 신민당이 국회에 복귀할 것이라는 희망 하에 모든 사표를 반려하고 있음(230936Z OCT 79).

그렇다면 일견 통제된 상황에도 불구하고 생겨난 이러한 불안감과 그에 따른 정부의 대응은 근거가 있는 것이었을까? 비록 정부가 부산과 마산의 학생시위를 통제하는 데 성공하고, 다른 지역에서의 시위 또한 성공적으로 막아내고 있었음에도 불구하고 부마항쟁 이후 학생 시위 시도는 더욱더 빈번해지고 전국적으로 확산되고 있었다는 것을 우리는 CIA와 미 대사관 문서를 통해 확인할 수 있다. 먼저 CIA 문서부터 확인해 보자.

CIA는 10월 25일 연세대에서, 정치적 요구를 쟁취하려는 학생들의 결의를 보이기 위해 10월 29/30일에 대학 도서관 앞에서 모이자는 내용을 담은 유인물 3,000장이 배포되었다고 보고하고 있다. 배포된 유인물은 "10월 17, 18, 19일에 부산에서 100,000명의 사람들이 참여한 대중시위가 발생하였고 마산에서 이를 뒤따라 대중시위가 발생했으며 나라에 경제 문제가 심각하고 대한민국 정부는 이를 다룰 수 있는 능력이 없다는 내용을 담고" 있었다. 그리고 "모든 연세대 학생들이 10월 29일과 30일에 대학 도서관 앞에 모여 유인물의 요구사항을 쟁취하겠다는 학생들의 결의를 보여주자고 요청"했다. 또한 당일 열린 여러 작은 학생모임에서 학생들은 부마항쟁에 대해 토론했고, "이제는 부산과 마산에 있는 동시대인들의 투쟁에 동참하는 것이 서울에 있는 학생들의 의무"라고 결론을 내렸다는 것이다. 부마항쟁은 이렇게 서울을 포함한 다른 지역의 학생운동을 촉진하는 효과를 가져왔다. 이 보고서에 따르면 이후 연세대와 이화여대의 학생이 만나 반정부 시위에 언제 어떻게 동참할지에 대해 논의했고, 이 대학 교수들에 따르면 10월 29일~30일에 두 대학에서 시위가 있을 예정이었다. 특히 학생들은 교수들이 해직의 위험에 처할 수 있다는 사실에 대해 더 이상 이해심을 보이지 않고 교수들의 동참을 촉구하기 시작했으며, 10월 25일 서울 주요대학 교수 모임에서 교수들은 정부가 국민과 대립하면 안 되고 회유책을 써야 한다는 논의를 했다고 한다(CIA-ATMOSPHERICS). 이러한 서울에서의 학생운동의 추세를 볼 때 (물론 CIA가 이러한 정보를 박정희 정권에 건넸을 수도 있고 중앙정보부 등 박정희 정권 내부에서도 이러한 정보를 자체적으로 수집하고 대응했겠지만) 만약 10·26 박정희 대통령 암살이 일어나지 않고, 학생시위가 계속 확대되고 캠퍼스 바깥으로 진출하여 일반시민과 합세할 수 있었다면 서울에서의 사태 전개가 어떻게 되었을지는 알 수 없는 일이다.

실로 미 대사관 문건은 부마항쟁 전후로 급증하는, 그렇지만 성공적으로 억제되고 있는 다수의 학생 활동에 대해 서술하고 있다. 우선 부마항쟁 즈음에는 이화여대와 전남대의 활동이 보고되고 있다.

> 10월 16일 이화여대에서도 500명의 학생들이 3시간 동안 시위. 경찰이 반정부 유인물을 배부하는 소수 학생들을 체포하러 진입했을 때 시위가 시작된 것으로 보임(170910Z OCT 79)

> 작은 사건들, 주로 반정부적 낙서와 소책자들이 다른 곳에서 보고되었음. 광주 미문화원은 10월 17일 전남대 학내 시위 시도가 실패했으며 명백한 "문제" 학생들을 집으로 보내거나 "수학여행"을 보냈다고 보고했음(190958Z OCT 79).

그리고 부마항쟁 이후에 학생의 반정부 활동에 대한 보고가 늘어난다. 10월 18일에는 마산뿐만 아니라 대구, 청주, 진주, 그리고 서울대에서 시위가 일어났다. 앞서 언급했듯이 미 대사관 문서는 최근까지도 우리에게는 잘 알려지지 않았던 진주에서의 시위에 대해 이미 언급하고 있다.[10]

> 남해안의 진주에서 10월 18일에 시위가 일어났다는 신뢰할만한 보고가 있음. 수를 알 수 없는 경상대 학생들, 고교생, 그리고 특정되지 않은 시민들이 시위에 참여했음. 시위는 아마도 이번 주 경상

---

10) 신문 기사(「부마항쟁 당시 진주서도 1000명 학생운동: 항쟁일지 항쟁도 첫 공개」, 『국제신문』 2015.12.16. http://www.kookje.co.kr/news2011/asp/newsbody. asp?code=0300&key=20151217.22004194205)에 따르면 "1979년 10월 당시 아사히신문에 따르면 진주에서도 19일 밤 약 1000명의 학생운동을 한 기록이 있"다고 하는데, 이것이 미국 기밀문서에서도 확인되는 것이다.

대학 개교기념일과 연관되어 있음. 대학은 현재 폐쇄되었으며 상
세한 사항은 미상(200350Z OCT 79).

진주와 비할 바는 아니지만 대구, 청주, 서울대에서도 반정부 유인물
배포가 이뤄졌고 특히 서울대에서는 "6~7명의 학생들이 학교 당국이 반
정부 활동에 연루된 학생들을 정학시키고 유급시킬 수 있도록 한, 서울
대의 새로운 정책을 비판하는 유인물을 뿌리고 유치장에 구금"되었는데
"그들은 경찰이 모임을 해산하기 전에 약 300명의 학생 청중을 모았"다
고 한다(200350Z OCT 79). 또한 한 제보에 따르면 10월 20~21일경 한양
대에서도 법학과 학생 150여 명이 체육대회를 마치고 오후 4시경 "유신
철폐" 등의 구호를 외치면서 교내시위를 했으며 그 중 일부는 교문에서
약 300미터 정도 떨어진 성동경찰서까지 진출하기도 했다.[11]

이러한 학생 활동은 그 후에도 계속된다. 서울대와 한양대 외에도 전
남대와 경북대에서도 학생들의 움직임이 다음과 같이 보고된다.

광주의 미국문화원이 전남대학교 본부의 학생상담센터에 10월
17일 저녁 누군가 불을 질렀다고 보고했음. 전남대생들은 다른 지
역의 학생들로 추정되는 이들로부터 시위참가를 촉구하는 편지를
받았다고 보고함. 사람들은 정부의 상황 통제는 기본적으로 확고
하지만, 추가적인 산발적 학생시위가 가능하다고 느낌. 사실 정부는
만일의 사태를 막기 위해 주의를 기울이고 있는 것 같으며, 대구의
경북대가 "가정학습"을 이유로 문을 닫았고 서울대에서는 22명의
학생들이 당분간 정학을 당했다는 보고를 받았음(221043Z OCT 79).

---

11) 이 제보는 본 글의 내용 일부가 신문 기사(「박정희 정권, 부마항쟁 때 서울에
도 계엄령·군투입 계획」, 『한겨레』 2016.10.17. http://www.hani.co.kr/arti/
society/area/766023.html)으로 보도된 이후 당시 시위에 참가했던 한양대 졸업
생으로부터 들어왔다.

사태는 계속되어 "대구 영남대학교가 열흘간의 휴교를 시작"(240939Z
OCT 79)했으며 이윽고 10월 25일에는 대구 계명대에서 약 1,000명의 학
생이 참가한 시위가 발생했다.

> 약 1000명(한국 정부 측 추산 500명)의 학생이 참가한 시위가 10
> 월 25일 아침 대구 계명대에서 발생했다는 보고. 일부 책자가 배포
> 되고 교수들이 학생들을 막는 데 협조하여 시위가 캠퍼스 밖으로
> 나가지는 못했음. 세 명의 학생이 심문을 받았음. 모든 계명대 학
> 생들은 학교로부터 해산되었으며 캠퍼스는 문을 닫음. 경북대학교
> 는 현재의 휴교를 연장하고 예정된 축제를 축소할 것이라는 말이
> 있음(260834Z OCT 79)[12]

그리고 이를 이어 받은 것이 앞의 CIA 보고서에도 등장한 연세대와
이화여대의 시위 모의였다.

> 서울 이화여대와 연세대에서 10월 29일 소요의 조짐이 있으나
> (아직까진) 유의미한 소란은 없음. 서울에서 10월 29일부터 11월 2일
> 까지 학생시위가 있을 것이라는 소문이 돌고 있음(260834Z OCT 79).

물론 이후 한동안 미국 대사관 전문에 학생 시위 동향은 사라진다. 박
정희 대통령이 암살되었기 때문이다. 또 다른 제보에 따르면 11월 3일
학생의 날을 맞이하여 대규모 시위가 조직 중이었지만 10·26으로 무산

---

12) 대구의 상황은 『한국민주화운동사』 제2권(민주화운동기념사업회 편, 2009)에
　　다음과 같이 서술되어 있다.
　　"부마항쟁은 10월 20일 종료되었으나, 곧이어 대구의 주요 대학들에서 소요
　　움직임이 있었다. 이에 경북대와 영남대는 부마항쟁의 확산을 막기 위하여
　　10월 22일과 23일에 각각 휴교를 실시하였다. 하지만 10월 25일 계명대 학생
　　2,000여 명이 유신철폐를 요구하며 시위에 돌입하였다"(350쪽).

된 것이다.13) 이렇게 부마항쟁 즈음부터 그 이후까지 전국적으로 확산되며 계속된 학생운동과 시위의 흐름, 그리고 이미 앞에서 언급한 부마항쟁의 배경으로서의 전국적인 경제침체는, 부산과 마산에서 터져 나온 유신체제에 대한 항쟁을 과연 그 시공간적인 기원에서나 범위에서 1979년 10월 16일부터 20일 사이의 부산·마산 지역에만 한정시켜야 되는가라는 의문을 일으키기에 충분한 것 같다. 그러므로 '부마항쟁'의 의미와 의의를 올바로 평가하려면 적어도 이미 알려진 바 있는 진주에서의 시위와 대구 계명대에서의 시위뿐만 아니라, 이 글에서 소개한 미국 기밀문서와 제보에 의해 밝혀진 연세대, 이화여대, 한양대, 전남대 등에서의 시위 모의 등에 대한 진상 규명이 이뤄져야 할 것이다.

5. 맺음말

본 글의 미국 기밀문서 분석은 두 가지 측면에서 부마항쟁을 새롭게 조명할 수 있게 해준다. 첫째는 부마항쟁이 박정희 정권에 미친 정치적 충격이다. 우리는 김재규 중앙정보부장이 부마항쟁 시찰을 나와 충격을 받았고 이것이 박정희 암살을 결심하는 데 작용했다는 증언을 이미 갖고 있지만 실제로 부마항쟁이 얼마나 정권의 핵심부에 충격을 주었는지에 대해서는 그동안 잘 알 수 없었다. 하지만 미국 기밀문서는 부마항쟁이 정권의 핵심부에 준 충격의 크기를 상세하지는 않지만 대략적이나마

---

13) 제보의 내용은 다음과 같다. 10월 23일경 소속을 밝히지 않은 누군가가 한양대 법대 수업시간에 찾아와 11월 3일 학생의 날을 맞이하여 대규모 시위를 하고자 하는데 한양대에서는 법대가 중심이 되어 달라고 하면서 27일경까지 참가 여부를 알려달라고 하였다는 것이다.

가늠하게 해준다. 당시 주한 미 대사 글라이스틴이 작성한 미 국무부 문서는 부마항쟁이 이전과는 구별되는 새로운 정치적 사태의 전개라고 규정하고 있으며, 박정희 대통령이 부마항쟁으로 상당한 정신적 충격을 받았음을 유추할 수 있게 해준다. 그리고 이러한 부마항쟁의 정치적 충격은 당시 정권의 대응에서 보다 명확히 드러난다. 유정회와 민주공화당에서 제한적이나마 신민당에 대한 유화책을 들고 나오고 경제부처에서도 부가세 개편과 저소득층 지원책을 고민하였듯이 부마항쟁은 당시 집권층에게도 매우 중요한 정치적 의미를 띤 사건이었다. 특히 CIA 보고서에 드러난 수도경비사령부와 보안사령부의 계엄령 확대에 대한 대비 태세는 부마항쟁이 정권에 일으켰던 불안감이 막연한 것이 아니라 실질적인 것이었음을 보여준다. 둘째는 부마항쟁이 사회에 미친 심리적 충격이다. 특히 학생뿐만 아니라 시민이 호응하고 참여했다는 사실, 계엄령이 선포되고 시위가 언론에 보도되었다는 사실은 일반 시민에게 상당한 충격을 주었던 것으로 보인다. 뿐만 아니라 부마항쟁은 서울, 대구, 광주, 청주, 진주 등 전국적으로 학생시위를 촉진시키는 효과를 보였다.

이렇게 볼 때 부마항쟁을 부산, 마산 또는 진주까지 포함하더라도 동남권에 국한된 항쟁으로 이해하는 것은 무리가 있어 보인다. 조갑제는 박정희 정권의 붕괴에 대한 최초의 심층적 서술인 『유고』[14]에서 부마항쟁을 "부산과 마산지역 내에서 고립적인 투쟁"이라고 평가하고, "서울을 비롯한 다른 지역에서는 폭발적인 대중봉기에 놀란 나머지 입만 벌리고 있었다"라고 서술하고 있다. "대중운동을 전국적인 차원에서 지도할 수 있는 '연대의 틀'이 없었"기 때문에 부마항쟁이 성공적으로 진압되고 시위는 수그러들었다는 것이다. 부마항쟁을 공간적으로 부산과 마산만의

---

14) 조갑제, 『유고: 부마사태에서 10.26정변까지 유신정권을 분개시킨 함성과 총성의 현장』 1·2, 한길사, 1987.

항쟁으로 국한시키는 이러한 시각은 이 글을 쓰고 있는 시점의 「부마민주항쟁 관련자의 명예회복 및 보상 등에 관한 법률」(약칭: 부마항쟁보상법)에도 투영되어 있다. 이 법률에 따르면 '부마민주항쟁'이란 "1979년 10월 16일부터 10월 20일까지 부산·마산 및 창원 등 경남일원에서 유신체제에 대항하여 발생한 민주화운동을 말한다." 하지만 이렇게 시공간적 범위를 협소하게 제한하는 부마항쟁에 대한 인식과 법률은 부마항쟁의 진상, 즉 그 기원과 정치·사회적 영향력, 그리고 그 의의를 올바로 규명하는 데 제약을 가한다. 예를 들면 1970년대 말 경제정책의 실패, 양서협동조합 운동 등 1979년 이전 부산과 마산에서의 민주화운동 역량 축적, 부마항쟁의 직접적인 영향을 받고 10월 21일~26일 사이에 전개된 서울, 대구, 광주, 청주 등에서의 사태, 그리고 10·26 사태와 서울의 봄, 5·18 광주항쟁 등 이후에 전개된 사태는 부마항쟁과는 직접적으로는 상관이 없는 것이 되어버리고 만다.[15]

　사실 부마항쟁은 한국사회라면 지역에 상관없이 직면한 유신체제의 모순에 대한 저항이었으며, 그렇기에 각지에서 호응을 얻을 수 있었던 것이었다.[16] 앞에서 보았듯이 박정희 정권은 부마항쟁을 부산과 마산만의 문제 때문에 생긴 것이 아니라 유신 말기의 경제실정과 불황 때문에 생긴 것으로 판단했고 그에 대한 대처 또한 유사시 서울 계엄령 선포를 위한 군부대의 대비 등에서 보이듯이 부산과 마산에 국한된 것이 아니라 전국적 수준의 것이었다. 또한 부마항쟁은 그 규모와 파괴력이 얼마나 커졌을지는 알 수는 없지만 실제로도 전국적으로 학생시위를 확산시키는 기폭제의 역할을 하였다. 그러므로 10·26이 아니었다면 이후 유신

───────────────────

15) 이러한 의미에서 부마항쟁보상법은 부마항쟁의 시공간적 범위를 확대하는 방향으로 개정될 필요가 있다고 생각된다.

16) 지주형, 「부마항쟁과 광주항쟁: 시민 참여를 중심으로」, 안병욱·배성인 외 공저, 『5.18 민주화운동의 국제비교와 시민의식』, 5·18 기념재단, 2014.

체제에 대한 저항이 전국적으로 보다 확대되고 심화되었을 가능성도 배제할 수 없다. 물론 당시의 객관적 세력균형 속에서 그 결과가 반드시 유신체제나 군사정권의 붕괴나 민주화는 아니었을 수도 있지만 말이다.

이렇게 볼 때 부마항쟁을 1979년 10월 16~20일 부산과 마산에서 일어난, 시공간적으로 제한되거나 고립된 항쟁으로 보는 것은 그 의미를 (의도치 않게) 축소하는 것일 수 있다. 부마항쟁을 부산과 마산, 그리고 1979년에 고립시켜 위치시켜서는 안 된다. 대신 우리는 그것을 절차적 민주주의와 반대세력에 대한 억압, 일상생활에서의 군사주의적 폭력, 경제적 불평등과 불의로 점철되었던 권위주의 군사독재 정권에 대한 전국적 항쟁의 맥락 속에서 위치시켜야 한다. 그 속에서 부마항쟁은 작게는 유신정권, 크게는 군사정권의 모순에 대한 최초이자 선도적인 대규모 저항으로서 의미를 갖는다. 즉 부마항쟁은 그 지역에 국한된 항쟁이 아니라 유신체제가 내포한 전체적 모순에 대한 선도적 항쟁이었다. 다른 지역보다 앞서서 부산과 마산에서 선도적 항쟁이 발생한 것은 부산과 마산이 유신체제의 "약한 고리"였다는 데서 찾을 수 있다.[17) 부산과 마산에서는 경제정책의 실패와 경기불황이 임금체불과 자영업자 부담 등의 문제로 보다 더 심화되었고, 지역의 대표 정치인인 김영삼이 국회의원직에서 제명되었으며, 서울에서의 유신 7주년 기념식으로 지방 경찰력이 이탈해 약화된 결과, 유신에 반대하는 학생 시위가 캠퍼스 밖으로 진출해 일반시민의 동조를 이끌어낼 수 있었던 것이다.

그러므로 부마항쟁은 4·19 이후 유신체제하에서 단절되었던 민중과

---

17) 한국 자본주의의 주변부로서 지방은 군부 권위주의 개발독재의 모순이 관리되지 못하고 가장 쉽게 터져 나올 수 있는 "약한 고리"였다(이은진, 「한국의 민주화와 지역의 역할」, 『박정희 체제와 부마항쟁의 역사적 재조명』(부마민주항쟁 30주년 기념 전국심포지엄 발표 자료집), (사)부산민주항쟁기념사업회 부설 민주주의사회연구소, 2009).

시민참여에 의한 민주화 운동의 본격적인 시작을 알리는 것이었다.[18] 이후 부마항쟁은 직접적으로 서울의 봄, 그리고 광주민주화 운동으로 나아가는 동력이 되었고, 이는 다시 87년 민주화로 이어진다.[19] 이러한 의미에서 우리는 부마항쟁이 유신정권이나 유신체제의 '종식'에 그친 것이 아니라, 남한에서의 군부독재의 종식과 민주화라는 장기적 투쟁과 여정의 '시작'이었다고 그 의의를 보다 적극적으로 재평가해야 할 것이다.[20]

---

18) 한홍구, 「놀라운 붕괴, 거룩한 좌절: 부마항쟁과 5.18 민주항쟁의 비교연구」, 『박정희 체제와 부마항쟁의 역사적 재조명』(부마민주항쟁 30주년 기념 전국심포지엄 발표 자료집), (사)부산민주항쟁기념사업회 부설 민주주의사회연구소, 2009.

19) 조정관, 「한국 민주화에 있어서 부마항쟁의 역할」, 『박정희 체제와 부마항쟁의 역사적 재조명』(부마민주항쟁 30주년 기념 전국심포지엄 발표 자료집), (사)부산민주항쟁기념사업회 부설 민주주의사회연구소, 2009.
나간채는 광주민중항쟁이 1980년 5월 27일 계엄군의 전남도청 진압으로 끝난 것이 아니라 그 이후에도 진상규명 투쟁을 통해 계속된 것으로 파악한다. 이러한 규정은 부마항쟁에도 똑같이 적용될 수 있다. 부마항쟁 또한 1979년 10월 20일에 종료된 것이 아니라 현재까지 계속되고 있는 것이다.(나간채, 『광주항쟁 부활의 역사 만들기: 끝나지 않은 5월 운동』, 한울, 2013)

20) 부마항쟁의 가장 큰 의의를 10·26 사태를 통한 유신정권의 종식에서 찾는 경우가 많다. 그러나 부마항쟁이 박정희의 죽음을 직접 초래한 것은 아니다. 더구나 부마항쟁이 김재규 중앙정보부장의 상황 인식에 영향을 줌으로써 유신정권 붕괴의 한 계기가 되었을지라도 1980년 신군부의 등장으로 상황은 곧바로 다시 역전된다. 다시 말해 유신체제는 변형된 형태로 연장된다. 유신정권의 종식은 분명 부마항쟁의 결과이자 의의이지만, 만약 그것이 가장 큰 의의라면 그 의의는 1980년대 유신체제의 연장이라는 역사적 사실에 의해 반감될 수밖에 없다.

부록: CIA 문서 전문 번역

"ATMOSPHERICS ON THE STUDENT SITUATION
(DOI: LATE OCTOBER 1979)",
CIA DIRECTORATE OF OPERATIONS, 26-Oct-1979
(INTELLIGENCE INFORMATION CABLE)

인용 (삭제)
79년 10월 26일 배포

국가: 한국
주제: 학생 동향의 분위기 (발행날짜: 1979년 10월 말)
정보원: (삭제)

요약: 10월 25일에 약 3,000부의 유인물이 연세대 캠퍼스에 배포되었으며 그 내용은 10월 29일과 30일 대학 도서관 앞에서 모여 유인물에 적힌 요구사항들을 쟁취하려는 학생들의 결의를 보여주자고 요청하는 것임. 교수들은 학생들에게 대학을 위해 자중하라고 촉구했고, 이에 대해 학생들은 교수들에게 자신들의 입장을 이해해달라고 촉구했음. 연세대와 이화여대의 학생들은 언제 어떻게 반정부 시위에 참가할지를 논의하기 위해 만났음. 경찰청(KNP)은 경기산업대에서 수거된 유인물에 사용된 언어에 대해 심각히 우려하고 있음. 이 유인물은 특히 박 대통령을 "죽이자(kill)"고 주장하고 있음. 요약 끝.

1. (전체 삭제)

2. 1979년 10월 25일 오전, "민주주의 구원을 위한 학생 투쟁(student struggle for democratic salvation)"명의로 약 3,000부의 유인물이 연세대학교 캠퍼스에 배포되었음. 유인물은 "연세대학교의 1979년 민주주의 구원 투쟁 선언"이라는 제목을 달고 있고, 학생들의 과거 혁명적 활동에 대한 개입의 간략한 역사를 개괄하고 있음. 유인물은 "1979년 10월 17, 18, 19일 부산에서 100,000명의 사람들이 참여한 대중시위가 발생하였고, 마산에서 이를 뒤따라 대중시위가 발생"했으며, 나라에 경제문제가 심각하고 대한민국 정부는 이를 다룰 수 있는 능력이 없다는 내용을 담고 있음. 유인물은 또한 1979년 8월 말 Y.H. 무역 사건과 김영삼의 국회 제명이 "범죄 행위"라는 점을 강조하고 교수들에게 자신들의 양심에 귀를 기울이고 학생들의 반정부 투쟁을 도우라고 촉구하고 있음. 유인물은 또한 유신체제의 폐지, 박 정권의 사임을 요구하고, 군이 정치적 중립을 지킬 것을 촉구하고 있으며, 박 정권이 인권탄압을 중지하고 캠퍼스에 자유를 보장하라고 요구하고 있음. 유인물은 또한 모든 연세대 학생들이 10월 29일과 30일에 대학 도서관 앞에 모여 유인물의 요구사항을 쟁취하겠다는 학생들의 결의를 보여주자고 요청했음.

3. 유인물 중 많은 수는 유인물이 배포되자마자 캠퍼스 안으로 신속히 들어온 보안대(security services)에 의해 수거되었음. 그러나 수많은 유인물을 이미 학생들이 집어간 상태였음. 10월 25일 내내 연세대학교에서는 학생들의 작은 회합들이 여럿 있었음.

4. 회합 동안 학생들은 주로 10월 15일에 시작한 한 주 동안에 있었던 부산대학교 학생들의 활동에 대해 논의했고, 이제는 부산과 마산에 있는 동시대인들의 투쟁에 동참하는 것이 서울에 있는 학생들의 의무였음. 서울 주요 대학의 여러 학생들은 10월 22일에 시작한 한 주 내내 교수들과

만나 현재 한국의 정치상황에 대해 토론했음. 비록 대부분의 교수들이 학생들에게 대학을 위해 진정할 것을 촉구했지만, 학생들은 교수들은 학생들의 입장을 이해해야 한다는 취지의 말로 대응했고, 교수들은 학생들에 대한 의무의 일부로서 진정한 모범을 보이f고 촉구했음. (부분삭제) 비록 과거에도 학생들은 교수들과 정치적 사건에 대해 토론을 했으나, 그 때는 일반적으로 교수들의 상황을 이해하고 학생들에 동참하라고 주장하지 않았었음. 이러한 경향은 변화하고 있으며, 학생들은 교수들을 자신들과 결합하라고 이끌고 있음. 이런 일이 계속되면 학생들의 시위 참가를 말릴 수 있는 교수들의 영향력은 감소할 것임. 이것은 교수들 사이에서 심각한 토론 주제가 되고 있음. 그들은 자신들을 학생들로부터 고립시키면서 자신들의 신뢰성을 유지할 수 없다는 것을 인식하고 있으나, 대학에 의한 해고나 보안대에 의한 구금 위험 때문에 학생들과 같은 편에 설 수 없음.

4. 10월 22일에 시작한 한 주 동안 연세대와 이화여대의 학생들은 언제 어떻게 반정부 시위에 두 학교가 참가할 지를 만나서 논의했음. 이 두 대학의 교수들은 10월 29일에 시작하는 주에 이 두 대학에서 시위가 있을 것이라는 강력한 느낌을 받고 있음. 대학 당국들은 10월 25일의 사건 때문에 그 가능성에 대해 인지하고 있으나 그 주에 휴업할 것인지에 대한 결정은 아직 내려지지 않았음. 두 대학은 학생들에 대한 감정 때문에 휴교를 거부하고 있음. 또한 휴교를 함으로써 이 대학들은 학생들의 활동을 통제할 수 없다는 것을 인정하게 될 것이며, 이는 대학 총장들이 꺼려하는 것임.

5. 10월 25일 서울 지역 주요 대학 대부분의 교수들 사이의 토론에서 등장한 주요 주제는 한국정부가 국민을 향해 화해 조치를 취해야 한다는 것이었음. (삭제) 교수들 대부분은 한편에는 한국정부를, 다른 한편에는 국민을 놓고 대치 선을 긋는 것으로 보였음. 비록 Y.H. 무역회사와 같은 노동문제, 김영삼 축출과 같은 정치적 문제와 인플레이션과 급증하는 실업

과 같은 경제적 문제가 언급되었지만, 교수들은 현재의 상황을 정부와 국민사이의 대치로 이끈 이러한 문제들이 단지 누적된 원인일 뿐이라고 간주했음. 그들은 정부가 정상상황을 복구하려면 한 분야 이상에서 중요한 변화의 몸짓을 보여야 한다는 데 일반적으로 동의했음. 대부분은 개각과 같은 정치적 몸짓은 국민이 분명히 그 혜택을 분별할 수 있을 정도로 실업 또는 인플레이션과 같은 다른 부문에서의 사태를 직접 완화시킬 수 없다면 충분하지 않을 것이라는 데 동의하는 것처럼 보였음.

6. (삭제)

7. (삭제)
8. (삭제)

9. (삭제)

10. 배포(DISSEM): 대사관(EMBASSY), DAD, 주한미군(USFK), (삭제) 태평양 지구 총사령관(CINCPAC), 태평양 정보센터(IPAC), 미육군 서부사령부(WESTCOM), 태평양 미 공군(PACAF), 미국 태평양 함대(PACFLT), 제7함대(SEVENTHFLT) (삭제)

"SENIOR ROK MILITARY CONSENSUS THAT
DOMESTIC SITUATION HAS DETERIORATED;
TRANSFER OF INFANTRY REGIMENTS TO CONTROL OF
CAPITAL SECURITY COMMAND IN THE EVENT OF MARTIAL LAW
IN SEOUL(DOI: LATE OCTOBER 1979)",
CIA DIRECTORATE OF OPERATIONS, 26-Oct-1979
(INTELLIGENCE INFORMATION CABLE)

인용 (삭제)
79년 10월 26일 배포

국가: 남한
주제: 국내 상황이 악화되었다는 한국 군부 고위층의 합의; 계엄령 선포
시 수도경비사령부 통제하로의 보병연대 이동: 1979년 10월 말)
정보원: (삭제)

  1. (삭제) 남한의 국내 안보 상황은 최근의 정치적 사태전개와 부산과
마산의 소요의 결과로 더욱더 불안정해졌음. (삭제) 현재의 상황에서 내부
의 안보 상황이 단기적으로 물질적인 측면에서 개선될 것이라고 거의 기
대할 수 없으며 (삭제) 한국 군대는 국가안보를 보장하기 위해 적절한 경
고조치를 취해야 함.

  2. (삭제) 제26보병사단(4군단), 제30보병사단(1군단), 그리고 제20보병
사단(3군) … 이 수도경비사령부의 통제 아래 놓이게 되었음. 모든 보병연

대는 공포탄을 지급받았고, 만약 계엄령이 선포될 경우 서울로 진입할 태세를 갖추고 있음. 이들 부대의 참모들은 이들 연대가 요청한 보급품을 선착순에 따라 제공하라는 지시를 받았음. (삭제)

3. 보안사령부(Defence Security Command)의 야전 요원들은 전방 부대의 휴가와 통행증을 (삭제) 취소하고 있으며 모든 장교의 이동은 장군급 지휘관의 승인을 필요로 함. 중대부터 사단 수준까지 모든 부대의 지휘관들은 24시간 부대에서 대기하고 있음. 군 요원들이 학생시위대의 호소에 호응하는 것을 막기 위해 야전부대와 서울 및 다른 도시와의 커뮤니케이션은 축소되었음. 보안사는 또한 지난 수년간의 민간인 소요가 소련이 간접적으로 교사한 것이라는 강연을 시행하고 있음.

4. (삭제)

5. (삭제)

6. 배포(DISSEM): 대사관(EMBASSY) (주요 외교관만) DAD (국방 무관만) 주한미군(USFK) (주한미군사령관(COMUSKOREA)과 수석 주한미군합동군사업무단(CHIEF JUSMAG)만) (삭제) 태평양 지구 총사령관(CINPAC) (태평양사령관(CINCPAC COMIPAC)과 국무부 대외정책 고문(POLAD)에게만 독점적으로) (삭제)

"ECONOMIC MINISTER'S DISCUSSIONS OF ECONOMIC
COMPLAINTS OF THE SOUTH KOREAN PEOPLE AND POLICY
RECOMMENDATION TO REDRESS ECONOMIC GRIEVANCE
(DOI: LATE OCTOBER 1979)",
CIA DIRECTORATE OF OPERATIONS, 26-Oct-1979
(INTELLIGENCE INFORMATION CABLE)

인용 (삭제)
배포: 79년 10월 26일

국가: 남한
주제: 경제장관들의 남한 국민의 경제적 불만에 대한 논의와 경제적 불만을 시정하기 위한 정책 제언 (발행일: 1979년 10월 말)

요약: 남한의 경제 관료들은 부산과 마산의 10월 중순 시위의 원인으로 경제적 요인보다 정치적 요인들이 더 중요하다고 믿음. (삭제) 국무총리는 관료들에게 한국 국민의 경제적 불만을 면밀히 검토하라고 지시했음. 그는 과세 구조 개편, 저소득 근로자에 대한 보조금 지급 증가, 예비군의 폭동 통제력 개선, 정부 관료의 호화생활 억제 및 공무원 업무성과 개선을 포함한 5가지의 행동 지침(course of action)을 제안했음. (삭제) 고위 경제기획원 관료는 (삭제) 일차적인 경제적 불만들로 불공정한 소득 분배, 물가 폭등, 은행의 불공정한 대출행태, 정부에 대한 신뢰의 저하 및 과세구조를 열거했음. 부가가치세를 조정하기 위한 조치가 이미 시작되었음. 경제기획원 관료들은 부가가치세가 조정될 수 있다고 느끼고 있지만 시간이

걸릴 것임. 1980년 예산은 저소득층에 대한 추가적 보조금의 여지를 남기지 않고 있지만 국회는 이를 수용하기 위해 예산을 일부 변경할 수 있음. 요약 끝.

1. 한국의 부산과 마산에서 일어난 1979년 10월 17일과 18일 학생 시위의 원인을 검토하면서 국무총리실과 청와대 경제수석비서관은 이 소요의 원인으로 정치적 요인이 경제적 원인을 능가한다고 결론을 내렸음. 두 관청은 한국의 경제적 조건이 한국 국민의 불만의 일부 원인을 구성한다고 믿고 있음. 관료들은, 이 주요한 불만들 중 몇 가지를 시정하기 위한 조치가 취해지지 않는다면 한국의 경제정책에 대한 대중의 불만이 미래에 시위를 일으키는 데 더 중요한 촉매제가 될 수 있음을 두려워하고 있음.

2. (삭제) 최 국무총리는 모든 경제장관들에게 경제상황을 더 깊이 연구하고 국무총리실에 필요한 정책 변화를 제안하라고 지시했음. 최는 장관들에게 국무총리실의 예비적 연구가 다섯 가지 행동이 즉시 검토되어야 함을 지적했다고 말했음. 첫째, 최는 장관들에게 과세제도의 변경 가능성에 대해 연구할 것을 요청했으며 특히 부가가치세 개편을 강조하였음. 둘째, 최는 경제부처들이, 노동자, 학생, 부두 근로자, 서비스 산업 노동자 등을 포함해 국가 전체에 퍼져 있는 저소득층에 대한 보조금 지급을 늘릴 수 있는 가능성에 대해 검토해야 한다고 느끼고 있음. 셋째, 최는 폭동 통제력과 보안 기능을 강화하기 위해 예비군에 대한 예산배정이 증가되어야 한다고 말했음. 넷째, 최는 모든 정부 관료들이 그가 호화생활이라 부른 것, 즉 골프, 잔치 참석 등을 절제해야 할 것을 요청했음. 끝으로 최는 모든 공무원들의 업무성과를 검토해 그들이 대중에게 효율적이고도 친절한 서비스를 제공하도록 해야 한다고 지시했음. 최는 특히 한국의 최고 경제부처인 경제기획원을 겨냥해 발언했음. (삭제)

3. (삭제) 경제기획원 관료들은 여러 가지 문제들이 명백히 있다는 데 동의했음. 가장 큰 문제는 소득분배에 양극화가 일어나고 있다는 대중의 추정이다. 대중은 노동자와 기업 중역 사이의 거대한 소득차를 인식하고 있을 뿐만 아니라 부자들이 저소득층은 받을 수 없는 불공정한 세금 혜택을 받고 있다고 주장하고 있음. 관료들은 상품가격 폭등을 또 다른 문제로 지적하고 있으며, 1979년에 25-30퍼센트, 그리고 1980년에 20퍼센트에 달하는 물가상승을 예측하고 있음. 이에 맞춰 경제기획원 관료들은 한국 대중의 저축성향이 감소했음을 지적했음. 또 하나의 문제는 저소득층에 대한 대출을 막는 높은 은행 이자율임. 경제기획원 관료들은 이는 중요한 문제라고 말했음. 왜냐하면 남한의 대중은 정부정책이 기업 직원과 정부 고위 관료들에게 일반시민들에게는 거부되는 우호적인 은행 대출금리를 지시하고 있다는 것을 알고 있기 때문임. 경제기획원 관료들의 견해에 따르면 대중은 또한 정부가 경제난이 진실로 얼마나 큰지 왜곡하고 숨기려고 하고 있다고 느끼고 있음. 정부 정책의 실수를 가리키는 정보들을 억누르기 위해 경제에 대한 보도에서 정부가 언론을 통제하고 있다는 믿음이 널리 퍼져 있음. 끝으로 (삭제) 부가가치세 재편을 고려해야 하고, 이는 가능한 한 빨리 이뤄져야 함.

4. (삭제) 부가가치세 구조에 대한 변경 조치는 이미 진행 중임. (삭제) 장덕진 전 농림수산부 장관이 이끄는 경제과학심의위원회는 박정희 대통령에게 부가가치세가 개편되어야 한다고 제안했음. (삭제) 박 대통령은 경제기획원으로 하여금 이 문제를 연구하고 가능한 한 필요한 만큼 빨리 대응하라고 명령했음. 경제기획원의 경제기획국은 이 부가세 문제를 다루고 부가세 개편안을 마련하라는 책임을 부여 받음.

5. (삭제) 여러 (삭제) 경제기획원 관료들은 부가가치세와 한국의 과세 구조가 개선될 수 있다는 데 동의했지만, 여기에는 시간이 걸릴 것임. 그

들은 1980년 중반 이전에 어떤 변화가 있을 것이라고는 예측하지 않았음. 경제기획원 관료들은 또한 저소득층에 대한 보조금을 늘리는 것은 달성하기 곤란할 것이라고 느끼고 있음. 그들은 박 대통령이 이미 승인한 1980년도 국가 예산은 방위비 증가를 위해서 전반적으로 삭감된 것이라고 지적했음. 보조금을 늘릴 수 있는 여지는 없다는 것임. 관료들은 이 사안의 정치적 중요성을 감안할 때 예산안이 국회로 보내지면 저소득층에 대한 보조금을 늘리기 위해 약간의 수정이 있을 수 있다고 추정했음.

6. (삭제)

7. (삭제) 배포: 서울의 대사관 (삭제)

참고문헌

『부마민주항쟁 관련자의 명예회복 및 보상 등에 관한 법률』 http://www.law.go.kr/법령/부마민주항쟁관련자의명예회복및보상등에관한법률

5.18사료편찬위원회 편, 『5·18 광주 민주화운동자료총서』 제7권, 광주광역시 5.18사료편찬위원회, 1997.

나간채, 『광주항쟁 부활의 역사 만들기: 끝나지 않은 5월 운동』, 한울, 2013.

민주화운동기념사업회 한국민주주의연구소 편, 『한국민주화운동사 2: 유신체제기』, 돌베개, 2009.

이은진, 『1979년 마산의 부마민주항쟁: 육군고등군법회의 자료를 중심으로』, 불휘, 2008.

이은진, 「한국의 민주화와 지역의 역할」, 『박정희 체제와 부마항쟁의 역사적 재조명』(부마민주항쟁 30주년 기념 전국심포지엄 발표 자료집), (사)부산민주항쟁기념사업회 부설 민주주의사회연구소, 2009.

조갑제, 『유고: 부마사태에서 10.26정변까지 유신정권을 분개시킨 함성과 총성의 현장』 1, 2권, 한길사, 1987.

조정관, 「한국 민주화에 있어서 부마항쟁의 역할」, 『박정희 체제와 부마항쟁의 역사적 재조명』(부마민주항쟁 30주년 기념 전국심포지엄 발표 자료집), (사)부산민주항쟁기념사업회 부설 민주주의사회연구소, 2009.

지주형, 「부마항쟁과 광주항쟁: 시민 참여를 중심으로」, 안병욱·배성인 외 공저, 『5.18 민주화운동의 국제비교와 시민의식』, 5·18 기념재단, 2014.

한홍구, 「놀라운 붕괴, 거룩한 좌절: 부마항쟁과 5.18 민주항쟁의 비교연구」, 『박정희 체제와 부마항쟁의 역사적 재조명』(부마민주항쟁 30주년 기념 전국심포지엄 발표 자료집), (사)부산민주항쟁기념사업회 부설 민주주의사회연구소, 2009.

Gleysteen, Jr., William, 『알려지지 않은 역사: 전 주한미국대사 글라이스틴 회고록』, RH코리아, 2014.

부　록

부록 1

부마항쟁 일지

1978년

12월 12일
- 제10대 총선에서 야당득표율이 여당보다 1.1% 앞섬.

1979년

3월 1일
- 함석헌, 김대중 등, '민주주의와 민족통일을 위한 국민연합' 결성.

4월 11일
- 3·1절 선언문 관련, 노경규, 조태원 등 긴급조치 9호 위반혐의로 구속, 중부교회 최성묵 목사 연행.

5월 30일
- 김영삼, 신민당 전당대회에서 총재에 당선.

8월 9일
- YH 여성노동자, 회사 측의 폐업 철회를 요구하며 신민당사에서 농성.

8월 11일
- 서울시경, YH 여성노동자 강제 해산. 이 과정에서 김경숙 추락사.

8월 13일
- 신민당, YH사태 책임자 처벌 요구하며 무기한 농성투쟁에 돌입.

8월 말

- 부산대 운동권 회의 개최. 이진걸 그룹의 시위계획이 보고됨.

9월 19일

- 여권, '뉴욕타임즈' 인터뷰를 문제 삼아 김영삼을 '사대주의'로 비난.

10월 4일

- 국회 본회의에서 여당의원, 김영삼 국회의원직 제명안 변칙 통과.

10월 초

- 신재식이 시위에 운동권의 지원을 요청.
- 부산대 운동권은 이진걸, 신재식 시위를 합쳐, '10월 15일 도서관 앞'으로 결정. 소문(소포, 운동화, 17일 시위설 등)을 유포하고, 운동권의 조직 동원.

10월 13일

- 신민당 의원 66명 사퇴서 제출, 여권 '사퇴서 선별수리론'으로 대응.

10월 15일

- 9시 30분~10시 15분 이진걸과 남성철이 '민주선언문' 1천 장을 교내 곳곳에 배포 후 도서관 앞에서 학생들 호응을 기다리다가, 실패로 판단하고 철수.
- 10시 전후 신재식, 교내에 '민주투쟁선언문' 배포.
- 10시 40분~11시 도서관 앞 '민주선언문'을 든 학생 모여, 주동자를 기다리다 해산.
- 13시 55분경 정광민이 운동권에 16일 시위 계획을 알리고, 조직 지원 요청.

10월 16일

- 9시 53분 정광민 인문사회관에서 '선언문' 배포하고 격동, 도서관까지 구호 외치며 행진. 도서관 앞에서 대기하던 학생들과 합류. 500여 명

스크럼 짜고 시위 돌입, 운동장에서 2,000여 명 시위. 최루탄 난사하며
무장기동대가 진입하여 캠퍼스 유린.
- 11시 경 도서관에서 대열 정비 후 시위 재개, 운동장 시위의 규모 5,000
명 돌파.
- 11시 30분 경 구 정문 뚫고 식물원으로(1진), 12시 사대부고 담장 허물
고 산업도로 진출(2진), 12시 20분 사대부고 통해 산업도로 진출(3진),
가두시위 전개.
- 14시 경부터 도심에 학생들 모이기 시작, 산발적인 소규모 시위 시작.
- 15시 30분 도심에서 황성권 주도로 본격적인 대규모 시위 전개.
- 16시 이후 시내 곳곳에서 크고 작은 학생시위 전개. 고신대 동아대 학
생 시위 참여.
- 19시 경 시청(현 롯데백화점 광복점)에서 충무동사거리 사이 5만 명 운
집, 시민이 참여한 야간시위 시작.
- 20시 40분 남포파출소를 시작으로 10개 넘는 파출소와 언론사를 습격
파괴. 중구와 동구 일대를 석권하며, 중부경찰서와 구덕운동장 방면으
로 시위.

10월 17일
- 1시까지 16일의 시위 계속됨.
- 9시 부산대 구 정문 앞에서 1천여 명 모여 경찰과 대치.
- 10시 30분 부산대 학생 2백여 명 동래에서 가두시위.
- 10시~13시 동아대 교내시위.
- 14~15시 경 부영극장 앞에서 시위 시도, 16시 도심에서 학생과 경찰 공방.
- 18시 30분 옛 남포극장 앞에서 시위 시작. 시민이 포함된 시위대는 중
구, 서구, 동구 일대 석권.
- 19시 25분 충무파출소를 시작으로 중구, 서구, 동구 일대 거의 모든 파
출소와 경찰서, 중부세무서와 도청 서구청 서대신3동사무소, CBS를 제
외한 언론사 공격.

- 20시경 마산의 한 경남대생(1학년 이진욱, 학보사 기자)이 "독재자 박정희, 파쇼 물러가라! 박정희의 앞잡이 공화당을 말살하자"는 등의 내용으로 된 격문 10매를 써 교내 곳곳에 붙임.

10월 18일

〈부산〉

- 0시 부산에 비상계엄 실시. 계엄사령관 박찬긍 중장(부산군수기지사령관).
- 1시 30분까지 17일의 시위 계속.
- 오전, 부산여대 학생 53명 계엄군에 연행.
- 19시 50분 남포동에서 2,000여 명 남포파출소 투석하며 시청으로 쇄도했다가, 공수부대의 공격으로 시위대와 시민 부상 속출하며 해산.
- 20시 30분 서면로터리에 15,000여 명 군중 운집. 시위대가 구호 외치면 군중이 야유로 호응하다가, 해병대의 공격으로 시민 부상 속출.

〈마산〉

- 14시 경남대 내 속칭 노인정 앞으로 수백 명의 학생들이 모여들자 학교당국은 휴교령을 발표. 이후 학생들이 계속 모여들어 1천여 명에 이름. 15시 30분경 정인권(국제개발학과 2년)이 격정적인 선동연설을 한데 이어 학생들은 스크럼을 짜고 교내시위를 시작, 교문에서 경찰과 대치함.
- 16시 20분 교내시위를 벌이던 경남대생들이 담을 넘어 산복도로를 통해 3.15의거탑까지 진출. 17시 30분경 학생들은 학원자유, 유신철폐 등의 구호를 외치면서 시내 중심가로 진출하여 창동 부림동 서성동 일대에서 시위를 벌임.
- 19시 시내 중심가로 일반 시민들도 모여들기 시작하여 본격적인 시민항쟁이 전개되기 시작함. 시위대열은 오동동다리를 거쳐 산호동 공화당사를 부수고 민주공화당 경상남도지부 현판을 불태움. 시위대는 이어 양덕파출소에서 박정희의 사진을 불태우고 산호파출소 역전파출소

등에도 돌을 던지고 불을 지름. 이후 마산시내 곳곳에서 엄청난 수의 시민들이 동시다발적으로 시위를 계속하면서 여러 곳의 파출소와 방송국, 시청, 경찰서, 소방서, 검찰청 등 유신독재정권의 하수인 역할을 하던 기관들을 공격함. 이날 시위는 다음날 새벽 2시경까지 이어짐.
- 23시경 보병 39사단 병력이 마산시내 주요 공공건물과 시내 시위현장에 투입됨.

10월 19일
〈마산〉
- 17시경 부산에 파견되어 있던 공수부대 중 5공수여단 25대대 병력이 수십 대의 트럭과 지프에 분승하여 마산으로 급파되어 시내 일원에서 위력시위.
- 19시 마산 창동 일대에 모인 시민들이 유신철폐, 민주회복 등을 외치며 이틀째 시위를 시작함. 이후 시민들은 창동 부림동 오동동 동성동을 비롯한 시내 중심가는 물론이고 3.15의거탑 주변, 북마산 회산교와 태양극장 앞, 어시장 일대 등 시가지 곳곳에서 격렬한 시위를 계속함. 일부 시위대는 시청, 경찰서 방면으로 진출하여 진압경찰과 충돌함. 이후 회원동, 북마산파출소 일대, 오동동 산호동 일대, 자산동 일대에서 다음 날 새벽까지 산발적인 시위가 벌어짐.
- 〈진주〉 대동기계공고 학생 1,000여 명 가두시위 전개.

10월 20일 또는 21일
- 〈서울〉 한양대 학생 유신반대시위 전개.

10월 21일
〈부산〉
- 13시 30분 북구 학장동(현 사상구) 유신반대 벽보 발견됨.
- 14~15시 광복동 대각사 인근에서 시위 벌어져 계엄군 출동.

10월 25일

- 〈서울〉 연세대에 부마항쟁 호응 시위 주장하는 유인물 배포, 이화여대 와 함께 29 또는 30일 시위 계획.
- 〈대구〉 계명대 학생 2,000여 명 유신반대 학생 시위.

10월 26일

- 〈통영〉 통영수전 학생 4~500여 명 부마항쟁에 호응하는 유신반대 가두 시위 전개.
- 박정희 대통령, 김재규 중앙정보부장에게 피살.

10월 27일

- 0시 전국비상계엄 선포. 부산지역 계엄사령부 해체.

10월

- 서울대 유인물 살포, 경북대, 영남대, 전남대 등지에서 학생 움직임.

일러두기

1. 이 일지는 부마항쟁의 흐름에 대한 이해를 돕기 위해 현재까지 확인된 사 실을 바탕으로 정리하였으나 완벽한 것은 아니며 추후 조사와 연구의 진 전에 따라 수정, 보완될 수 있음을 밝혀둔다.
2. 부산의 항쟁에 대한 부분은 김선미가, 마산의 항쟁에 대한 부분은 박영주 가 작성하였음을 밝힌다.

부록 2

부마민주항쟁 기념사업 및
「부마민주항쟁 관련자의 명예회복 및 보상 등에 관한
법률」의 제정 경과

1989년 5월 24일
- 부마항쟁 관련자 중심으로 모임을 가짐(부산).

1989년 6월 2일
- 부마민주항쟁기념사업회 추진위원회 결성(부산).

1989년 6월 19일
- 부마항쟁 관련자 등 100여 명이 모여 발기준비위원회 결성식을 가지고 공동준비위원장으로 최성묵 목사, 송기인 신부, 황한식 교수를 선출함 (부산).

1989년 7월 25일
- 부산일보 소강당에서 발기인 대회를 개최(부산).

1989년 8월 18일
- 마산에서 허진수 외 13명이 대진루에서 기념사업의 의의와 필요성에 대한 인식을 공유함(마산).

1989년 8월 28일
- 부마민주항쟁기념사업회 창립대회를 부산일보 대강당에서 개최함(부산).
  공동대표 : 최성묵 목사, 송기인 신부, 황한식 교수
  사무국장 : 최충남

1989년 8월 29일

- 허정도 외 각계 인사 30명이 마산YMCA 회의실에서 부마민주항쟁10주년기념사업회를 구성하여 10주년 기념사업에 치중하고 향후 3·15의거와 결합하여 범시민적인 마산민주항쟁기념사업회를 건설해 나가자고 결의함(마산).

1989년 9월 5일

- 조영건 외 각계인사 34명이 마산YMCA 회의실에서 부마민주항쟁10주년기념사업회발족준비위원회 결성하고 공동준비위원장에 조영건 교수, 배진구 신부, 허정도 마산YMCA시민사업위원장을 선출하고 구체적인 준비작업에 들어감(마산).

1989년 9월 23일

- 마산건축사회관에서 부마민주항쟁10주년기념사업회 발족식을 가짐(마산).

1989년 10월 16일

- 부마민주항쟁기념사업회(부산)의 자료편찬위원회와 부마민주항쟁10주년기념사업회(마산) 학술분과가 공동으로 『부마민주항쟁10주년기념자료집』을 발간함.
- 부산 사료편찬위원회 위원장 : 김현돈, 위원 : 김대래, 이행봉, 정광민, 김태경
- 마산 학술분과 위원장 : 정성기, 위원 : 박영주, 인태정, 진현경

1994년 4월 28일

- '부마민주항쟁기념사업회'를 '사단법인 부마민주항쟁기념사업회'(부산)로 공보처에 사단법인으로 등록함.

1995년 12월 21일

- '5·18민주화운동등에관한특별법' 제정됨.

1996년 1월 5일

− '거창사건등관련자의명예회복에관한특별조치법' 제정됨.

1996년 7월 13일

− (사)부마민주항쟁기념사업회가 부산광역시와 부산민주공원조성범시민
  추진위원회(위원장 문정수 부산광역시장)와 집행위원회(위원장 송기인
  (사)부산민주항쟁기념사업회 이사장)를 조직하여 민주공원 조성 사업
  추진함.

1997년 1월 24일

− '사단법인 부마민주항쟁기념사업회'를 '사단법인 부산민주항쟁기념사업
  회'로 개편하여 기념사업의 범위를 부마민주항쟁을 비롯한 4월혁명,
  5·18항쟁, 6월항쟁 및 여타 모든 부산지역의 민주화운동으로 넓힘.

1997년 2월

− 마산시가 『마산시사』에서 '부마사태'를 '부마항쟁'으로 규정함.

1999년 7월

− 부마민주항쟁20주년기념사업회 발기인 대회를 개최함(마산).

1999년 10월 16일

− 부마민주항쟁20주년기념식과 민주공원 준공식을 김영삼 전 대통령과
  김대중 당시 대통령을 모시고 민주공원에서 거행함.

1999년 10월 18일

− 부마민주항쟁기념사업회 부마민주항쟁 20주년사업 진행함(마산).
  공동상임대표 : 강주성, 조영건
− 부마항쟁20주년기념사업회(마산)가 마산시청 대회의실에서 '부산·마
  산민주화운동관련자예우및보상등에관한법률(안)' 입법화 추진 취지를
  발표함.

1999년 11월

− 한시조직인 '부마민주항쟁20주년기념사업회'를 발전적으로 해체하고 '부마민주항쟁정신계승위원회'(위원장 허진수) 결성, 출범함(마산).

2000년 1월 1일

− 사단법인 부산민주항쟁기념사업회가 민주공원의 기획운영사업분야를 부산시에서 위탁받아 운영을 시작함.

2000년 1월 12일

− '민주화운동관련자명예회복및보상등에관한법률' 제정됨.

2000년 1월 12일

− '제주4·3사건진상규명및희생자명예회복에관한특별법' 제정됨.

2000년 1월 15일

− '의문사진상규명에관한특별법' 제정됨.

2002년 5월 16일

− 사단법인 부산민주항쟁기념사업회가 민주공원의 전반적 관리·운영을 부산시에서 위탁받음.

2003년 12월

− 사단법인 부산민주항쟁기념사업회가 『부마민주항쟁 연구논총』을 발간함.

2004년 1월 29일

− '삼청교육피해자의명예회복에관한특별조치법' 제정됨.

2004년 3월 5일

− '노근리사건희생자심사및명예회복에관한특별법' 제정됨.

- '일제강점하강제동원피해진상규명등에관한특별법' 제정됨.
- '동학농민혁명참여자등의명예회복에관한특별법' 제정됨.

2004년 3월 22일
- '일제강점하친일반민족행위진상규명에관한특별법' 제정됨.

2005년 5월 31일
- '진실화해를위한과거사정리기본법'(속칭 과거사법) 제정됨.

2005년 7월 29일
- '군의문사진상규명등에관한특별법' 제정됨.

2005년 9월
- '부마항쟁정신계승위원회'를 '부마민주항쟁기념사업회'로 개칭함(마산).

2005년 12월 1일
- '진실화해를위한과거사정리기본법'을 바탕으로 '진실·화해를위한과거사정리위원회'(Truth and Reconciliation Commission, Republic of Korea, 약칭 진화위)가 설립됨.

2005년 12월 29일
- '친일반민족행위자재산의국가귀속에관한특별법' 제정됨.

2006년 10월 11일
- '1979년 부마사건' 육군고등군법회의 재판기록 7권 입수 공개 기자회견 (마산).

2006년 11월 30일
- 사단법인 부산민주항쟁기념사업회 이규정 이사장, 차성환 상임이사는 부마민주항쟁 과정에서 국가공권력에 의한 불법구금, 가혹행위, 고문 등 인권침해에 대한 진상규명을 신청함.

2008년 3월 28일

- 민주화운동기념사업회와 함께 『1979년 마산의 부마민주항쟁』(이은진 저) 발간함(마산).

2009년 12월 26일

- 사단법인 부산민주항쟁기념사업회에서 『부마민주항쟁의 역사적 재조명』 발간함.

2010년 5월 25일

- 진화위는 2009년 12월 29일자로 부마민주항쟁에 대한 조사를 시작하여 이날 "국가는 1979년 10월 부마항쟁 과정에서 발생한 위법한 공권력 행사로 인한 인권침해에 대하여 관련 피해자를 확인하고, 피해자의 명예회복 및 피해 구제조치를 취할 필요가 있다."는 권고 결정을 함.

2010년 7월 8일

- 진화위 하형주 조사관이 부산의 민주공원 소극장에서 진상규명 경과 및 결정사항을 보고하고 질의에 대해 응답함.

2010년 7월 14일

- 사단법인 부마민주항쟁기념사업회(창원)가 경남도청 기자회견실에서 진화위 발표와 관련한 입장 발표 기자회견 가짐.
- 부산 민주공원 소극장에서 "국가는 부마항쟁에 대해 전면 재조사하고 민주헌정의 기본질서를 공고히 하라"는 제목으로 부산·창원합동기자 회견을 가짐.

2010년 10월 14일

- 진화위 결정을 근거로 부마항쟁 피해자 7인이 부마항쟁 이후 처음으로 국가를 상대로 피해보상청구소송을 창원지법에 제기하고 경남도청 기자실에서 기자회견을 갖고 취지를 설명함.

- '부마민주항쟁기념사업회'를 '사단법인 부마민주항쟁기념사업회'로 사
  단법인 등록함(창원).

2010년 10월 16일

- 부마민주항쟁 31주년 기념식에서 "부마항쟁 진상조사 및 명예회복을
  위한 특별위원회"(약칭 '부마특위') 발족식을 가짐.
  위원장 : 김형기 부산민주항쟁기념사업회 부이사장
  부위원장 : 이일호 목사
  특위위원 : 차성환, 이광호, 김하원, 김종세, 이철원, 전진성, 장지태,
          최형욱, 이성숙, 노승일, 정광민, 이일호, 전도걸, 김형기
          (무순)
  진상조사소위원회 : 위원장 차성환, 법률소위원회 : 위원장 김종세

2010년 11월 18일

- 부마특위 간부 등 민주당 손학규 대표, 김영춘 영남권 최고위원 면담하
  여 부마항쟁 진상조사, 특별법 제정에 적극 협조하기로 약속 받음.

2010년 11월 22일

- 부마민주항쟁기념사업회(창원) 이사회 결의로 "부마민주항쟁 진상조사
  등을 위한 창원특별위원회"를 조직하기로 하고 조직을 구성함(이후 '경
  남특위'로 개칭).
- 위원장 : 허진수 부마민주항쟁기념사업회 회장
- 부위원장 : 윤치원 부마민주항쟁기념사업회 상임이사
- 위원 : 박영주, 우무석, 이창곤, 최갑순, 한양수, 황성권

2010년 11월 28일

- 부산과 창원의 특별위원회가 여러 차례 협의하여 마련한 '부마항쟁특별
  법안'(임시 법안)을 이주영 의원 측에 전달함.

2010년 12월 14일

- 한나라당 이주영 의원 부마항쟁 특별법안 대표발의함 : 여야 국회의원

10명이 처음으로 '부마항쟁진상규명및관련자명예회복과예우를위한특별법'을 대표 발의함(이주영 위원 대표발의, 안홍준 의원, 김부겸 의원 등).

2011년 1월 25일

- 부산특위 위원 등 김영삼 전 대통령, 김무성 한나라당 원내대표 면담 : 부마항쟁 특별법 제정에 적극 협조 약속함. 김무성 원내대표는 부마특위에서 원하는 특별법안을 마련하여 자신에게 보내주면 이주영 의원과 협의하여 4월 국회에서 심의하도록 하겠다고 밝힘.

2011년 1월 28일

- 부산·창원 6인 회의 개최 : 2011년 1월 25일 김영삼 전 대통령을 비롯한 정치권 면담 내용 공유하고 3월 내에 부산, 창원 각기 시민대책위를 구성하기로 함.
  참석 : 김형기 위원장, 이일호 부위원장, 최철원 간사(이상 부산)
  　　　 허진수 위원장, 윤치원 부위원장, 최갑순 위원(이상 창원)

2011년 2월 10일

- 부마특위 회의(부산) : 부마특별법 초안 논의.
  참석 : 김형기 위원장, 차성환 위원, 김하원 위원, 이철원 변호사

2011년 2월 15일

- 부마특위 부산·창원연석회의 : 부산특위가 마련한 특별법안 검토함.

2011년 3월 3일

- 부산·창원 합동 워크샵 : 이영재 박사(전 민주화운동보상심의위원회 상임조사관)의 발제로 워크샵 진행함. 이 과정을 통해 선 진상규명, 후배·보상의 원칙을 세우고 배·보상보다는 진상규명과 명예회복을 중심으로 법안을 마련할 것을 결정하고 부산특위에서 안을 정리하기로 함.

2011년 3월 6일

- 부산특위 법안 검토 : 부산특위 법률소위원회 위원장 김종세 및 이철

원, 차성환 위원이 특위의 위임으로 법안을 검토하고 정리함.

2011년 3월 11일

– 부산과 경남 기념사업회 간담회 개최(민주공원 관장실) : 경남사업회에
  서 진상규명과 예우 중심으로 배·보상조항은 대폭 축소하는 방향으로
  부산안에 대한 수정을 요청하여 이를 수용함. 경남 측에서 법안을 정리
  하기로 함.

  참석: 김재규 이사장, 박영관 상임이사, 김광수 사무처장, 최철원 간사
  　　　 (이상 부산), 정성기 회장, 윤치원 부위원장(이상 창원)

2011년 4월 1일

– 부마특위 전망에 대한 의견 교환 (민주공원 관장실) : 시민대책위 결성
  과 그에 따른 부마특위 전망에 대한 의견 나눔.

  참석 : 김재규 이사장, 박영관 상임이사, 김광수 사무처장, 김형기 위원장,
  　　　 이일호 부위원장, 차성환 위원, 최철원 간사

– 부산특위 특별법안을 검토 : 경남 측 안에 대해 검토함(예우 조항 삽입,
  배·보상 조항 축소 및 위원회 구성과 관련한 의견 정리).

  참석 : 김형기 위원장, 이일호 부위원장, 차성환, 김종세, 김하원 위원,
  　　　 최철원 간사

2011년 4월 5일

– 부산·경남연석회의에서 특별법안 합의함 : 합동 워크샵 이후 수차례
  논의 끝에 법안 명칭을 "부마항쟁진상규명 및 관련자명예회복과 보상에
  관한 특별법"에서 "부마항쟁진상규명 및 관련자명예회복과 예우 등에
  관한 특별법"으로 변경하고 배·보상조항은 대폭 축소하며 예우조항을
  많이 삽입함. 6월 국회에서 특별법이 제정되도록 적극 노력키로 함.

2011년 4월 19일

– 부산민주항쟁기념사업회 간담회 개최 : 시민대책위 결성 계획과 그에
  따른 이후 조치에 대해 의견 나눔. 부산과 경남 양측 위원장과 기념사
  업회 대표의 승인으로 법안 최종 확정함.

참석 : 김재규 이사장, 부마특위 김형기 위원장, 박영관 상임이사,
김광수 사무처장, 최철원 간사

2011년 4월 22일

– 김영삼 전 대통령 및 한나라당 김무성 원내대표 및 안경률 행정안전위
원회 위원장 면담 : 김영삼 전 대통령이 부마특별법 관련한 전면 지원
재차 약속 함. 김무성 한나라당 원내대표, 안경률 의원 적극 지원 약속
함. 부마특위에서 마련한 특별법안 전달함.

참석 : 김형기 위원장, 이일호 부위원장, 노승일, 정광민 위원, 최철원
간사(이상 부산) 허진수 위원장(이상 창원)

2011년 5월 19일

– 부마특위(부산) 8차 회의 개최 : 한나라당 내부 역학관계 변화에 따라
특별법 발의 의원을 새롭게 정리할 필요가 있다는 공감대 형성됨. 광범
위한 여론 형성을 위해 시민대책위 결성이 필요하다는데 공감함. 그러
나 부마특위 해소에 대해서는 "특위의 성과를 대책위가 제대로 계승할
수 있는가? 특위위원들이 대책위에 기여할 수 있는 방안이 무엇인가?"
등 여러 의견 제출됨. 시민대책위 결성 후 적합한 시점에 특위를 해소
하기로 함.

참석 : 김형기 위원장, 이일호 부위원장, 김하원, 차성환, 김종세, 노승일,
전진성 위원, 최철원 간사(참관: 박영관 상임이사, 김광수 사무
처장)

– 부마항쟁 관련 공동대응기구 결성을 위한 부산지역 시민사회단체 간담
회를 통해 '부마항쟁 진상규명 및 관련자 명예회복과 예우 등에 관한
특별법 제정을 위한 부산추진운동본부'(약칭 '부마부산운동본부', 부산
지역 53개 단체 결합)를 결성하고 기자회견을 가짐(부산광역시 의회 브
리핑룸).

2011년 5월 30일

– 민주당 김진표 원내대표, 강창일 의원 및 조경태 의원 면담함.

　　참석 : 김형기 위원장, 이일호 부위원장, 노승일 위원, 정광민 위원,
　　　　　최철원 간사

2011년 6월 7일

－ 부마특위 부산·경남연석회의 개최 : 그 동안의 활동 경과를 공유하고
　이주영 안과 특위-조경태 안이 병합심의 될 시 기본입장 정리함. 부산
　부마특위 전망에 대한 의견 나눔. 6월 30일로 예정된 부산민주항쟁기
　념사업회 이사회 전에 특위 위원들의 의견을 수렴하여 이사회에 제출
　하기로 함.

2011년 7월 4일

－ '부마항쟁진상규명및관련자명예회복과예우등에 관한 특별법'이 조경태
　의원 등 20명이 발의함.

2011년 7월 8일

－ 부마민주항쟁기념사업회(창원)이 '부마민주항쟁특별법 제정을 위한 경
　남연대'를 발족함(마산YMCA 3층 청년관).

2011년 7월 19일

－ 부마부산운동본부 임원들이 부산MBC와 면담하여 부마특별법 관련 언
　론보도 요청함.
　　참석 : 김용성 보도국장, 배일진 보도제작팀장, 정세민 뉴스총괄팀장,
　　　　　박영관 집행위원장, 김광수 사무처장, 최철원 간사

2011년 7월 28일

－ 부마부산운동본부 임원들이 민주당 부산시당 최인호 위원장, 김영춘
　최고위원을 면담하여 민주당 당론으로 부마특별법안을 채택할 것을 요
　청함. 부산시의회의 결의문 채택도 추진하기로 함.

2011년 9월 6일

－ 부산과 창원의 양 단체가 합동으로 '부마민주항쟁특별법 제정을 위한
　토론회'를 개최함(국회본관 귀빈식당).

발제 : 정성기, 토론: 이석태, 이영재, 김종철, 홍순권, 사회: 차성환

2011년 10월 10일

- (사)부마민주항쟁기념사업회(창원)에서『부마민주항쟁특별법 국회토론
  회 관련 자료집』발간함.

2011년 12월 5일

- (사)부마민주항쟁기념사업회(창원)에서『부마민주항쟁 증언집-마산편』
  을 발간함.

2012년 8월

- 국회 행정안전위원회 법안심사소위원회에서 이주영 의원 발의안(2010.
  12.14)과 조경태 의원 발의안(2011.7.4)을 1차 논의했으나 이후 표류함.

2012년 10월 17일

- 부마항쟁 부산동지회 노승일 회장과 이일호 부회장이 새누리당사에서
  기자회견을 열고 새누리당 박근혜 후보 지지를 선언함. 이 지지선언에
  는 김영일, 전도걸, 이동관, 황성권, 양성국, 한양수 등 23명이 참여하였
  음(부산 15명, 마산 8명).

2012년 10월 18일

- 새누리당 박근혜 대통령 후보가 '부마항쟁재단 설립'을 약속하고, 일부
  관련자들이 박 후보를 지지선언하자 부산민주항쟁기념사업회(이사장
  김재규), 부마민주항쟁기념사업회(창원, 이사장 정성기), 부산대10·16
  민주항쟁기념사업회, 부마민주항쟁 경남동지회(준)는 경남도청에서 기
  자회견을 열어 "부마항쟁 진상규명에 대한 의지가 조금이라도 있다면
  국민을 기만하는 정치쇼로 순간의 위기를 모면하려 할 것이 아니라, 항
  쟁 당시 '퍼스트레이디'로서 국민적 요구를 총칼로 짓밟은 행위에 대한
  진심어린 반성과 사과를 비롯하여 수십 년 동안 부마항쟁 진상규명을
  위해 애써온 이들에게 조언을 구해야 할 것"이라고 비판함.

2012년 10월 18일

- 민주당 조경태 의원이 ‘부마항쟁진상규명및관련자명예회복과예우등에 관한 특별법안’을 대표 발의함.

2012년 11월 2일

- 새누리당 이진복 의원이 ‘부마민주항쟁진상규명및관련자명예회복과정 신계승보상예우등에관한특별법안’을 대표 발의함.

2012년 11월 22일

- 민주당 설훈 의원이 ‘부마민주항쟁진상규명및관련자명예회복과예우등 에관한특별법안’을 대표 발의함. 이후 민주당 당론으로 채택됨.

2013년 2월 27일

- 국회 행정안전위원회 법안심사소위원회에서 조경태, 이진복, 설훈 의원 이 발의한 3개 법안을 병합심의하고 대안을 마련한 후 행안위 전체회 의에서 본 회의에 ‘부마민주항쟁관련자의 명예회복 및 보상 등에 관한 법률안’을 상정하기로 의결함.

2013년 5월 7일

- 국회 본회의에 ‘부마민주항쟁관련자의 명예회복 및 보상 등에 관한 법 률안’이 상정되어 가결됨.

2013년 6월 4일

- ‘부마민주항쟁관련자의 명예회복 및 보상 등에 관한 법률’이 제정됨.

2013년 10월 16일

- 사단법인 부산민주항쟁기념사업회가 『부마민주항쟁 증언집 – 부산편 1, 2권』 발간함.

2013년 12월 4일

- ‘부마민주항쟁관련자의명예회복및보상등에관한법률’의 시행령이 제정됨.

2013년 12월 5일

- '부마민주항쟁관련자의 명예회복 및 보상 등에 관한 법률'이 시행됨.

2014년 10월 6일

- '부마민주항쟁 진상규명 및 관련자명예회복심의위원회'의 제1기 부마민
주항쟁진상규명위원회 위원 위촉 및 상임위원 임명 등 활동 개시.

찾아보기

필자소개

홍순권 / 동아대학교 사학과 교수
서울대학교 대학원 국사학과 졸업, 문학박사
주요경력   한국제노사이드연구회 회장(2004~2008)
        부산경남사학회 회장(2007~2008)
        진실·화해를위한과거사정리위원회 위원(2008~2010)
주요논저 『근대도시와 지방권력』(선인, 2010), 『제노사이드와 한국근
        대』(경인문화사, 2009), 『전쟁과 국가폭력』(공저, 선인, 2012)

전재호 / 서강국제한국학선도센터 상임연구원
서강대학교 철학과 졸업, 서강대학교 대학원 정치외교학 박사
주요경력   Harvard-Yenching 연구소 Visiting Fellow(1995~1997)
        성균관대학교 동아시아학술원 연구교수(2007~2010)
주요논저 『반동적 근대주의자 박정희』(책세상, 2000), 「북한 인권 문
        제의 정치사적 의미: 인권 및 반공 담론을 중심으로」(『기억
        과 전망』 33호, 2015), 「민주화 이후 한국 민족주의의 변화:
        통일, 북한, 외국인, 재외동포, 북한이탈주민에 대한 인식을
        중심으로」(『현대정치연구』 5권 1호, 2012)

김선미 / 부산대학교 사학과 강사
부산대학교 사학과 졸업, 부산대학교 대학원 문학박사
주요논저 『산수 이종률, 민족혁명을 위한 도정』(민주주의사회연구소,
        2009), 「재한 유엔기념공원의 조성 경위와 관리의 성격에 대
        한 연구」(『지역과 역사』 32, 2013), 「4월혁명 시기 부산지역
        고등학생의 현실인식과 실천-시위 참가자를 중심으로」(『한
        국민족문화』 55, 2015), 「1970년대 후반 부산지역 학생운동
        연구-1978년을 중심으로」(『지역과 역사』 39, 2016)

박영주 / 경남대학교 박물관 비상임연구원
경남대학교 경제학과
주요경력 마산문화 편집장(1985~1986)
　　　　　문창문화연구원 연구원, 사무국장(2002~2004)
　　　　　경남근현대사연구회 연구원(2004~2006)
주요논저 『창원군지』(역사편 근현대 집필위원, 1994), 『경남지역 6월
　　　　　민주항쟁자료집 "항쟁의 시대와 그 기록"(전2권)』(편찬위원
　　　　　장, 2008), 『부마민주항쟁 증언집 마산편』(책임편집, 2011),
　　　　　『한국전쟁 전후 민간인희생자 창원유족회 증언자료집』(기
　　　　　록, 2015)

이은진 / 경남대학교 사회학과 교수
서울대학교 사회학과 졸업, 미국 UCLA 사회학 박사
주요경력 경남발전연구원장(2010~2012)
　　　　　한국 사회학회 회장(2012)
주요논저 『1979년 마산의 부마민주항쟁』(민주화 기념사업회, 2008),
　　　　　「10.18 마산민주항쟁의 참여요인」(『가야문화』 20, 2006),
　　　　　「지역성과 사회운동: 3.15 마산의거의 재조명」(『저항, 연대,
　　　　　기억의 정치』, 문화과학사, 2003)

지주형 / 경남대학교 사회학과 조교수
서강대학교 사회학과 졸업, 영국 랭카스터대학교 사회학 석사, 박사
주요경력 연세대학교 국가관리연구원 연구교수(2007~2008)
　　　　　서강대학교 사회과학연구소 전임연구원(2008~2012)
주요논저 『한국 신자유주의의 기원과 형성』(책세상, 2011), 『한국대통
　　　　　령 통치사료집 VII 박정희 (4): 유신체제 형성』(공편, 연세
　　　　　대학교 국가관리연구원, 2010), 「한국 국가형태와 권력행사
　　　　　방식의 전환: 권위주의 개발국가에서 신자유주의 국가권력
　　　　　으로」(『한국정치학회보』 43집 4호, 2009)